2025

Paulo Sumariva

CRIMINOLOGIA
TEORIA E PRÁTICA

NONA EDIÇÃO

Dados Internacionais de Catalogação na Publicação (CIP) de acordo com ISBD

S955c   Sumariva, Paulo
           Criminologia: teoria e prática / Paulo Sumariva. - 9. ed. - Indaiatuba, SP : Editora Foco, 2025.

           284 p. ; 16cm x 23cm.

              Inclui bibliografia e índice.
              ISBN: 978-65-6120-396-8
              1. Criminologia. I. Título.

2025-1238   CDD 364   CDU 343.9

Elaborado por Vagner Rodolfo da Silva - CRB-8/9410

Índices para Catálogo Sistemático:

1. Criminologia 364

2. Criminologia 343.9

Paulo **Sumariva**

CRIMINOLOGIA
TEORIA E PRÁTICA

NONA EDIÇÃO

2025 © Editora Foco
Autor: Paulo Sumariva
Diretor Acadêmico: Leonardo Pereira
Editor: Roberta Densa
Coordenadora Editorial: Paula Morishita
Revisora Sênior: Georgia Renata Dias
Revisora Júnior: Adriana Souza Lima
Capa Criação: Leonardo Hermano
Diagramação: Ladislau Lima e Aparecida Lima
Impressão miolo e capa: META BRASIL

DIREITOS AUTORAIS: É proibida a reprodução parcial ou total desta publicação, por qualquer forma ou meio, sem a prévia autorização da Editora FOCO, com exceção do teor das questões de concursos públicos que, por serem atos oficiais, não são protegidas como Direitos Autorais, na forma do Artigo 8º, IV, da Lei 9.610/1998. Referida vedação se estende às características gráficas da obra e sua editoração. A punição para a violação dos Direitos Autorais é crime previsto no Artigo 184 do Código Penal e as sanções civis às violações dos Direitos Autorais estão previstas nos Artigos 101 a 110 da Lei 9.610/1998. Os comentários das questões são de responsabilidade dos autores.

NOTAS DA EDITORA:
Atualizações e erratas: A presente obra é vendida como está, atualizada até a data do seu fechamento, informação que consta na página II do livro. Havendo a publicação de legislação de suma relevância, a editora, de forma discricionária, se empenhará em disponibilizar atualização futura.

Erratas: A Editora se compromete a disponibilizar no site www.editorafoco.com.br, na seção Atualizações, eventuais erratas por razões de erros técnicos ou de conteúdo. Solicitamos, outrossim, que o leitor faça a gentileza de colaborar com a perfeição da obra, comunicando eventual erro encontrado por meio de mensagem para contato@editorafoco.com.br. O acesso será disponibilizado durante a vigência da edição da obra.

Impresso no Brasil (3.2025) – Data de Fechamento (3.2025)

2025
Todos os direitos reservados à
Editora Foco Jurídico Ltda.
Rua Antonio Brunetti, 593 – Jd. Morada do Sol
CEP 13348-533 – Indaiatuba – SP
E-mail: contato@editorafoco.com.br
www.editorafoco.com.br

O AUTOR

PAULO SUMARIVA

- Pós-Doutorando em Psicologia Clínica pela Faculdade de Medicina de São José do Rio Preto – FAMERP.
- Doutor em Direito pela Universidade Metropolitana de Santos.
- Mestre em Direito Público pela Universidade de Franca.
- Advogado
- Delegado de Polícia no Estado de São Paulo Aposentado.
- Professor de Criminologia, Direito Penal e Processo Penal no Curso Jurídico CEISC.
- Professor de Criminologia, Direito Penal e Processo Penal no Supremo TV – Curso Jurídico On-Line.
- Professor de Criminologia, Direito Penal e Processo Penal no Meu Curso – Curso Jurídico Presencial e On-Line.
- Professor de Criminologia do G7 Jurídico – Curso On-line.
- Professor de Criminologia, Direito Penal, Processo Penal e Legislação Penal Especial da Rede de Ensino LFG – Curso On-line.
- Professor de Criminologia e Direito Penal do Curso Ênfase/RJ – Curso On-line.
- Professor, por concurso, da Academia de Polícia Civil do Estado de São Paulo.
- Professor de Direito Penal e Processo Penal do Centro Universitário de Rio Preto – UNIRP – graduação e pós-graduação e no Curso ATAME de pós-graduação em Goiânia, Brasília e Cuiabá.
- Foi Professor de Direito Penal, Processo Penal, Criminologia e Legislação Penal Especial no CPJUR, Curso On-line IOB/Marcato e Curso Praetorium/BH.
- Foi Professor Coordenador do Curso de Delegado de Polícia do VIPJUS.

NOTA DO AUTOR À 9ª EDIÇÃO

E de repente nasce a nona edição do livro Criminologia – Teoria e Prática. Já familiarizada com a nova casa, a obra está totalmente atualizada, com novos temas, teorias e questões das últimas provas aplicadas pelo Brasil, estando atrelada aos editais de concursos públicos de Delegado de Polícia Estadual e Federal, Magistratura, Ministério Público e Defensoria Pública.

Após 26 anos atuando como Delegado de Polícia no Estado de São Paulo, além de 2 anos como Investigador de Polícia também no Estado de São Paulo, o autor vive um novo ciclo profissional, hoje exercendo a advocacia criminal. Novos desafios profissionais que nunca me afastaram da docência, sempre lançando nas obras toda a experiência adquirida durante nossa vida. A obra Criminologia apresenta uma dinâmica direta do assunto, mostrando com clareza os temas modernos que estão sendo cobrados nos concursos públicos, notadamente da área policial, bem como os assuntos atuais da criminalidade urbana, e o seu foco nos objetos de estudo.

Como nas edições anteriores, após o encerramento da doutrina de cada capítulo, apresentamos questões comentadas de concursos públicos, além de uma síntese do conteúdo abordado.

Resultado das minhas aulas nos cursos preparatórios para as Carreiras de Delegado de Polícia Civil e Federal na Rede de Ensino Luiz Flávio Gomes – LFG, no Curso Praetorium BH/SAT, IOB/Marcato, Meu Curso, Supremo TV, Folha Cursos – Folha Dirigida, no curso de pós-graduação da Rede ATAME, e nas aulas do Centro Universitário de Rio Preto – UNIRP, bem como das discussões, entre os colegas do curso de doutorado da UNIMES, procurei, em uma linguagem simplificada, enfrentar a matéria para que o aluno ou profissional do Direito possa ter em mãos uma ferramenta ágil, abrangente, concisa e clara.

A Criminologia integra hoje a grade curricular dos cursos de Direito das principais universidades do Brasil e vem sendo exigida nos concursos públicos das principais carreiras jurídicas. Por tal motivo, procurei trazer uma visão objetiva e necessária para a compreensão da matéria, sem a pretensão de esgotá-la. Como Delegado de Polícia há mais de duas décadas na Polícia Civil de São Paulo e Professor Universitário, sendo também Professor da Academia de Polícia Civil, posso afirmar a importância do estudo da Criminologia na formação dos futuros operadores do Direito e policiais de maneira geral, criando o saber criminológico.

Novamente, buscamos nesta 9ª edição proporcionar aos nossos leitores uma obra cada vez mais completa e em total sintonia com sua finalidade precípua, ou seja, colaborar na formação dos estudantes e profissionais do direito. Assim, apresento uma pequena contribuição a fim de facilitar o conhecimento e a divulgação da ciência criminológica.

NOTA DO AUTOR À 8ª EDIÇÃO

Chegamos na nossa 8ª edição do livro *Criminologia – Teoria e Prática*. A obra agora está de casa nova, sendo recebida pela Editora Foco com todo o carinho de seus diretores, demonstrando uma dinâmica diferenciada no ramo jurídico. Completamente atualizado, o livro apresenta novos temas, teorias, e questões dos últimos concursos, tudo atrelado aos recentes editais de concursos públicos de Delegado de Polícia Estadual e Federal, Magistratura, Ministério Público e Defensoria Pública.

Esta edição possui um sabor especial para o autor, uma vez que inicia um novo ciclo de vida profissional, deixando de ser delegado de polícia após 28 anos de carreira policial, sendo três deles como investigador de polícia, e agora iniciando nas fileiras da advocacia. Desafio sempre foi o que me moveu durante toda a minha rotina profissional. Na casa nova, a obra Criminologia apresenta uma dinâmica direta do assunto, mostrando com clareza os temas modernos que estão sendo cobrados nos concursos públicos, notadamente da área policial, bem como os assuntos atuais da criminalidade urbana, e o seu foco nos objetos de estudo.

Como nas edições anteriores, após o encerramento da doutrina de cada capítulo, apresentamos questões comentadas de concursos públicos, além de uma síntese do conteúdo abordado.

Resultado das minhas aulas nos cursos preparatórios para as Carreiras de Delegado de Polícia Civil e Federal na Rede de Ensino Luiz Flávio Gomes – LFG, no Curso Praetorium BH/SAT, IOB/Marcato, Meu Curso, Supremo TV, Folha Cursos – Folha Dirigida, no curso de pós-graduação da Rede ATAME, e nas aulas do Centro Universitário de Rio Preto – UNIRP, bem como das discussões, entre os colegas do curso de doutorado da UNIMES, procurei, em uma linguagem simplificada, enfrentar a matéria para que o aluno ou profissional do Direito possa ter em mãos uma ferramenta ágil, abrangente, concisa e clara.

A Criminologia integra hoje a grade curricular dos cursos de Direito das principais universidades do Brasil e vem sendo exigida nos concursos públicos das principais carreiras jurídicas. Por tal motivo, procurei trazer uma visão objetiva e necessária para a compreensão da matéria, sem a pretensão de esgotá-la. Como Delegado de Polícia há mais de duas décadas na Polícia Civil de São Paulo e Professor Universitário, sendo também Professor da Academia de Polícia Civil, posso afirmar a importância do estudo da Criminologia na formação dos futuros operadores do Direito e policiais de maneira geral, criando o saber criminológico.

Novamente, buscamos nesta 8.ª edição proporcionar aos nossos leitores uma obra cada vez mais completa e em total sintonia com sua finalidade precípua, ou seja, colaborar na formação dos estudantes e profissionais do direito. Assim, apresento uma pequena contribuição a fim de facilitar o conhecimento e a divulgação da ciência criminológica.

NOTA DO AUTOR À 7ª EDIÇÃO

Chegamos na nossa 7ª edição do livro *Criminologia – Teoria e Prática*. A obra foi totalmente atualizada, com novos temas, teorias e questões dos últimos concursos, tudo atrelado aos recentes editais de concursos públicos de Delegado de Polícia Estadual e Federal, Magistratura, Ministério Público e Defensoria Pública.

Nesta nova edição, apresentamos uma dinâmica direta do assunto, mostrando com clareza os temas da Criminologia que estão sendo cobrados nos concursos públicos, notadamente da área policial, bem como os assuntos atuais da criminalidade urbana, e o seu foco nos objetos de estudo.

Seguindo o desafio de auxiliar os acadêmicos e operadores do Direito a conhecerem e se aprofundarem nos estudos da Criminologia, apresentamos conceitos e ideias de uma ciência moderna, que se preocupa em estudar o crime, o criminoso, a vítima e o controle social.

Como nas edições anteriores, após o encerramento da doutrina de cada capítulo, apresentamos questões comentadas de concursos públicos, além de uma síntese do conteúdo abordado.

Resultado das minhas aulas nos cursos preparatórios para as Carreiras de Delegado de Polícia Civil e Federal na Rede de Ensino Luiz Flávio Gomes – LFG, no Curso Praetorium BH/SAT, IOB/Marcato, Meu Curso, Supremo TV, Folha Cursos – Folha Dirigida, no curso de pós-graduação da Rede Atame, e nas aulas do Centro Universitário de Rio Preto – Unirp, bem como das discussões, entre os colegas do curso de doutorado da Unimes, procurei, em uma linguagem simplificada, enfrentar a matéria para que o aluno ou profissional do Direito possa ter em mãos uma ferramenta ágil, abrangente, concisa e clara.

A Criminologia integra hoje a grade curricular dos cursos de Direito das principais universidades do Brasil e vem sendo exigida nos concursos públicos das principais carreiras jurídicas. Por tal motivo, procurei trazer uma visão objetiva e necessária para a compreensão da matéria, sem a pretensão de esgotá-la. Como Delegado de Polícia há mais de duas décadas na Polícia Civil de São Paulo e Professor Universitário, sendo também Professor da Academia de Polícia Civil, posso afirmar a importância do estudo da Criminologia na formação dos futuros operadores do Direito e policiais de maneira geral, criando o saber criminológico.

Novamente buscamos nesta 7ª edição proporcionar aos nossos leitores uma obra cada vez mais completa e em total sintonia com sua finalidade precípua, ou seja, colaborar na formação dos estudantes e profissionais do Direito. Assim, apresento uma pequena contribuição a fim de facilitar o conhecimento e a divulgação da ciência criminológica.

NOTA DO AUTOR À 6ª EDIÇÃO

Chegamos na nossa 6ª edição do livro *Criminologia - Teoria e Prática*. A obra está atualizada, com temas atuais, questões dos últimos concursos e atrelada aos recentes editais de concursos públicos de Delegado de Polícia Estadual e Federal, Magistratura, Ministério Público e Defensoria Pública, além dos julgados do Supremo Tribunal Federal e do Superior Tribunal de Justiça.

Atualmente, grande parte dos concursos públicos exige o conteúdo de Criminologia, notadamente aqueles relacionados à área policial. Com relação aos concursos de Delegado de Polícia, é quase unânime a presença desta ciência nos editais de todos os Estados do Brasil.

Segundo o desafio de auxiliar os acadêmicos e operadores do Direito a conhecerem e se aprofundarem nos estudos da Criminologia, apresentamos conceitos e ideias de uma ciência moderna, que se preocupa em estudar o crime, o criminoso, a vítima e o controle social.

Como nas edições anteriores, após o encerramento da doutrina de cada capítulo, apresentamos questões comentadas de concursos públicos, além de uma síntese do conteúdo abordado.

Resultado das minhas aulas nos cursos preparatórios para as Carreiras de Delegado de Polícia Civil e Federal na Rede de Ensino Luiz Flávio Gomes - LFG, no Curso Praetorium BH/SAT e IOB/Marcato, no curso de pós-graduação da Rede ATAME, e nas aulas do Centro Universitário de Rio Preto - UNIRP, bem como das discussões, entre os colegas do curso de doutorado da UNIMES, procurei, em uma linguagem simplificada, enfrentar a matéria para que o aluno ou profissional do Direito possa ter em mãos uma ferramenta ágil, abrangente, concisa e clara.

A Criminologia integra hoje a grade curricular dos cursos de Direito das principais universidades do Brasil e vem sendo exigida nos concursos públicos das principais carreiras jurídicas. Por tal motivo, procurei trazer uma visão objetiva e necessária para a compreensão da matéria, sem a pretensão de esgotá-la. Como Delegado de Polícia há mais de duas décadas na Polícia Civil de São Paulo e Professor Universitário, sendo também Professor da Academia de Polícia Civil, posso afirmar a importância do estudo da Criminologia na formação dos futuros operadores do Direito e policiais de maneira geral, criando o saber criminológico.

Novamente, buscamos nesta 6ª edição proporcionar aos nossos leitores uma obra cada vez mais completa e em total sintonia com sua finalidade precípua, ou seja, colaborar na formação dos estudantes e profissionais do Direito. Assim, apresento uma pequena contribuição a fim de facilitar o conhecimento e a divulgação da ciência criminológica.

NOTA DO AUTOR À 5ª EDIÇÃO

Esta 5ª edição do nosso livro *Criminologia – Teoria e Prática* foi devidamente revista e atualizada, tendo como base os recentes editais de concursos públicos de Delegado de Polícia Estadual, Magistratura, Ministério Público e Defensoria Pública, além dos julgados dos Tribunais Superiores.

Grande parte dos concursos públicos passou a exigir o conteúdo de Criminologia, notadamente aqueles relacionados à área policial.

Ainda mantivemos, no final de cada capítulo, questões comentadas de provas recentes realizadas.

Esta obra tem o desafio de auxiliar os acadêmicos e operadores do Direito a realizar seus estudos na Criminologia, aliando teoria e prática, apresentando conceitos e ideias de uma moderna ciência que estuda o crime, o criminoso, a vítima e o controle social.

Resultado das minhas aulas nos cursos preparatórios para as Carreiras de Delegado de Polícia Civil e Federal na Rede de Ensino Luiz Flávio Gomes – LFG, no Curso Praetorium BH/SAT, IOB/Marcato, G7 Jurídico, no curso de pós-graduação da Rede Atame e nas aulas do Centro Universitário de Rio Preto – Unirp, bem como das discussões, entre os colegas do curso de doutorado da Unimes, procurei, em uma linguagem simplificada, enfrentar a matéria para que o aluno ou profissional do Direito possa ter em mãos uma ferramenta ágil, abrangente, concisa e clara.

A Criminologia integra hoje a grade curricular dos cursos de Direito das principais universidades do Brasil e vem sendo exigida nos concursos públicos das principais carreiras jurídicas. Por tal motivo, procurei trazer uma visão objetiva e necessária para a compreensão da matéria, sem a pretensão de esgotá-la. Como Delegado de Polícia há mais de duas décadas na Polícia Civil de São Paulo e Professor Universitário, sendo também Professor Concursado da Academia de Polícia Civil de São Paulo, posso afirmar a importância do estudo da Criminologia na formação dos futuros operadores do Direito e policiais de maneira geral, criando o saber criminológico. Para tanto, apresento uma pequena contribuição a fim de facilitar o conhecimento e a divulgação da ciência criminológica.

O livro traz teoria e prática, de modo que não fique restrito à análise isolada de conceitos, mas que mostre ao aluno a maneira como o assunto é exigido em concursos públicos. Abordamos conceitos, princípios, histórico da criminologia, teorias, estudo do criminoso, da vitimologia, prevenção do delito e, ainda, os principais assuntos relacionados à matéria.

Assim, buscamos proporcionar aos nossos leitores uma obra cada vez mais completa e em total sintonia com sua finalidade precípua, ou seja, colaborar na formação dos estudantes e profissionais do Direito.

Aqui está um trabalho de Criminologia apresentado ao cenário jurídico, esperando que possa contribuir para a discussão e aplicação da ciência criminológica dentro da esfera penal.

NOTA DO AUTOR À 4ª EDIÇÃO

Esta 4ª edição do nosso livro *Criminologia – Teoria e Prática* foi devidamente revista e atualizada com base nos recentes editais de concursos públicos de Delegado de Polícia Estadual e Federal, Magistratura, Ministério Público e Defensoria Pública, além dos julgados do Supremo Tribunal Federal e do Superior Tribunal de Justiça.

Grande parte dos concursos públicos passou a exigir o conteúdo de Criminologia, notadamente aqueles relacionados à área policial.

Foram mantidas, no final de cada capítulo, questões comentadas de provas recentes realizadas.

Esta obra tem o desafio de auxiliar os acadêmicos e operadores do Direito a realizarem seus estudos na Criminologia, aliando teoria e prática, apresentando conceitos e ideias de uma moderna ciência que estuda o crime, o criminoso, a vítima e o controle social.

Resultado das aulas nos cursos preparatórios para as Carreiras de Delegado de Polícia Civil e Federal na Rede de Ensino Luiz Flávio Gomes – LFG, no Curso Praetorium BH/SAT e IOB/Marcato, no curso de pós-graduação da Rede ATAME e nas aulas do Centro Universitário de Rio Preto – UNIRP, bem como das discussões, entre os colegas do curso de doutorado da UNIMES, procuramos, em uma linguagem simplificada, enfrentar a matéria para que o aluno ou profissional do Direito possa ter em mãos uma ferramenta ágil, abrangente, concisa e clara.

A Criminologia integra hoje a grade curricular dos cursos de Direito das principais universidades do Brasil e vem sendo exigida nos concursos públicos das principais carreiras jurídicas. Por tal motivo, procurei trazer uma visão objetiva e necessária para a compreensão da matéria, sem a pretensão de esgotá-la. Como Delegado de Polícia há mais de duas décadas na Polícia Civil de São Paulo e Professor Universitário, sendo também Professor da Academia de Polícia Civil, posso afirmar a importância do estudo da Criminologia na formação dos futuros operadores do Direito e policiais de maneira geral, criando o saber criminológico. Para tanto, apresento uma pequena contribuição a fim de facilitar o conhecimento e a divulgação da ciência criminológica.

O livro traz teoria e prática, de modo que não fique restrito à análise isolada de conceitos, mas que mostre ao aluno a maneira como o assunto é exigido em concursos públicos. Abordamos conceitos, princípios, histórico da criminologia, teorias, estudo do criminoso, da vitimologia, prevenção do delito e, ainda, os principais assuntos relacionados à matéria.

Assim, buscamos proporcionar aos nossos leitores uma obra cada vez mais completa e em total sintonia com sua finalidade precípua, ou seja, colaborar na formação dos estudantes e profissionais do Direito.

Aqui está um trabalho de Criminologia apresentado ao cenário jurídico, esperando que possa contribuir para a discussão e aplicação da ciência criminológica dentro da esfera penal.

NOTA DO AUTOR À 3ª EDIÇÃO

Chegamos à 3ª edição do nosso livro *Criminologia – Teoria e Prática*. A obra foi totalmente reformulada, atualizada e ampliada, baseando-se nos recentes editais de concursos públicos de Delegado de Polícia Estadual e Federal, Magistratura, Ministério Público e Defensoria Pública. Nota-se que grande parte dos concursos públicos passou a exigir o conteúdo de Criminologia, principalmente aqueles relacionados à área policial. Também introduzimos, no final de cada capítulo, questões comentadas de provas recentes realizadas.

Esta obra tem o desafio de auxiliar os acadêmicos e operadores do Direito a realizarem seus estudos na Criminologia, aliando teoria e prática, apresentando conceitos e ideias de uma moderna ciência que estuda o crime, o criminoso, a vítima e o controle social.

Resultado das nossas aulas nos cursos preparatórios para as Carreiras de Delegado de Polícia Civil e Federal na Rede de Ensino Luiz Flávio Gomes – LFG, no Curso Praetorium BH/SAT e IOB/Marcato, no curso de pós-graduação da Rede Atame, e nas aulas do Centro Universitário de Rio Preto – Unirp, bem como das discussões, entre os colegas do curso de doutorado da Unimes, procuramos, em uma linguagem simplificada, enfrentar a matéria para que o aluno ou profissional do Direito possa ter em mãos uma ferramenta ágil, abrangente, concisa e clara.

A Criminologia integra hoje a grade curricular dos cursos de Direito das principais universidades do Brasil e vem sendo exigida nos concursos públicos das principais carreiras jurídicas. Por tal motivo, procuramos trazer uma visão objetiva e necessária para a compreensão da matéria, sem a pretensão de esgotá-la. Como Delegado de Polícia há mais de duas décadas na Polícia Civil de São Paulo e Professor Universitário, sendo também Professor da Academia de Polícia Civil, podemos afirmar a importância do estudo da Criminologia na formação dos futuros operadores do Direito e policiais de maneira geral, criando o saber criminológico. Para tanto, apresentamos uma pequena contribuição a fim de facilitar o conhecimento e a divulgação da ciência criminológica.

O livro traz teoria e prática, de modo que não fique restrito à análise isolada de conceitos, mas que mostre ao aluno a maneira como o assunto é exigido em concursos públicos. Abordamos conceitos, princípios, histórico da criminologia, teorias, estudo do criminoso, da vitimologia, prevenção do delito e, ainda, os principais assuntos relacionados à matéria.

Aqui está um trabalho de Criminologia apresentado ao cenário jurídico, esperando que possa contribuir para a discussão e aplicação da ciência criminológica dentro da esfera penal.

SUMÁRIO

O AUTOR V

NOTA DO AUTOR À 9ª EDIÇÃO VII

NOTA DO AUTOR À 8ª EDIÇÃO IX

NOTA DO AUTOR À 7ª EDIÇÃO XI

NOTA DO AUTOR À 6ª EDIÇÃO XIII

NOTA DO AUTOR À 5ª EDIÇÃO XV

NOTA DO AUTOR À 4ª EDIÇÃO XVII

NOTA DO AUTOR À 3ª EDIÇÃO XIX

CAPÍTULO 1 – CONCEITO, OBJETO E MÉTODO DA CRIMINOLOGIA 1
    1.1   Considerações iniciais 1
    1.2   Etiologia criminal – criminogênese 3
    1.3   As vertentes do crime 3
          1.3.1   Direito penal e o crime 3
          1.3.2   Segurança Pública e o crime 4
          1.3.3   Sociologia e o crime 4
    1.4   Conceito de criminologia 5
    1.5   Objeto da criminologia 6
          1.5.1   Crime 6
          1.5.2   Criminoso 8
                1.5.2.1   Escolas e seus enfoques 8
          1.5.3   Vítima 8

        1.5.4 Controle social 10

                1.5.4.1 Controle social formal 10

                1.5.4.2 Controle social informal 11

1.6 Método da Criminologia 11

1.7 Funções da Criminologia 12

1.8 Classificação da Criminologia 12

1.9 Criminologia e seus fins 14

1.10 Criminologia e demais ramos 14

1.11 Criminologia e direito penal 15

1.12 Criminologia e política criminal 16

1.13 Criminologia e Psiquiatria 17

1.14 Síntese 17

Questões de Provas 19

CAPÍTULO 2 – EVOLUÇÃO HISTÓRICA DA CRIMINOLOGIA 41

2.1 Considerações preliminares 41

2.2 Períodos históricos e a criminologia 42

        2.2.1 Antiguidade 42

        2.2.2 Século XVI 42

        2.2.3 Século XVIII 42

        2.2.4 Século XIX 44

        2.2.5 Criminologia moderna 44

                2.2.5.1 Principais características da criminologia moderna 45

2.3 Escolas criminológicas 45

        2.3.1 Escola Clássica 45

                2.3.1.1 Principais defensores da Escola Clássica 46

                2.3.1.2 Princípios fundamentais da Escola Clássica 46

        2.3.2 Escola Positiva 47

                2.3.2.1 Considerações iniciais 47

                2.3.2.2 Princípios fundamentais da Escola Positiva 47

	2.3.2.3	Principais defensores da Escola Positiva..........................	49
		2.3.2.3.1 Cesare Lombroso (1835-1909)	49
		2.3.2.3.2 Rafaele Garófalo (1851-1934).........................	50
		2.3.2.3.3 Enrico Ferri (1856-1929)................................	51
2.3.3	Escolas Intermediárias ou ecléticas		52
	2.3.3.1	Escola de Lyon...	52
	2.3.3.2	Terceira Escola Italiana..	53
	2.3.3.3	Nova Defesa Social..	54
	2.3.3.4	Movimento psicossociológico.......................................	55

2.4 Síntese... 55

Questões de Provas... 58

CAPÍTULO 3 – TEORIAS MACROSSOCIOLÓGICAS DA CRIMINALIDADE.... 71

3.1 Considerações preliminares.. 71

3.2 Criminologia Tradicional.. 72

    3.2.1 Escola de Chicago (1920-1940)... 72

        3.2.1.1 Teoria Ecológica ou da Desorganização Social.................. 73

            3.2.1.1.1 Teoria do Curso da Vida.................................... 74

        3.2.1.2 Teoria Espacial... 75

        3.2.1.3 Teoria das Janelas Quebradas 75

        3.2.1.4 Teoria da Tolerância Zero 75

        3.2.1.5 Teoria dos Testículos Despedaçados (*Breaking Balls Teory*) 76

    3.2.2 Teoria da Associação Diferencial... 76

        3.2.2.1 Proposições da teoria da associação diferencial................ 77

    3.2.3 Teoria Geral da Tensão – *General Strain Teory* (GST) 78

    3.2.4 Teoria da Subcultura Delinquente 79

    3.2.5 Teoria da Anomia... 80

    3.2.6 Teoria da Anomia no Direito Penal... 81

3.3 Criminologia Crítica ou Radical 81

    3.3.1 Teoria da Rotulação ou *Labeling Approach* ou Etiquetamento 82

     3.3.1.1 Processo de criminalização na Teoria do Etiquetamento. 84
   3.3.2 Criminologia Radical ou Crítica ou Criminologia Marxista 84
   3.3.3 Criminologia Abolicionista 85
     3.3.3.1 Propostas da criminologia abolicionista 86
     3.3.3.2 Criminologia abolicionista e o Direito Penal 86
3.4 Criminologia cultural 87
3.5 Criminologia interseccional 88
3.6 Teoria "*QUEER*" 89
3.7 Teoria feminista 89
3.8 Teoria dos instintos 90
3.9 Teoria da identificação diferencial 90
3.10 Criminologia Minimalista 90
   3.10.1 Propostas da criminologia minimalista 91
3.11 Criminologia Neorrealista 91
3.12 Criminologia ambiental 92
3.13 Teorias da criminologia ambiental 92
   3.13.1 Teoria das atividades rotineiras – *routine activities theory* 92
   3.13.2 Teoria da escolha racional – *rational choice theory* 93
   3.13.3 Teoria do padrão criminal – *crime pattern theory* 93
   3.13.4 Teoria da oportunidade – *crime opportunuty* 94
3.14 Criminologia administrativa 94
3.15 Criminologia racial 95
3.16 Síntese 95
Questões de Provas 99

CAPÍTULO 4 – VITIMOLOGIA 125
4.1 Considerações Iniciais 125
4.2 Conceito de vitimologia 126
4.3 Fases das vítimas 126
   4.3.1 Protagonismo 126
   4.3.2 Neutralização 126

4.3.3	Redescobrimento	126
4.4	Processos de vitimização	126
4.5	Revitimização	127
4.6	Revitimização e a Lei 13.431/2017	128
4.7	Conceitos de vítima	130
4.8	Classificações das vítimas	130
4.9	Síndrome de estocolmo	132
4.10	Síndrome de Londres	133
4.11	Síndrome da mulher de potifar	133
4.12	Síndrome da Barbie	134
4.13	Síndrome da mulher maltratada	134
4.14	Fenômeno de Escotoma	135
4.15	Vitimodogmática	135
4.16	Vitimologia corporativa	135
4.17	Considerações finais	136
4.18	Síntese	137
	Questões de Provas	139

CAPÍTULO 5 – CIFRA NEGRA, VIOLÊNCIA, IMPUNIDADE E PROGNÓSTICO CRIMINOLÓGICO 153

5.1	Considerações Iniciais	153
5.2	Conceito de Cifra Negra	153
5.3	Cifra Negra e os Crimes do Colarinho Azul	154
5.4	Destaques da Cifra Negra	154
5.5	Filtros propostos por Arno Pilgran	154
	5.5.1 Filtro da criminalização primária	155
	5.5.2 Filtro da *notitia criminis*	155
	5.5.3 Filtro da abertura da investigação	156
	5.5.4 Filtro da investigação	156
	5.5.5 Filtro da abertura do processo	156
	5.5.6 Filtro da comprovação legal e judicial do delito	157

5.5.7 Filtro da "Justiça territorializada *versus* criminalidade globalizada" 157

5.5.8 Filtro da condenação 157

5.5.9 Filtro da prescrição 158

5.5.10 Filtro da execução efetiva 158

5.6 Técnicas de investigação da cifra negra 158

5.7 Cifra Dourada 159

5.8 Cifra cinza 160

5.9 Cifra amarela 160

5.10 Cifra Verde 160

5.11 Prognóstico criminológico e estatístico 160

5.11.1 Prognóstico Clínico 161

5.11.1.1 Exame Criminológico 161

5.11.2 Prognóstico Estatístico 162

5.12 Considerações Finais 163

5.13 Síntese 164

Questões de Provas 165

CAPÍTULO 6 – CLASSIFICAÇÃO DOS CRIMINOSOS 169

6.1 Considerações Iniciais 169

6.2 Classificação dos criminosos proposta por Hilário Veiga de Carvalho 169

6.2.1 Biocriminosos puros (pseudocriminosos) 169

6.2.2 Biocriminosos preponderantes 169

6.2.3 Biomesocriminosos 169

6.2.4 Mesocriminosos preponderantes 170

6.2.5 Mesocriminosos puros 170

6.3 Classificação dos criminosos proposta por Odon Ramos Maranhão 170

6.3.1 Criminoso Ocasional 170

6.3.2 Criminoso Sintomático 170

6.3.3 Criminoso Caracterológico 171

6.4	Classificação dos criminosos proposta por Guido Arturo Palomba	171
	6.4.1 Impetuosos..	171
	6.4.2 Ocasionais	171
	6.4.3 Habituais	171
	6.4.4 Fronteiriços..	171
	6.4.5 Loucos criminosos	172
6.5	Classificação dos criminosos proposta por Cesare Lombroso...................	172
	6.5.1 Criminoso nato	172
	6.5.2 Criminoso louco	172
	6.5.3 Criminoso de ocasião	173
	6.5.4 Criminoso por paixão	173
6.6	Classificação dos criminosos proposta por Enrico Ferri	173
	6.6.1 Criminoso nato	173
	6.6.2 Criminoso louco	173
	6.6.3 Criminoso ocasional...	173
	6.6.4 Criminoso habitual	173
	6.6.5 Criminoso passional...	173
6.7	Classificação dos criminosos proposta por Rafael Garófalo......................	174
	6.7.1 Criminoso assassino	174
	6.7.2 Criminoso enérgico ou violento	174
	6.7.3 Ladrão ou neurastênico..	174
6.8	Síntese..	174
	Questões de Provas...	175

CAPÍTULO 7 – PREVENÇÃO DO DELITO 179

7.1	Considerações Iniciais	179
7.2	Criminologia Prevencionista e seus princípios básicos............................	179
7.3	Abordagens da prevenção do delito no Estado Democrático de Direito..	180
7.4	Paradigmas criminológicos..	180
7.5	Prevenção do delito sob a ótica da criminologia moderna........................	181

7.5.1	Prevenção primária	181
7.5.2	Prevenção secundária	182
7.5.3	Prevenção terciária	182
7.6	Modelos teóricos de prevenção do delito	183
7.6.1	Modelo clássico	183
7.6.2	Modelo neoclássico	183
7.7	Prevenção situacional	184
7.7.1	Prevenção situacional da recompensa	184
7.7.2	Prevenção situacional do sentimento de culpa do infrator	185
7.8	Modelos de Reação do Delito	185
7.9	Principais programas de prevenção do delito	186
7.9.1	Programas de Prevenção Espacial ou Geográfica	186
7.9.2	Programas de Remodelação da Convivência Urbana	186
7.9.3	Programas de Orientação Comunitária	186
7.9.4	Programas de Prevenção Vitimária	187
7.9.5	Programas político-sociais de prevenção	187
7.9.6	Programas de Prevenção da Reincidência	187
7.10	Prevenção e a penalogia	187
7.11	Prevenção geral e prevenção especial	188
7.11.1	Prevenção geral negativa e prevenção geral positiva	188
7.11.2	Prevenção especial negativa e prevenção especial positiva	189
7.12	Síntese	189
	Questões de Provas	191
CAPÍTULO 8 – DIREITO PENAL DO INIMIGO		**205**
8.1	Considerações Iniciais	205
8.2	Fundamentos filosóficos do direito penal do inimigo	206
8.3	Características do direito penal do inimigo	206
8.4	Bandeiras do direito penal do inimigo	207
8.5	Críticas à tese do direito penal do inimigo de Jakobs	208

8.6	O direito penal do inimigo no Brasil	209
8.7	As velocidades do direito penal	209
8.8	Teoria do cenário da bomba-relógio (*the ticking time bom scenario*)	211
8.9	Síntese	212
	Questões de Provas	213

CAPÍTULO 9 – TEMAS ESPECIAIS DE CRIMINOLOGIA ... 215

9.1	Considerações iniciais	215
9.2	*Bullying*	215
	9.2.1 *Cyberbullying*	217
9.3	Assédio moral	217
9.4	*Stalking*	218
9.5	*Serial killer*	218
9.6	*Parafilia*	219
9.7	Justiça Restaurativa	220
9.8	Teoria do Mimetismo	221
9.9	Teoria behaviorista	222
9.10	Movimento de lei e ordem	223
9.11	Contraviolência	224
9.12	Síntese	225
	Questões de Provas	226

CAPÍTULO 10 – FATORES SOCIAIS DE CRIMINALIDADE ... 229

10.1	Considerações iniciais	229
10.2	Sistema econômico	229
10.3	Pobreza, miséria e desemprego	229
	10.3.1 Formas de Desemprego	230
	10.3.1.1 Desemprego Cíclico	230
	10.3.1.2 Desemprego Tecnológico	230
	10.3.1.3 Desemprego de Estação	231
10.4	Mal-vivência	231

10.4.1 Fatores biológicos da mal-vivência 231

10.4.2 Fatores mesológicos da mal-vivência 232

10.5 Fome e desnutrição 232

10.6 Educação e alfabetismo.. 232

10.7 Meios de comunicação... 233

10.8 Política... 233

10.9 Religião 233

10.10 Corrupção 234

10.11 Síntese 235

Questões de Provas.. 236

CAPÍTULO 11 – CRIMINOLOGIA E O ESTUDO DAS PENAS............................. 239

11.1 Considerações Iniciais 239

11.2 Evolução histórica da pena... 239

11.3 Penas na Escola Clássica 240

11.4 Penas na Escola Positiva 240

11.5 Teorias da pena 241

11.6 Política criminal e política penal 241

11.7 Política criminal e penitenciária 241

11.8 Sistema penitenciário 242

11.9 Sistema penal.. 243

11.9.1 Sistema penal e a realidade social 244

11.9.2 Direito penal e a realidade social 244

11.10 Segurança Pública e as Penas.. 245

11.10.1 Segurança Pública e Política Pública de Segurança............ 245

11.10.2 Policiamento Comunitário 245

11.11 Síntese.. 246

Questões de Provas.. 247

BIBLIOGRAFIA 249

Capítulo 1
CONCEITO, OBJETO E MÉTODO DA CRIMINOLOGIA

1.1 CONSIDERAÇÕES INICIAIS

A criminologia é a ciência que estuda a criminalidade. Sem desejar transformar-se em mera fonte de dados, a criminologia, como ciência empírica, baseada na realidade, e interdisciplinar, ou seja, somando ensinamentos da sociologia, psicologia, medicina legal e o próprio direito, apresenta como objeto de estudo o crime, o criminoso, a vítima e o controle social.

O saber criminológico exige do intérprete da lei um conhecimento amplo e abrangente das vertentes do crime, necessitando uma visão da criminalidade diferenciada daquela apresentada pelo Direito Penal.

A relação Criminologia e Direito Penal sempre existiu. Aliás, no final do século XIX, Enrico Ferri trazia o debate entre a relação das duas ciências, demonstrando a importância de cada uma delas, somando-a ao estudo da Política Criminal, ficando a Criminologia com a função de auxiliar as duas ciências. Enquanto o Direito Penal tem por objeto as normas penais e por método o técnico-jurídico, interpretando o dever/ser, a Criminologia volta-se ao fenômeno da criminalidade, investigando suas causas segundo o método experimental, ou seja, o mundo do ser, estabelecendo um fundamento científico para que a Política Criminal possa transformá-lo em opções e estratégias concretas de fácil assimilação ao legislador para criar normas penais e aos poderes públicos para agir na prevenção, repressão do crime e na ressocialização do delinquente.

A criminologia não concorre com o direito penal. Como ciências autônomas, debatem juntas os assuntos relacionados ao crime, cada qual com a sua vertente. A Criminologia atual não mais se define como uma ciência que investiga as causas da criminalidade, mas sim as condições da criminalização, o sistema penal, os mecanismos do controle social formal e informal, analisando o comportamento de criminoso funcionalmente relacionado às estruturas sociais. Não existe atualmente a imagem de que a criminologia está em segundo plano, enquanto o direito penal é que traça as vertentes do crime. A criminologia deixa de ser considerada como um saber auxiliar do direito penal para se tornar um saber crítico, analisando o objeto criminológico.

A ciência da criminologia possui um papel decisivo para o ensino do direito, auxiliando na compreensão do poder e do controle social e penal, estudando o crime, a criminalidade, a pena, a vitimização, a impunidade e a cifra negra. O saber criminológico é a formação de uma consciência jurídica crítica e responsável, capaz de tirar o jurista de sua zona de conforto, adormecido no seu ponto de partida, que é a norma válida, e traçar novas diretrizes, visando o enfretamento da violência individual, institucional e estrutural.

Não resta dúvida de que o sistema criminal brasileiro enfrenta na atualidade uma grave crise. Não existem vagas para todos os presos e presas em penitenciárias com os milhares de mandados de prisão expedidos e não cumpridos. Se todos fossem cumpridos, onde colocaríamos os detentos? O sistema aponta falhas em todos os seus segmentos, desde a formação da lei até a sua real aplicação. Profissionais do direito chegam à exaustão, sem, contudo, encontrar solução imediata a tal problemática.

Para tanto, encontramos na criminologia uma resposta convincente de todas estas questões. O domínio do saber criminológico possibilita ao profissional do direito um real conhecimento da realidade, aplicando de maneira madura e consciente a lei dentro da atualidade pátria. Aliás, o saber criminológico distingue-se do saber comum ou popular, que está ligado a experiência práticas, distanciando o profissional do direito dos "achismos" que traz arraigados na mente.

É assim que a interdisciplinaridade da criminologia faz o seu papel no sistema criminal. Muitas vezes, a lei nos torna cego face à realidade. Para tanto, os ensinamentos da Sociologia, Economia, Psicologia, ou qualquer outra ciência não jurídica, que estude a realidade do comportamento humano na sociedade formam uma nova diretriz a ser seguida pelo operador do direito. É nesse momento que a criminologia desempenha o seu papel com maestria, auxiliando a sociedade no combate do crime e do criminoso, buscando uma intervenção positiva para ressocializá-lo.

Etimologicamente, o termo criminologia deriva do latim *crimino* (crime) e do grego *logos* (estudo), isto é, estudo do crime. Entretanto, não podemos limitar nosso estudo apenas ao crime, mas também devemos levar em consideração as circunstâncias sociais, a vítima e o criminoso.

Em 1879, o Antropólogo francês Paul Topinard foi quem utilizou pela primeira vez o termo criminologia. Contudo, seu reconhecimento oficial se deu em 1885, quando o italiano Rafaele Garófolo o utilizou como título de uma obra – A Criminologia de Garófalo – e, junto com Cesare Lombroso e Enrico Ferri, foram os três grandes fundadores da Criminologia científica.

1.2 ETIOLOGIA CRIMINAL – CRIMINOGÊNESE

A Criminogênese é a parte da Criminologia que estuda os mecanismos de natureza biológica, psicológica e social, através dos quais se projetam os comportamentos criminosos. Para tanto é necessário uma análise interdisciplinar, de natureza sociológica, econômica, filosófica, política, médica e psicológica para a sua conceituação.

Encontramos teorias que afirmam ser a criminogênese determinada pela estrutura física e mental do indivíduo. Outros valorizam a análise dos conflitos de adaptação do indivíduo e as suas relações com diversos grupos a que pertence. Atribui a responsabilidade da formação do caráter antissocial às relações familiares defeituosas nos primeiros anos de vida. Existem também autores que relacionam a criminogênese à ação da sociedade sobre o indivíduo.

1.3 AS VERTENTES DO CRIME

Crime é objeto de estudo de diversas searas, as quais buscam conceituá-lo da melhor maneira. Para conhecermos a criminologia, é necessário verificar como algumas ciências conceituam e reconhecem o crime.

1.3.1 Direito penal e o crime

O direito penal apresenta uma abordagem legal e normativa do crime, ao conceituá-lo como sendo toda conduta ofensiva a preceitos primários que redunda em imposição de sanções. Tem como plano inicial o princípio da legalidade. Sem lei não há crime. Aliás, a lei é o limite do conceito de crime para o direito penal.

Não resta dúvida de que o direito penal é seletivo, ou seja, ele seleciona o que punir e quem irá sofrer uma reprimenda. Para tanto, o Estado cria a criminalização primária e a secundária.

Na criminalização primária, o Estado seleciona alguns comportamentos existentes no contexto social, em tese, danosos e que atingem bens jurídicos, para proibi-los, ameaçando os indivíduos através de uma lei penal editada formalmente pelo Poder Legislativo.

Na criminalização secundária, criada a lei penal, tendo o agente praticado o comportamento ali descrito, surge para o Estado o "jus puniendi", ou seja, a possibilidade de investigá-lo, processá-lo e, por fim, condená-lo ao cumprimento de uma pena.

Rogério Greco ensina que o

"processo de seleção surge desde o instante em que a lei penal é editada. Valores de determinados grupos sociais, tidos como dominantes, prevalecem em detrimento da classe dominada".[1]

Com isso é possível concluir que o direito penal seleciona comportamentos que serão taxados como crimes, para proibi-los e punir quem realizar tais condutas.

1.3.2 Segurança Pública e o crime

O segmento do Estado que cuida da segurança pública define crime sob o enfoque fático, como sendo uma perturbação da ordem pública e da paz social. Nota-se que a polícia atua neste segmento. Importante, com isso, frisar que a polícia é o órgão do Estado responsável pela manutenção da ordem pública e da paz social. Com isso, atua em ocorrências criminais ou não, desde que seja necessário para a manutenção dos critérios ora delineados. Numa sociedade em que se exerce democracia plena, a segurança pública, através dos órgãos policiais, garante a proteção dos direitos individuais e assegura o pleno exercício da cidadania. Ora, segurança não se contrapõe a ideia de liberdade. Na verdade, ela é condição para o seu exercício. Quanto mais improvável a ameaça da ordem jurídica, maior o sentimento de segurança entre as pessoas. Cada vez mais a polícia busca aprimorar-se para atingir níveis que alcancem a expectativa da sociedade, agindo com respeito à defesa dos direitos fundamentais do cidadão.

A segurança pública, enquanto atividade desenvolvida pelo Estado, torna-se a responsável por empreender ações de repressão e oferecer estímulos ativos para que os cidadãos possam conviver, trabalhar, produzir e se divertir, protegendo-os dos riscos a que estão expostos.

1.3.3 Sociologia e o crime

Já a sociologia, com olhar social, entende que crime é a conduta desviada, sendo assim utilizados os critérios de referência para aferir o desvio às expectativas sociais. Desviado será um comportamento concreto, na medida em que se afaste das expectativas sociais num dado momento, enquanto contrarie os padrões e modelos da maioria.

A sociologia criminal, estudando as causas que levam o homem ao crime, não desconsidera que a própria forma de organização da sociedade, com suas

---

1. GRECO, Rogério. *Direito penal do equilíbrio*, p.155.

falhas e defeitos surgidos ao sabor da crescente complexidade de suas exigências, pode revestir-se de condição para que a criminalidade aconteça. Assim, o crime advém do meio social em que o indivíduo está inserido.

A sociologia criminal é a ciência que apresenta e explica a correlação crime-sociedade, sua motivação e sua perpetuação no meio social.

Diante de tudo que encontramos, realizando uma abordagem global, a criminologia define crime como sendo um problema social e comunitário. O crime surge na comunidade e ela precisa equacioná-lo, não sendo apenas um problema de mera responsabilidade do sistema de justiça.

1.4 CONCEITO DE CRIMINOLOGIA

Antonio García-Pablos de Molina entende que criminologia

"é uma ciência empírica e interdisciplinar, que se ocupa do estudo do crime, da pessoa do infrator, da vítima, do controle social do comportamento delitivo, e trata de ministrar uma informação válida e contrastada sobre a gênese, dinâmica e variações principais do crime, contemplando-o como problema individual e social, assim como sobre os programas para sua prevenção especial, as técnicas de intervenção positiva no homem delinquente e os diversos modelos ou sistemas de resposta ao delito."[2]

Criminologia, sob a ótica de Eugenio Raúl Zaffaroni e José Henrique Pierangeli,

"é a disciplina que estuda a questão criminal do ponto de vista biopsicossocial, ou seja, integra-se com as ciências da conduta aplicadas às condutas criminais".[3]

Segundo Israel Drapkin Senderey,

"a criminologia é um conjunto de conhecimentos que estudam os fenômenos e as causas da criminalidade, a personalidade do delinquente e sua conduta delituosa e a maneira de ressocializá-lo."[4]

Criminologia, para Roberto Lyra,

"é a ciência que estuda: a) as causas e as concausas da criminalidade e da periculosidade preparatória da criminalidade; b) as manifestações e os efeitos da criminalidade e da periculosidade preparatória da criminalidade; c) a política a opor, assistencialmente, à etiologia

---

2. PABLOS DE MOLINA, Antonio Garcia. *Criminologia: una introducción e sus fundamentos teóricos*, p. 1.
3. ZAFFARONI, Eugenio Raúl; PIERANGELI, José Henrique. *Manual de direito penal brasileiro – parte geral*, p. 148.
4. SENDEREY, Israel Drapkin. *Manual de criminologia*, p. 6.

da criminalidade e da periculosidade preparatória da criminalidade, suas manifestações e seus efeitos."[5]

Hermann Mannheim apresenta criminologia

"em sentido estrito, que significa o estudo do crime. No seu sentido mais lato inclui, também, a penologia, – o estudo da punição e dos métodos similares do tratamento do crime – e, por fim, o problema da prevenção criminal através de medidas não punitivas."[6]

Edwin H. Sutherland define a criminologia como "um conjunto de conhecimentos que estudam o fenômeno e as causas da criminalidade, a personalidade do delinquente, sua conduta delituosa e a maneira de ressocializá-lo."[7]

Em suma, a criminologia é a ciência empírica e interdisciplinar que estuda o crime, o criminoso, a vítima e o controle social, tendo como finalidade combater a criminalidade por meio de métodos preventivos. Vê o crime como um problema social, isto é, um fenômeno comunitário que envolve quatro vertentes:

a) O crime como fatos ilícitos reiterados na sociedade.

b) O crime como causador de dor à vítima e à sociedade.

c) O crime deve ocorrer reiteradamente por um período juridicamente relevante de tempo e no mesmo território.

d) A criminalização de condutas deve incidir após uma análise detalhada quanto aos seus elementos e sua repercussão na sociedade.

1.5 OBJETO DA CRIMINOLOGIA

Na fase pré-científica, o objeto de estudo da criminologia limitava-se ao crime e ao criminoso.

Atualmente, o objeto da criminologia está dividido em quatro vetores: crime, criminoso, vítima e controle social.

1.5.1 Crime

Alguns autores anteriores à escola clássica já apresentavam suas visões com relação à criminalidade.

Platão defendeu em sua obra – As Leis – a ideia de que o crime representava um sintoma de uma doença cuja causa seria tríplice: as paixões – inveja, ciúme,

---

5. LYRA, Roberto. *Criminologia*, p. 6.
6. MANNHEIM, Hermann. *Criminologia Comparada*, p. 21.
7. *Apud* FERNANDES, Newton; FERNANDES, Valter. *Criminologia integrada*, p. 24.

ambição e cólera –, a procura do prazer e a ignorância. Dessa forma, encarava a pena como um remédio destinado a libertar o delinquente do mal e que poderia chegar à sua eliminação se aquele se mostrasse reticente ao tratamento.[8]

Aristóteles, em seu livro Ética a Nicômaco, considerava o criminoso um inimigo da sociedade, que deveria ser castigado. E, assim, atribuiu na política grande relevo à miséria como causa do crime e fator de revolta.[9]

Na obra *A Política*, Aristóteles destacou a miséria como causa de delito. E, ainda, afirmou que os delitos mais graves eram cometidos pelos criminosos para alcançar o supérfluo.

São Tomás de Aquino também imputou a miséria como sendo a causa do crime.[10]

Para criminologia, o crime deve preencher os seguintes elementos constitutivos:

a) Incidência massiva na população: não é possível atribuir a condição de crime a fato isolado na sociedade. Se o fato não se reitera, desnecessário considerá-lo como criminoso.

b) Incidência aflitiva do fato praticado: o crime produz dor à vítima e à sociedade. Para puni-lo no âmbito criminal, é necessário que o fato tenha relevância social.

c) Persistência espaço-temporal do fato a ser considerado como criminoso. Para ter um fato como criminoso, além de ser massivo e aflitivo, é necessário que ele se distribua pelo nosso território e ao longo de um tempo juridicamente relevante.

d) Inequívoco consenso a respeito de sua etiologia e de quais técnicas de intervenção seriam mais eficazes para o seu enfrentamento.

Logo, para a criminologia, crime é um fenômeno social, comunitário e que se demonstra como um problema maior, exigindo assim dos estudiosos uma visão ampla que permita aproximar-se dele e compreendê-lo em seus diversos enfoques.

A criminologia moderna inovou quando da adoção dos aspectos biopsicossociais ao conceito de crime, valendo-se dos aspectos biopsicossociais, é possível determinar a causa e a origem da ação criminosa, bem como traçar o perfil do infrator e sua conduta, isto é, identificando os motivos da realização do ato delituoso. Logo, o fenômeno criminoso é uma interação biopsicossocial e o homem está à mercê desta interação.

---

8. SOCIOLOGIA: Textos e contextos. / coordenação: Ottmar Teske. 2. ed. Canoas. ULBRA, 2005, p. 170.
9. ARISTÓTELES, Ética a Nicômaco, p. 35.
10. RASSAM, Joseph, Tomás de Aquino, p. 12.

1.5.2 Criminoso

Na criminologia moderna, o criminoso passa de figura central para um segundo plano. Quando analisado, o criminoso tende a ser examinado como unidade biopsicossocial e não mais como unidade biopsicopatológica.

1.5.2.1 Escolas e seus enfoques

Para a Escola Clássica, o criminoso era um ser que pecou, que optou pelo mal, embora pudesse e devesse escolher o bem, respeitar a lei. Esta ideia é oriunda do pensamento de Jean Jacques Rousseau, proposto em seu livro – O contrato social.

Na visão da Escola Positiva o criminoso era um prisioneiro de sua própria deformação patológica (caráter biológico) ou de processos causais alheios (caráter social). Para essa escola, em muitos casos, o indivíduo já nascia criminoso (caráter hereditário).

A Escola Correcionalista, que influenciou, a partir da Espanha, todos os países da América Espanhola, tratava o criminoso como um ser inferior e incapaz de se governar por si próprio, merecendo do Estado uma atitude pedagógica e de piedade. O criminoso era um débil, cujo ato precisa ser compreendido e cuja vontade necessita ser direcionada.

Apresentando outra visão da criminalidade, a filosofia marxista aponta que o criminoso era vítima inocente da sociedade e das estruturas econômicas, criando uma espécie de determinismo social e econômico.[11] Importante destacar que Karl Marx não se dedicou diretamente as questões criminais, entretanto, seus ensinamentos fortaleceram conceitos das teorias surgidas com a criminologia crítica.

A visão atual do criminoso é de um ser normal, isto é, não é o pecador dos clássicos, não é o animal selvagem dos positivistas, não é o coitado dos correcionalistas e nem a vítima da filosofia marxista. Trata-se de homem real do nosso tempo, que se submete às leis e pode não cumpri-las por razões que nem sempre são compreendidas por seus pares.

1.5.3 Vítima

Nos dois últimos séculos, na persecução penal o Estado desprezou a vítima, isto é, colocando-a como uma simples peça na existência do delito. Buscava-se como objetivo principal a punição ao infrator do delito. Todo o processo era direcionado à condenação, agindo os operadores da lei com a finalidade única de prevenir o delito punindo o infrator.

---

11. SCHECAIRA, Sérgio Salomão. *Criminologia*, p. 48.

Com os estudos criminológicos é que se resgatou a importância da vítima na persecução penal.

O estudo da vítima está dividido em três fases principais na história da civilização ocidental, a saber:

a) "Idade de ouro" da vítima: compreende no início da civilização até o fim da Alta Idade Média. A implementação do processo penal inquisitivo, a vítima perde seu papel protagonista do processo e assume um papel de coadjuvante. Com o fim da autotutela, da pena de talião, da composição e com o declínio do processo acusatório, ocorre a perda do papel de destaque da vítima nas relações processuais criminais.

b) Neutralização do poder da vítima: ela deixa de ter o poder de reação ao fato delituoso, o qual passou a ser exercido pelo poder público com o monopólio da aplicação da pretensão punitiva. O Estado monopoliza a reação penal, isto é, proibindo as vítimas de reagirem às ofensas de seus interesses, esvaziando assim o seu papel no conflito.

c) Revalorização do papel da vítima: a sua importância é retomada sob um enfoque mais humano por parte do Estado. A partir da escola clássica, a vítima ganhou destaque no processo penal. Francesco Carrara defende que "não ser moral que os governos se enriqueçam com os valores das multas impostas pelos delitos que não conseguiram evitar; é moral, ao contrário, que a sociedade, da qual os bons cidadãos têm o direito a exigir proteção, repare os efeitos da fracassada vigilância."[12]

Os estudos criminológicos da vítima ganharam destaque logo após a 2ª Guerra Mundial, em razão do sofrimento imposto por Adolf Hitler aos judeus nos campos de concentração. Nasce, assim, a vitimologia.

A particularidade essencial da vitimologia reside em questionar a aparente simplicidade em relação à vítima e mostrar, ao mesmo tempo, que o seu estudo é complexo, seja na esfera do indivíduo, seja na inter-relação existente entre autor e vítima.

Destacamos, assim, o papel da vítima no contexto delituoso:

a) A vítima como sujeito capaz de influir significativamente no fato delituoso: em sua estrutura, dinâmica e prevenção.

b) As atitudes e propensão dos indivíduos para se converterem em vítimas dos delitos.

---

12. CARRARA, Francesco. *Programma del corso di diritto criminale – Parte generale*, p. 493.

c) Variáveis que intervêm nos processos de vitimização: cor, raça, sexo, condição social.

d) Situação da vítima em face do autor do delito, bem como do sistema legal e de seus agentes.

1.5.4 Controle social

Sérgio Salomão Sechaira, citando Max Weber, entende que toda sociedade necessita de mecanismos disciplinares que assegurem a convivência interna de seus membros, razão pela qual se vê obrigada a criar uma gama de instrumentos que garantam a conformidade dos objetivos eleitos no plano social.[13]

Nesse contexto é que podemos definir controle social como o conjunto de instituições, estratégias e sanções sociais que pretendem promover a submissão dos indivíduos aos modelos e normas de convivência social.

Temos dois sistemas de controle social na sociedade: controle social formal e controle social informal.

1.5.4.1 Controle social formal

O controle social formal é constituído pela aparelhagem política do Estado: Polícia, Judiciário, Administração Penitenciária, Ministério Público etc., com conotação político-criminal. São os agentes formais do controle social, que atuam em *ultima ratio*, utilizados como meio coercitivo, através dos órgãos públicos, cuja finalidade será punir o indivíduo infrator das normas impostas pelo controle social.

O controle formal entra em atuação toda vez que ocorrer uma falha do controle informal. Ora, não existindo a atuação eficaz da família, escola e sociedade de um modo geral sobre seus integrantes, serão acionados a Polícia, Ministério Público, ou seja, o Estado para em última instância deixar sua característica subsidiária, para atuar, impondo a lei e fazendo-a cumprir.

Este controle social formal é dividido em seleções, a saber:

1) Primeira Seleção:

Entende-se por primeira seleção do controle social formal a atuação de seus órgãos de repressão jurídica, ou seja, o trabalho desenvolvido pelas Polícias Civil e Federal, isto é, a polícia judiciária. É o início da persecução penal com a atividade investigativa, buscando apontar autoria, materialidade e circunstâncias do delito.

---

13. SCHECAIRA, Sérgio Salomão. *Criminologia*, p. 53.

2) Segunda Seleção:

A segunda seleção do controle social formal é representada pela atuação do Ministério Público com o início da ação penal, com o oferecimento da denúncia.

3) Terceira Seleção:

A terceira seleção decorre da tramitação do processo judicial com a consequente condenação do criminoso, após o trânsito em julgado da sentença penal condenatória. Nesta seleção, o Estado atua de maneira absoluta sobre o indivíduo, impondo-lhe uma sanção penal.

1.5.4.2 *Controle social informal*

O controle social informal é constituído pela sociedade civil: família, escola, igreja, clubes de serviços etc., com a visão claramente preventiva e educacional, isto é, operam educando, socializando o indivíduo e inserindo-o na vida em sociedade.

OBJETO DA CRIMINOLOGIA MODERNA			
CRIME	CRIMINOSO	VÍTIMA	CONTROLE SOCIAL

1.6 MÉTODO DA CRIMINOLOGIA

A criminologia é uma ciência do ser, empírica (observação da realidade), que se vale do método indutivo, utilizando-se de métodos biológico e sociológico.

A escola positiva introduziu a fase científica da criminologia e generalizou-se a utilização do método empírico na análise do fenômeno criminal.

O direito é uma ciência cultural (do dever ser), normativa, cujo método é o lógico, abstrato, dedutivo.

A abordagem criminológica é empírica, isto é, que seu objeto (crime, criminoso, vítima e controle social) se insere no mundo do real, do verificável, do mensurável, e não no mundo axiológico (como saber normativo).

Logo, a criminologia pretende primeiro conhecer a realidade para depois explicá-la, sendo necessário mais do que conhecimento dos fatos, pois, em se tratando de seres humanos, qualquer generalização passa a ser falha, daí o caráter interdisciplinar da ciência criminológica que faz uso da filosofia, do direito, da biologia, da sociologia, da psicologia, entre outros. A realidade é alheia ao jurista, o qual tem como ponto de partida a norma válida.

1.7 FUNÇÕES DA CRIMINOLOGIA

A função linear da criminologia é informar a sociedade e os poderes públicos sobre o crime, o criminoso, a vítima e o controle social, reunindo um núcleo de conhecimentos seguros que permita compreender cientificamente o problema criminal, preveni-lo e intervir com eficácia e de modo positivo no homem criminoso.

A função da criminologia é indicar um diagnóstico qualificado e conjuntural sobre o crime.

A criminologia não é causalista com leis universais exatas e nem mera fonte de dados ou de estatística. Na realidade, trata-se de uma ciência prática, preocupada com problemas e conflitos concretos, históricos.

O papel da criminologia no cenário social é a constante luta contra a criminalidade, o controle e a prevenção do delito.

O alcance da criminologia está dividido em:

a) Explicação científica do fenômeno criminal;

b) Prevenção do delito;

c) Intervenção no homem delinquente.

A prevenção do delito para a criminologia se demonstra em:

a) Ineficácia da prevenção penal: que estigmatiza o infrator, acelera a sua carreira criminal e consolida o seu status de desviado.

b) Maior complexidade dos mecanismos dissuasórios: certeza e rapidez da aplicação da pena mais importantes que a sua gravidade.

c) Necessidade de intervenção de maior alcance: intervenções ambientais, melhoria das condições de vida e reinserção dos ex-reclusos na sociedade.

1.8 CLASSIFICAÇÃO DA CRIMINOLOGIA

A doutrina dominante entende que a criminologia é uma ciência aplicada que se subdivide em dois ramos:

a) Criminologia geral: consiste na sistematização, comparação e classificação dos resultados alcançados nas ciências criminais em relação ao crime, criminoso, vítima, controle social e a criminalidade.

b) Criminologia clínica: consiste na aplicação dos conhecimentos teóricos, tais como: conceitos, princípios e métodos de investigação médico-psicológico, para o tratamento do criminoso.

A criminologia pode ainda ser classificada em:

a) Criminologia científica: que cuida dos conceitos e métodos sobre a criminalidade, o crime, o criminoso, da vítima e da justiça penal.

b) Criminologia aplicada: consiste na parte científica e a prática dos operadores do direito.

c) Criminologia acadêmica: consiste na sistematização de princípios para fins pedagógicos e didáticos.

d) Criminologia analítica: consiste em verificar o cumprimento do papel das ciências criminais e da política criminal.

e) Criminologia crítica ou radical: prima pela negação do capitalismo e apresentação do criminoso como vítima da sociedade, tendo como base as ideias do marxismo.

f) Criminologia da reação social: consiste na atividade intelectual que estuda os processos de criação das normas penais e sociais que estão relacionadas com o comportamento desviante.

g) Criminologia organizacional: compreende o processo de criação de leis, a infração a essas normas e os fenômenos de reação às violações das leis.

h) Criminologia clínica: consiste no estudo dos casos particulares com o fim de estabelecer diagnósticos e prognósticos de tratamento, numa identificação entre a delinquência e a doença. Destina a diagnosticar periculosidade ou a mensurar os efeitos do tratamento penitenciário, que, em boa medida, reproduzia os métodos psiquiátricos e acabava em prognósticos de conduta. Baseia-se na ideia de relação médico-paciente.

i) Criminologia verde ou *green criminology*: consiste na responsabilidade penal de empresas e indústrias por delito ecológico, protegendo o meio ambiente dos ataques prejudiciais à biodiversidade.

j) Criminologia do desenvolvimento: consiste no estudo voltado à idade e à fase de crescimento do indivíduo, classificando as variáveis do comportamento delituoso ao longo de sua vida. A idade em que o indivíduo iniciou sua vida criminosa é levada em consideração, bem como suas experiências e outras considerações suscetíveis de medições em momentos distintos da vida, isto é, o estudo longitudinal e a medição constante. Acredita-se que a prevenção da criminalidade seja efetiva e eficaz quando há a interrupção dos motivos que conduzem o indivíduo à prática delituosa.

k) Criminologia midiática: é aquela que atende a uma criação da realidade através da informação, subinformação e desinformação da mídia, afastando-se de estudos acadêmicos, em convergência com preconceitos e crenças, que se baseia em uma etiologia criminal simplista, assentada em uma causalidade mágica. Eugenio Raúl Zaffaroni aponta que as criminologias midiáticas variaram muito no tempo, em decorrência do meio de comunicação próprio de cada época. Entretanto, sempre foram construídas diante de uma causa mágica, isto é, a ideia da causalidade especial, usada para canalizar a vingança contra determinados grupos humanos eleitos como "bodes expiatórios".[14]

l) Criminologia fenomenológica: é aquela que cuida da busca do âmago das coisas através da sua aparência. Não se tornou criminologia crítica, pois não analisou o sistema de controle social e nem cuidou de alguma forma da alteração do processo de criação das leis criminais. Introduziu o conceito de "número", que representa a essências das coisas, enquanto o fenômeno traduz a realidade objetiva.

1.9 CRIMINOLOGIA E SEUS FINS

A criminologia, sob o enfoque de Roberto Lyra, deve orientar a Política Criminal e a Política Social.

A política criminal se orienta em: a) prevenção especial e direta dos crimes socialmente relevantes; b) intervenção relativa às suas manifestações e aos seus efeitos graves para determinados indivíduos e famílias. A prevenção e a intervenção dirigidas implicam objeto individualizado e comprovado.

A política social se baseia em:

a) prevenção geral e indireta das ações e omissões que, embora não previstas como crimes, merecem a reprovação máxima;

b) prevenção geral e indireta dos crimes socialmente relevantes, inclusive conjunto dos fatos análogos, e da respectiva periculosidade preparatória;

c) intervenção relativa às suas manifestações e aos seus efeitos sociais.[15]

1.10 CRIMINOLOGIA E DEMAIS RAMOS

As ciências criminais estão sedimentadas em três pilares: Direito Penal, Criminologia e política criminal. O Direito Penal, sob o prisma de temas jurídico-penais, em sua visão dogmática. A criminologia, como um conjunto sistemático dos princípios fundados numa investigação científica das causas do crime e dos efeitos da intervenção punitiva. A política criminal, a ponte entre o Direito Penal

---

14. ZAFFARONI, Eugenio Raúl. *Saberes críticos – A palavra dos mortos*, p. 303/304.
15. LYRA, Roberto. *Criminologia*, p. 18.

e a Criminologia, ou seja, como disciplina, oferece aos órgãos públicos as opções científicas mais adequadas ao controle do crime.

Além das três ciências citadas, temos que incluir também o Processo Penal e a Execução Penal. Com isso, formamos o conjunto de ciências que integra o plano criminal como sendo a Criminologia, a Política Criminal, o Direito Penal, o Processo Penal e a Execução Penal.

O Direito Penal, a Criminologia e a política criminal têm em comum o estudo do fenômeno criminal. Senão, vejamos:

- O Direito Penal, enquanto direito material, disciplina os tipos penais e, no campo de Direito Processual, as regras procedimentais e, ao final, a execução da pena;
- A Criminologia, enquanto ciência, busca a compreensão do delito, ou seja, estuda o crime, o criminoso, a vítima e o controle social;
- A política criminal, enquanto disciplina, busca estratégias para o enfrentamento do delito e o controle da violência.

O Processo Penal e a Execução Penal atuam no campo da efetivação, aplicando o Direito Penal dentro do procedimento, para que, no final, caso ocorra condenação, a Execução Penal faça o seu papel.

1.11 CRIMINOLOGIA E DIREITO PENAL

A criminologia, além de estudar os fatores do fenômeno criminal (genéticos, etiológicos, sociológicos, psicológicos etc.), também estuda as leis e outros fenômenos lesivos que não chegam a ser tipificados.[16]

O Direito Penal é uma ciência jurídica e normativa, ou seja, é uma ciência do "dever ser". Vale-se do método dedutivo-sistemático para analisar o fato delituoso, cuja compreensão clama por pontos de vista axiológicos e valorativos.

A política criminal é a ciência ou a arte de selecionar os bens, que devem ser tutelados jurídica e penalmente, e escolher os caminhos para efetivar tal tutela, o que iniludivelmente implica a crítica dos valores e caminhos já eleitos.[17]

Já a Criminologia é uma ciência empírica, fática e do "ser". Vê o fato delituoso como fenômeno real e se serve de métodos empíricos para examiná-lo, buscando uma solução.

---

16. GOMES, Luiz Flávio; BIANCHINI, Alice. *Curso de direito penal* – parte geral, p. 33.
17. ZAFFARONI, Eugenio Raúl; PIERANGELI, José Henrique. *Manual de direito penal brasileiro*. 11. ed. São Paulo: Revista dos Tribunais, 2015.

A compreensão científica da Justiça Penal não se limita apenas ao Direito Penal, porquanto ele somente declara quais são as condutas proibidas e estabelece as penas e as medidas de segurança. É necessária a sua conjugação com outros dados fornecidos pela Criminologia.[18]

Criminologia e Direito Penal devem unir seus esforços, sem pretensões de exclusividade ou superioridade, visto que cada qual goza de autonomia em virtude de seus objetos e métodos, ou seja, devem buscar se entender; pois integram uma ciência criminal total ou globalizadora.[19]

1.12 CRIMINOLOGIA E POLÍTICA CRIMINAL

A Criminologia e a política criminal, atualmente, são responsáveis pela elaboração de dados criminalísticos com base em estatísticas quantitativas e qualitativas que contribuem sobremaneira para a prevenção e uma efetiva política de combate preventiva ao crime.

A política criminal é o conjunto de medidas e critérios de caráter jurídico, social, educacional, econômico ou de índole similar estabelecidos por Poderes Públicos para prevenir e reagir ao fenômeno criminal, buscando assim um limite tolerável aos índices da criminalidade.[20] Política criminal é a sabedoria legislativa do Estado na luta contra as infrações penais.[21]

Temos, atualmente, ações de política criminal no âmbito processual, a saber: *sursis*, o livramento condicional, os benefícios despenalizadores da Lei 9.099/95 etc.

A criminologia auxilia o Estado na elaboração de políticas públicas voltadas para as atividades que minimizem os índices de criminalidade. São políticas voltadas a diversas áreas e baseadas em dados criminológicos que permitem identificar o problema local que contribui para a prática delituosa.

Isto é, o combate à violência atualmente não se limita apenas a prender mais e por mais tempo, mas sim a atacar as causas que levam ao comportamento criminoso massivo.

CRIMINOLOGIA	POLÍTICA CRIMINAL
Ocupa-se dos estudos do criminoso e das causas da criminalidade.	Estuda e recomenda os meios de prevenção e repressão à delinquência.
Diretamente vinculada à realidade social.	Ultrapassa os limites da realidade social.

---

18. DOTTI, René Ariel. *Curso de direito penal*: parte geral, p. 156.
19. MOLINA, Antonio García-Pablos de; GOMES, Luiz Flávio. *Criminologia*, p. 163.
20. GOMES, Luiz Flávio; BIANCHINI, Alice. *Curso de direito penal* – parte geral, p. 35.
21. DOTTI, René Ariel. *Curso de direito penal* – parte geral, p. 74.

1.13 CRIMINOLOGIA E PSIQUIATRIA

Na segunda metade do século XIX, a criminologia e a psiquiatria eram diretamente interligadas, isso sem perder as suas especificidades e diferenças.

A diferença primordial entre a criminologia e a psiquiatria está no enfoque dado ao crime, ou seja, enquanto a criminologia defende o crime como uma transformação interna do direito penal sob o âmbito das ciências humanas; a psiquiatria se insurge do exterior, disputando com o direito penal a gestão dos criminosos, afirmando assim uma relação mais íntima entre o crime e a doença mental.

A criminologia, a partir de Lombroso, buscou estabelecer relação entre o crime e a anormalidade, enquanto a psiquiatria defendia de modo inequívoco que o criminoso é quase sempre um doente mental.

A psiquiatria enfrenta o crime de modo a alcançar toda a sua plenitude, isto é, além do diagnóstico e tratamento das patologias mentais relacionadas ao crime, é necessária uma política de higiene das populações, uma vigilância sobre as famílias e seus hábitos etc.

1.14 SÍNTESE

Conceito de criminologia	É a ciência empírica e interdisciplinar que estuda o crime, o criminoso, a vítima e o controle social, tendo como finalidade combater a criminalidade por meio de métodos preventivos.
Conceito de criminogênese	A Criminogênese é a parte da Criminologia que estuda os mecanismos de natureza biológica, psicológica e social, através dos quais se projetam os comportamentos criminosos. Para tanto é necessário uma análise interdisciplinar, de natureza sociológica, econômica, filosófica, política, médica e psicológica para a sua conceituação.
Objeto da criminologia	– Na fase pré-científica, o objeto de estudo limitava-se ao crime e ao criminoso. – Na criminologia moderna, o objeto está dividido em quatro vetores: crime, criminoso, vítima e controle social. – **Crime:** para a criminologia, é um fenômeno social, comunitário e que se demonstra como um problema maior, exigindo assim dos estudiosos uma visão ampla que permita aproximar-se dele e compreendê-lo em seus diversos enfoques. – **Criminoso:** para a criminologia moderna, passa de figura central para um segundo plano. Quando analisado, o criminoso tende a ser examinado como unidade biopsicossocial e não mais como unidade biopsicopatológica. – **Vítima:** com os estudos criminológicos é que se resgatou a importância da vítima na persecução penal. Destaques do papel da vítima no contexto delituoso: **a)** A vítima como sujeito capaz de influir significativamente no fato delituoso: em sua estrutura, dinâmica e prevenção; **b)** As atitudes e propensão dos indivíduos para se converterem em vítimas dos delitos; **c)** Variáveis que intervêm nos processos de vitimização: cor, raça, sexo, condição social; **d)** Situação da vítima em face do autor do delito, bem como do sistema legal e de seus agentes.

Objeto da criminologia	– **Controle social:** é o conjunto de instituições, estratégias e sanções sociais que pretendem promover a submissão dos indivíduos aos modelos e normas de convivência social. Sistemas de controle social: **a) Controle social formal** (aparelhagem política do Estado: Polícia, Judiciário, Administração Penitenciária, Ministério Público etc.): com a conotação político-criminal. **b) Controle social informal** (sociedade civil: família, escola, igreja, clubes de serviços etc.): com a visão claramente preventiva e educacional, isto é, operam educando, socializando o indivíduo.
Seleções no controle social formal	**a) Primeira Seleção do controle social:** a atuação de seus órgãos de repressão jurídica, ou seja, o trabalho desenvolvido pelas Polícias Civil e Federal, isto é, a polícia judiciária. É o início da persecução penal com a atividade investigativa, buscando apontar autoria, materialidade e circunstâncias do delito. **b) Segunda Seleção do controle social:** é representada pela atuação do Ministério Público com o início da ação penal, com o oferecimento da denúncia. **c) Terceira Seleção do controle social:** decorre da tramitação do processo judicial com a consequente condenação do criminoso, após o trânsito em julgado da sentença penal condenatória. Nesta seleção, o Estado atua de maneira absoluta sobre o indivíduo, impondo-lhe uma sanção penal.
Método da criminologia	A criminologia é uma ciência do ser, empírica (observação da realidade), que se vale do método indutivo, utilizando-se de métodos biológico e sociológico.
Funções da criminologia	A função linear da criminologia é informar a sociedade e os poderes públicos sobre o crime, o criminoso, a vítima e o controle social, reunindo um núcleo de conhecimentos seguros que permita compreender cientificamente o problema criminal, preveni-lo e intervir com eficácia e de modo positivo no homem criminoso. Indica um diagnóstico qualificado e conjuntural sobre o crime.
Alcance da criminologia	– Explicação científica do fenômeno criminal. – Prevenção do delito. – Intervenção no homem delinquente.
Classificação da criminologia	– **Criminologia geral:** consiste na sistematização, comparação e classificação dos resultados alcançados nas ciências criminais em relação ao crime, criminoso, vítima, controle social e a criminalidade. – **Criminologia clínica:** consiste na aplicação dos conhecimentos teóricos, tais como conceitos, princípios e métodos de investigação médico-psicológico, para o tratamento do criminoso. – **Criminologia científica:** que cuida dos conceitos e métodos sobre a criminalidade, o crime, o criminoso, da vítima e da justiça penal. – **Criminologia aplicada:** consiste na parte científica e a prática dos operadores do direito. – **Criminologia acadêmica:** consiste na sistematização de princípios para fins pedagógicos e didáticos. – **Criminologia analítica:** consiste em verificar o cumprimento do papel das ciências criminais e da política criminal. – **Criminologia crítica ou radical:** prima pela negação do capitalismo e apresentação do criminoso como vítima da sociedade, tendo como base as ideias do marxismo. – **Criminologia da reação social:** consiste na atividade intelectual que estuda os processos de criação das normas penais e sociais que estão relacionadas com o comportamento desviante. – **Criminologia organizacional:** compreende o processo de criação de leis, a infração a essas normas e os fenômenos de reação às violações das leis.

Classificação da criminologia	– **Criminologia clínica:** consiste no estudo dos casos particulares com o fim de estabelecer diagnósticos e prognósticos de tratamento, numa identificação entre a delinquência e a doença. Destina a diagnosticar periculosidade ou a mensurar os efeitos do tratamento penitenciário, que, em boa medida, reproduzia os métodos psiquiátricos e acabava em prognósticos de conduta. Baseia-se na ideia de relação médico-paciente. – **Criminologia verde ou *green criminology*:** consiste na responsabilidade penal de empresas e indústrias por delito ecológico, protegendo o meio ambiente dos ataques prejudiciais à biodiversidade. – **Criminologia do desenvolvimento:** consiste no estudo voltado a idade e na fase de crescimento do indivíduo, classificando as variáveis do comportamento delituoso ao logo de sua vida. – **Criminologia midiática:** é aquela que atende a uma criação da realidade através da informação, subinformação e desinformação da mídia, afastando-se de estudos acadêmicos, em convergência com preconceitos e crenças, que se baseia em uma etiologia criminal simplista, assentada em uma causalidade mágica. – **Criminologia fenomenológica:** é aquela que cuida da busca do âmago das coisas através da sua aparência. Não se tornou Criminologia crítica, pois não analisou o sistema de controle social e nem cuidou de alguma forma de alteração do processo de criação das leis criminais.
Criminologia e Direito Penal	A criminologia é uma ciência empírica, fática e do "ser". Vê o fato delituoso como fenômeno real e se serve de métodos empíricos para examiná-lo, buscando uma solução. O Direito Penal é uma ciência jurídica e normativa. É ciência do "dever ser". Vale-se do método dedutivo-sistemático para análise do fato delituoso.
Criminologia e política criminal	A criminologia auxilia o Estado na elaboração de políticas públicas voltadas para as atividades que minimizem os índices de criminalidade. São políticas voltadas a diversas áreas e baseadas em dados criminológicos que permitem identificar o problema local que contribui para a prática delituosa. A política criminal é o conjunto de medidas e critérios de caráter jurídico, social, educacional e econômico instituídos pelos Poderes Públicos buscando a prevenção e a reação ao fenômeno criminal.
Criminologia e Psiquiatria	A diferença entre a criminologia e a psiquiatria está no enfoque dado ao crime. – A criminologia defende o crime como uma transformação interna do direito penal sob o âmbito das ciências humanas. – A psiquiatria se insurge do exterior, disputando com o direito penal a gestão dos criminosos, afirmando assim uma relação mais íntima entre o crime e a doença mental.

QUESTÕES DE PROVAS

1. (Delegado de Polícia Civil/CE – 2015) Os objetos de estudo da moderna criminologia estão divididos em:
A) três vertentes: justiça criminal, delinquente e vítima;
B) três vertentes: política criminal, delito e delinquente;
C) três vertentes: política criminal, delinquente e pena;
D) quatro vertentes: delito, delinquente, justiça criminal e pena;
E) quatro vertentes: delito, delinquente, vítima e controle social.

GABARITO: E
Comentários: O objeto da criminologia moderna está dividido em quatro vetores: crime, criminoso, vítima e controle social.

2. **(Fotógrafo Pericial. Polícia Civil/SP – 2014)** O objeto da criminologia que analisa a conduta antissocial, as causas geradoras e vê a criminologia como um problema social e comunitário, é:

A) a psicologia;
B) a ciência humana;
C) o delito;
D) a sociologia;
E) o direito.

GABARITO: C

Comentários: O objeto da criminologia moderna está dividido em quatro vetores: delito, criminoso, vítima e controle social. Para a criminologia, crime é um fenômeno social, comunitário e que se demonstra como um problema maior, exigindo assim dos estudiosos uma visão ampla que permita aproximar-se dele e compreendê-lo em seus diversos enfoques. Analisando assim a conduta antissocial, as causas geradoras e a criminologia como sendo um problema social e comunitário.

3. **(Fotógrafo Pericial. Polícia Civil/SP – 2014)** A criminologia geral consiste _____; e a criminologia clínica consiste na _____.

Assinale a alternativa que preenche, correta e respectivamente, as lacunas.

A) no estudo do crime e do criminoso, mas não serve para subsidiar a elaboração das leis penais ... análise da vítima e da conduta social para subsidiar no planejamento das políticas criminais;
B) no estudo da vítima e da conduta social, subsidiando a elaboração dos tipos penais ... análise do crime e do criminoso para servir no planejamento das políticas criminais;
C) no estudo do comportamento da vítima e do delinquente, traçando uma relação de causalidade sem que, contudo, influencie na elaboração de legislação correlata ... análise dos crimes, tanto em quantidade como em qualidade para servir no planejamento das políticas criminais;
D) na relação sistemática do poder público quanto à elaboração de leis que procuram evitar o crime e sua reincidência ... análise e estudos da vítima e sua participação no delito;
E) na sistematização, comparação e classificação dos resultados obtidos no âmbito das ciências criminais acerca de seus objetos ... aplicação dos conhecimentos teóricos daquela para o tratamento dos criminosos.

GABARITO: E

Comentários: Criminologia geral – consiste na sistematização, comparação e classificação dos resultados alcançados nas ciências criminais em relação ao crime, criminoso, vítima controle social e a criminalidade. **Criminologia clínica** – consiste na aplicação dos conhecimentos teóricos, tais como: conceitos, princípios e métodos de investigação médico-psicológica, para o tratamento do criminoso.

4. **(Fotógrafo Pericial. Polícia Civil/SP – 2014)** Os métodos científicos utilizados pela criminologia, como ciência empírica e experimental que é, são, dentre outros:

A) jurídicos e escritos;
B) físicos e naturais;
C) biológicos e sociológicos;
D) costumes e experiências;
E) documentados e teses.

GABARITO: C

Comentários: A criminologia pretende primeiro conhecer a realidade para depois explicá-la, sendo necessário mais do que conhecimento dos fatos. A ciência criminológica tem caráter interdisciplinar e por isso faz uso da Filosofia, do Direito, da Biologia, da Sociologia, da Psicologia, entre outros.

5. (Fotógrafo Pericial. Polícia Civil/SP – 2014) **Assinale a alternativa que indica um dos objetos de estudo da criminologia moderna.**

A) o controle social;

B) a justiça;

C) o Direito Penal;

D) o desiquilíbrio psicológico;

E) a lei.

GABARITO: A
Comentários: O objeto da criminologia moderna está dividido em quatro vetores: crime, criminoso, vítima e controle social.

6. (Investigador de Polícia/SP – 2014) **A ciência que cuida da criminogênese é a chamada de:**

A) ciência política;

B) ciência pública;

C) sociologia individual;

D) etiologia criminal;

E) ciência jurídica.

GABARITO: D
Comentários: Etiologia criminal é a ciência que estuda e investiga a criminogênese, que objetiva explicar quais são as causas do crime.

Nas questões de números 07 e 08, complete, correta e respectivamente, as lacunas das frases dadas.

7. (Investigador de Polícia/SP – 2014) **Segundo doutrina dominante, a criminologia é uma ciência aplicada que se subdivide em dois ramos: a criminologia _____ que consiste na sistematização, comparação e classificação dos resultados obtidos no âmbito das ciências criminais acerca do seu objeto; e a criminologia _____ que consiste na aplicação dos conhecimentos teóricos daquela para o tratamento dos criminosos.**

A) prática .... social

B) comparativa .... observativa

C) geral .... clínica

D) individual .... científica

E) metódica .... particular

GABARITO: C
Comentários: A criminologia geral consiste na sistematização, comparação e classificação dos resultados alcançados nas ciências criminais em relação ao seu objeto (crime, criminoso, vítima e controle social). A criminologia clínica consiste na aplicação dos conhecimentos teóricos, tais como: conceitos, princípios e métodos de investigação médico-psicológica, para o tratamento do criminoso.

8. **(Investigador de Polícia/SP – 2014)** A criminologia pode ser conceituada como uma ciência _____, baseada na observação e na experiência, e _____ que tem por objeto de análise o crime, o criminoso, a vítima e o controle social:

A) exata/multidisciplinar;
B) objetiva/monodisciplinar;
C) humana/unidisciplinar;
D) biológica/transdisciplinar;
E) empírica/interdisciplinar.

GABARITO: E
Comentários: A criminologia é a ciência empírica e interdisciplinar que estuda o crime, o criminoso, a vítima e o controle social, tendo como finalidade combater a criminalidade por meio de métodos preventivos.

9. **(Investigador de Polícia/SP – 2014)** Entende-se como controle social o conjunto de mecanismos e sanções sociais que visam a submeter o homem aos modelos e normas do convívio comunitário. Desta forma, são exemplos de influências no controle social informal:

A) Administração Penitenciária, Procon e Judiciário;
B) Polícia Militar, Ministério Público e Guarda Municipal;
C) Tribunal de Contas, Forças Armadas e Ordem dos Advogados do Brasil;
D) Família, Escola e Igrejas;
E) Partidos Políticos, Conselho Tutelar e Polícia Civil.

GABARITO: D
Comentários: Controle social é o conjunto de instituições, estratégias e sanções sociais que pretendem promover a submissão dos indivíduos aos modelos e normas de convivência social. Temos dois sistemas de controle social: o controle social formal e o controle social informal, sendo este constituído pela sociedade civil: família, escola, igreja, clubes de serviços etc., com a visão claramente preventiva e educacional, isto é, operam educando e socializando o indivíduo.

10. **(Investigador de Polícia/SP – 2014)** É órgão da segunda seleção da instância formal de controle social:

A) Ministério Público;
B) Polícia Judiciária;
C) Poder Judiciário;
D) Administração Penitenciária;
E) Polícia Administrativa.

GABARITO: A
Comentários: O controle social formal é constituído de três seleções, a saber: Primeira seleção – em face da atuação de seus órgãos de repressão jurídica, ou seja, da atuação da polícia judiciária. Segunda seleção – insere-se a atuação do Ministério Público, não apenas com a propositura da ação penal e consequente instauração da instância judicial, mas também por meio de outros instrumentos, tais como: inquérito civil, ação civil pública e termo de ajustamento de conduta. Terceira seleção – decorre do processo judicial, ensejando a sentença condenatória transitada em julgado.

11. **(Delegado de Polícia/SP – 2014)** Assinale a alternativa que completa, correta e respectivamente a frase: A Criminologia _____; o Direito Penal _____.

A) não é considerada uma ciência, por tratar do "dever ser" ... é uma ciência empírica e interdisciplinar, fática do "ser";

B) é uma ciência normativa e multidisciplinar, do "dever ser" ... é uma ciência empírica e fática, do "ser";
C) não é considerada uma ciência, por tratar do "ser"... é uma ciência jurídica, pois encara o delito como um fenômeno real, do "dever ser";
D) é uma ciência empírica e interdisciplinar, fática do "ser" ... é uma ciência jurídica, cultural e normativa, do "dever ser";
E) é considerada uma ciência jurídica, por tratar o delito como um conceito formal, normativo, do "dever ser" ... não é considerado uma ciência, pois encara o delito como um fenômeno social, do "ser".

GABARITO: D
Comentários: Criminologia é a ciência empírica e interdisciplinar que estuda o crime, o criminoso, a vítima e o controle social, tendo como finalidade combater a criminalidade por meio de métodos preventivos. Criminologia é uma ciência do "ser", do saber empírico, uma ciência social influenciada pela ciência experimental, na qual o objeto de estudo advém do mundo real, e não de valores. Direito Penal é a ciência jurídica, cultural e normativa, do "dever ser". O Direito Penal é a ciência, é a base do campo jurídico, pois a punibilidade de uma conduta deve determinar-se segundo suas regras.

12. (Técnico de Laboratório. Polícia Civil/SP – 2014) **A expressão "Criminologia" foi empregada pela primeira vez por:**
A) Adolphe Quetelet e divulgada internacionalmente por Cesare Bonesana, em sua obra intitulada *Dos delitos e das penas*;
B) Cesare Lombroso e divulgada internacionalmente por Raffaele Garofalo, em sua obra intitulada *Criminologia*;
C) Paul Topinard e divulgada internacionalmente por Cesare Bonesana, em sua obra intitulada *Dos Delitos e das penas*;
D) Cesare Lombroso e divulgada internacionalmente por Adolphe Quetelet, em sua obra intitulada *O homem médio*;
E) Paul Topinard e divulgada internacionalmente por Raffaele Garofalo, em sua obra intitulada *Criminologia*.

GABARITO: E
Comentários: O antropólogo francês Paul Topinard, em 1879, é quem utilizou pela primeira vez o termo Criminologia. Entretanto, Raffaele Garofalo, em 1885, foi o responsável pela divulgação do termo, utilizando-o como título de sua obra Criminologia.

13. (Técnico de Laboratório. Polícia Civil/SP – 2014) **É correto afirmar que a Criminologia é uma:**
A) disciplina auxiliar das ciências médicas, voltada às investigações clínicas, por meio de perícia e exames laboratoriais;
B) ciência empírica e interdisciplinar, a qual estuda os fatores que contribuem para ocorrência do crime, dentre outros temas correlatos;
C) disciplina auxiliar das ciências jurídicas, voltada às técnicas de realização de perícia e exames laboratoriais;
D) disciplina auxiliar das ciências criminais, voltada às investigações por meio de perícia e exames laboratoriais;
E) ciência dogmático-normativa, fundada na ética e na filosofia, a qual estuda a personalidade do preso, dentre outros temas correlatos.

GABARITO: B

Comentários: A criminologia é a ciência empírica e interdisciplinar que estuda o crime, o criminoso, a vítima e o controle social, tendo como finalidade combater a criminalidade por meio de métodos preventivos.

14. (Médico Legista. Polícia Civil/SP – 2014) **A autonomia da Criminologia frente ao Direito Penal:**

A) é almejada pelos estudiosos da primeira, mas negada pelos estudiosos do segundo;

B) não se concretiza, uma vez que a primeira não é considerada ciência, ao contrário do segundo;

C) comprova-se, por exemplo, pelo caráter crítico que a primeira desenvolve em relação ao segundo;

D) não se vislumbra na prática, uma vez que todos os conceitos da primeira são emprestados do segundo;

E) não se efetiva, uma vez que ambos têm o mesmo objeto e são concretizados pelo mesmo método do estudo, qual seja, o empírico.

GABARITO: C
Comentários: Criminologia é a ciência empírica e interdisciplinar que estuda o crime, o criminoso, a vítima e o controle social, tendo como finalidade combater a criminalidade por meio de métodos preventivos. A criminologia pretende primeiro conhecer a realidade para depois explicá-la, sendo necessário mais do que conhecimento dos fatos, pois, em se tratando de seres humanos, qualquer generalização passa a ser falha, daí o caráter interdisciplinar da ciência criminológica que faz uso da Filosofia, do Direito, da Biologia, da Sociologia, da Psicologia, entre outros. A realidade é alheia ao jurista, o qual tem como ponto de partida a norma válida.

15. (Médico Legista. Polícia Civil/SP – 2014) **O método de estudo da Criminologia reúne as seguintes características:**

A) silogismo; vedação de interdisciplinaridade; visão indutiva da realidade;

B) empirismo; vedação de interdisciplinaridade; visão indutiva da realidade;

C) racionalismo; interdisciplinaridade; visão indutiva da realidade;

D) empirismo; interdisciplinaridade; visão indutiva da realidade;

E) racionalismo; interdisciplinaridade; visão dedutiva da realidade.

GABARITO: D
Comentários: A criminologia é uma ciência do ser, empírica (observação da realidade), que se vale do método indutivo, utilizando, ainda, a interdisciplinaridade, isto é, métodos biológico, sociológico, filosófico, psicológico, dentre outros, na análise do fenômeno criminal.

16. (Escrivão de Polícia/SP – 2014) **O método científico utilizado pela criminologia é o método biológico e _____, como ciência empírica e _____ que é.**

Completam as lacunas do texto, correta e respectivamente:

A) experimental .... jurídica;

B) sociológico .... experimental;

C) físico .... social;

D) filosófico .... humana;

E) psicológico .... normativa.

GABARITO: B
Comentários: Os métodos científicos utilizados pela criminologia são o biológico e o sociológico. A criminologia volta-se ao fenômeno da criminalidade, investigando suas causas segundo o método experimental, ou seja, o mundo do ser, estabelecendo um fundamento científico para que a Política Criminal possa transformá-lo em opções e

estratégias concretas de fácil assimilação ao legislador para criar normas penais e aos poderes públicos para agir na prevenção, repressão do crime e na ressocialização do delinquente.

17. (Escrivão de Polícia/SP – 2014) **São objetos de estudo da Criminologia moderna _____, o criminoso, _____e o controle social.**

Assinale a alternativa que completa, correta e respectivamente, as lacunas do texto:
A) a desigualdade social .... o Estado;
B) a conduta .... o castigo;
C) o direito .... a ressocialização;
D) a sociedade .... o bem jurídico;
E) o crime .... a vítima.

GABARITO: E
Comentários: Atualmente, o objeto da criminologia está dividido em quatro vetores: crime, criminoso, vítima e controle social.

18. (Escrivão de Polícia/SP – 2014) **Conceitua-se a criminologia, por ser baseada na experiência e por ter mais de um objeto de estudo, como uma ciência:**
A) abstrata e imensurável;
B) biológica e indefinida;
C) empírica e interdisciplinar;
D) exata e mensurável;
E) humana e indefinida.

GABARITO: C
Comentários: Criminologia é a ciência empírica e interdisciplinar que estuda o crime, o criminoso, a vítima e o controle social, tendo como finalidade combater a criminalidade por meio de métodos preventivos.

19. (Perito. Polícia Civil/SP – 2014) **Sobre a Criminologia, é correto afirmar que:**
A) ela não é considerada uma ciência para a maior parte dos autores;
B) tal conhecimento encontra-se inteiramente subordinado ao Direito Penal;
C) ela ocupa-se do estudo do delito e do delinquente, mas não se ocupa do estudo da vítima e do controle social, uma vez que tal assunto constitui objeto de interesse da Sociologia;
D) ela ocupa-se do estudo do delito e do controle social, mas não se ocupa do estudo do delinquente e da vítima, uma vez que tal assunto constitui objeto de estudo da Psicologia;
E) ela constitui um campo fértil de pesquisas para psiquiatras, psicólogos, sociólogos, antropólogos e juristas.

GABARITO: E
Comentários: A Criminologia é a ciência que estuda a criminalidade. Sem desejar transformar-se em mera fonte de dados, a Criminologia, como ciência empírica, baseada na realidade, e interdisciplinar, ou seja, somando ensinamentos da sociologia, psicologia, medicina legal e do próprio Direito, apresenta como objeto de estudo o crime, o criminoso, a vítima e o controle social.

20. (Perito. Polícia Civil/SP – 2013) **Assinale a alternativa correta a respeito da Criminologia.**
A) Constitui seu objeto a análise apenas do delito e do delinquente, ficando o estudo da vítima sob a alçada da psicologia social.
B) São características fundamentais de seu método o dogmatismo e a intervencionalidade.

C) É uma técnica de investigação policial que faz parte das Ciências Jurídicas.

D) São suas finalidades a explicação e a prevenção do crime, bem como a intervenção na pessoa do infrator e avaliação dos diferentes modelos de resposta ao crime.

E) É uma ciência dogmática e normativista, que se ocupa do estudo do crime e da pena oriunda do comportamento delitivo.

GABARITO: D
Comentários: O alcance da criminologia está dividido em: explicação científica do fenômeno criminal; prevenção do delito; intervenção no homem delinquente e avaliação dos diferentes modelos de resposta ao crime.

21. (Perito. Polícia Civil/SP – 2013) **A moderna Criminologia:**

A) tem por seus protagonistas o delinquente, a vítima e a comunidade.

B) vislumbra o delito como enfrentamento formal, simbólico e direto entre dois rivais – o Estado e o infrator – que se enfrentam, isolados da sociedade, à semelhança da luta entre o bem e o mal.

C) não considera como seu objeto de debate os aspectos político-criminais das técnicas de intervenção social e de seu controle.

D) tem o castigo do infrator por exaurimento das expectativas que o fato delitivo desencadeia.

E) tem por seus principais objetivos a reparação do dano causado ao Estado, a ressocialização do delinquente e a repressão do crime.

GABARITO: A
Comentários: Uma das abordagens feita pela criminologia moderna com relação à prevenção do delito é no sentido de que o crime assume um papel mais complexo, de acordo com a dinâmica de seus personagens: a vítima, o delinquente e a sociedade.

22. (Investigador de Polícia/SP – 2013) **Entende-se por Etiologia Criminal a ciência que estuda e investiga:**

A) a criminalística, isto é, o processo de desenvolvimento do crime.

B) a transmissão congênita de fatores psicológicos, propensos ao desenvolvimento da criminalidade.

C) a criminogênese, que objetiva explicar quais são as causas do crime.

D) o fenômeno do delito e as formas de prevenção secundária.

E) a transmissão genética de fatores biológicos, propensos ao desenvolvimento da criminalidade.

GABARITO: C
Comentários: Etiologia criminal é a ciência que estuda e investiga a criminogênese, que objetiva explicar quais são as causas do crime.

23. (Investigador de Polícia/SP – 2013) **Os objetos de estudo da moderna Criminologia são:**

A) a vítima e o delinquente.

B) o crime, o criminoso, a vítima e o controle social.

C) o delito e o delinquente.

D) o problema social, suas causas biológicas e o mimetismo.

E) o crime e os fatores biopsicológicos decorrentes de sua prática.

GABARITO: B

Comentários: A moderna criminologia apresenta como objetos de estudo: o crime, o criminoso, a vítima e o controle social.

24. (Defensoria/PR – 2012). São características principais da moderna Criminologia, EXCETO:

A) Substitui o conceito "tratamento" (conotação clínica e individual) por "intervenção" (conotação dinâmica, complexa e pluridimensional);
B) Parte da caracterização do crime como "problema" (face humana e dolorosa do delito);
C) Amplia o âmbito tradicional da Criminologia ao adicionar o delinquente e o delito ao seu objeto de estudo;
D) Acentua a orientação "prevencionista" do saber criminológico, diante da obsessão repressiva explícita de outros modelos convencionais;
E) Destaca a análise e a avaliação dos modelos de reação ao delito como um dos objetos da Criminologia.

GABARITO: C
Comentários: A criminologia moderna, que ampliou o seu objeto de estudo, limitava-se ao crime e ao criminoso, incluindo assim a vítima e o controle social. Hoje o objeto de estudo da criminologia está dividido em quatro vetores: crime, criminoso, vítima e controle social.

25. (Delegado de Polícia/PE – 2016). Os objetos de investigação da criminologia incluem o delito, o infrator, a vítima e o controle social. Acerca do delito e do delinquente, assinale a opção correta:

A) para a criminologia positivista, infrator é mera vítima inocente do sistema econômico; culpável é a sociedade capitalista;
B) para o marxismo, delinquente é o indivíduo pecador que optou pelo mal, embora pudesse escolher pela observância e pelo respeito à lei;
C) para os correcionalistas, criminoso é um ser inferior, incapaz de dirigir livremente os seus atos: ele necessita ser compreendido e direcionado, por meio de medidas educativas;
D) para a criminologia clássica, criminoso é um ser atávico, escravo de sua carga hereditária, nascido criminoso e prisioneiro de sua própria patologia;
E) a criminologia e o Direito Penal utilizam os mesmos elementos para conceituar crime: ação típica, ilícita e culpável.

GABARITO: C
Comentários: A Escola Correcionalista tratava o criminoso como um ser inferior e incapaz de se governar por si próprio, merecendo do Estado uma atitude pedagógica e de piedade.

26. (Delegado de Polícia Civil/GO – 2017) A respeito do conceito e das funções da criminologia, assinale a opção correta.

A) A criminologia tem como objetivo estudar os delinquentes, a fim de estabelecer os melhores passos para sua ressocialização. A política criminal, ao contrário, tem funções mais relacionadas à prevenção do crime.
B) A finalidade da criminologia em face do direito penal é de promover a eliminação do crime.
C) A determinação da etimologia do crime é uma das finalidades da criminologia.
D) A criminologia é a ciência que, entre outros aspectos, estuda as causas e as concausas da criminalidade e da periculosidade preparatória da criminalidade.

E) A criminologia é orientada pela política criminal na prevenção especial e direta dos crimes socialmente relevantes, mediante intervenção nas manifestações e nos efeitos graves desses crimes para determinados indivíduos e famílias.

GABARITO: D
Comentários: Roberto Lyra conceitua criminologia como "a ciência que estuda: a) as causas e as concausas da criminalidade e da periculosidade preparatória da criminalidade; b) as manifestações e os efeitos da criminalidade e da periculosidade preparatória da criminalidade; c) a política a opor, assistencialmente, à etiologia da criminalidade e da periculosidade preparatória da criminalidade, suas manifestações e seus efeitos".

27. (Delegado de Polícia Civil/MS – 2017) **A atividade policial dentre suas finalidades deve prevenir e reprimir o crime. Em particular, à polícia judiciária cabe investigar, com o fim de esclarecer fatos delitivos que causaram danos a bens jurídicos relevantes tutelados pelo direito penal. A criminologia dada a sua interdisciplinaridade constitui ciência de suma importância na atividade policial por socorrer-se de outras ciências para compreender a prática delitiva, o infrator e a vítima, possuindo métodos de investigação que visam a atender sua finalidade. Diante do exposto, assinale a alternativa correta sobre a criminologia como ciência e seus métodos.**

A) Como ciência dedutiva, a criminologia se vale de métodos científicos, humanos e sociais, abstratos, próprios do Direito Penal.
B) A criminologia, ciência lógica e normativa, busca determinar o homem delinquente utilizando para isso métodos físicos, psicológicos e sociológicos.
C) A criminologia é baseada principalmente em métodos físicos, individuais e coletivos, advindos das demais ciências jurídico-penais, caracterizando-a como dogmática.
D) Os métodos experimental e lógico auxiliam a investigação da criminologia, integrando várias áreas, dada sua natureza de ciência disciplinar.
E) Os métodos biológico e sociológico são utilizados pela criminologia, que, por meio do empirismo e da experimentação, estuda a motivação criminosa do sujeito.

GABARITO: E
Comentários: A criminologia é uma ciência do ser, empírica (observação da realidade), que se vale do método indutivo, utilizando-se dos métodos biológico e sociológico.

28. (Delegado de Polícia Civil/MA– 2018) **João nutria grande desejo por sua colega de turma, Estela, mas não era correspondido. Esse desejo transformou-se em ódio e fez com que João planejasse o estupro e o homicídio da colega. Para isso, ele passou a observar a rotina de Estela, que trabalhava durante o dia e estudava com João à noite. Determinado dia, após a aula, em uma rua escura no caminho de Estela para casa, João realizou seus intentos criminosos, certo de que ficaria impune, mas acabou sendo descoberto e preso.**
Com relação à situação hipotética descrita no texto e às funções da criminologia, da política criminal e do direito penal, assinale a opção correta.

A) O direito penal tem a função de analisar a forma como o crime foi cometido, bem como estudar os meios que devem ser adotados com relação à pena e à ressocialização de João.
B) O direito penal é o responsável pelo diagnóstico do fenômeno dos crimes cometidos contra as mulheres.
C) A criminologia deverá analisar a conduta de João, subsidiando o juiz quanto ao arbitramento da pena.
D) A política criminal tem a função de propor medidas para a redução das condições que facilitaram o cometimento do crime por João, como a urbanização e a iluminação de ruas.

E) A criminologia deverá indicar os trajetos que precisam de rondas policiais ou os locais para se instalarem postos policiais.

GABARITO: D
Comentários: A política criminal estuda e recomenda os meios de prevenção e repressão à delinquência. Busca políticas públicas para minimizar os índices de criminalidade.

29. (Delegado de Polícia Civil/PI – 2018) **O crime é um comportamento valorado pelo direito. Acerca da Sociologia Criminal, podemos afirmar.**
A) Ciência que tem como finalidade o estudo do criminoso-nato, sob seu aspecto amplo e integral: psicológico, social, econômico e jurídico.
B) Ciência que explica a correlação crime-sociedade, sua motivação, bem como sua perpetuação.
C) Busca, precipuamente, explicar e justificar os fatores psicológicos que levam ao crime.
D) Tem como objetivo maior, a ressocialização do preso, estabelecendo estudos de inclusão social.
E) Ciência que estuda as relações entre as pessoas que pertencem a uma comunidade, e se ocupa em estudar a vida social humana.

GABARITO: B
Comentários: A sociologia criminal é a ciência que apresenta e explica a correlação crime/sociedade, sua motivação e sua perpetuação no meio social.

30. (Delegado de Polícia Civil/PI– 2018) **Sobre a criminologia é CORRETO afirmar.**
A) O crime é um fenômeno social.
B) Estuda o crime, o criminoso, mas não a vítima.
C) É uma ciência normativa e valorativa.
D) O crime é um fenômeno filosófico.
E) Não tem por base a observação e a experiência.

GABARITO: A
Comentários: A criminologia trata o crime como fenômeno social, comunitário e que se demonstra como um problema maior, exigindo-se dos estudiosos uma visão ampla para compreendê-lo em seus diversos enfoques.

31. (Delegado de Polícia Civil/PI – 2018) **Acerca da História da Criminologia, marque a alternativa CORRETA.**
A) Desde a Antiguidade, o Direito Penal, em concreto, passou a ser compilado em Códigos e âmbitos jurídicos, tal qual como nos dias de hoje, entretanto, algumas vezes eram imprecisos.
B) O Código de Hamurabi (Babilônia) possuía dispositivos, punindo furtos, roubos, mas não considerava crime a corrupção praticada por altos funcionários públicos.
C) Durante a Antiguidade, o crime era considerado pecado, somente na Idade Média é que a dignidade da pessoa humana passou a ser considerada, e as punições deixaram de ser cruéis.
D) Em sua obra *"A Política"*, Aristóteles, ressaltou que a miséria causa rebelião e delito. Para o referido filósofo, os delitos mais graves eram os cometidos para possuir o voluptuário, o supérfluo.
E) Da Antiguidade à Modernidade, o furto famélico (roubar para comer) nunca foi considerado crime.

GABARITO: D

Comentários: Aristóteles, na sua obra *A Política*, destacou a miséria como causa de delito. E, ainda, afirmou que os delitos mais graves eram cometidos para alcançar o supérfluo.

32. (Delegado de Polícia Civil/BA – 2018) Assinale a alternativa correta no que diz respeito à criminologia e ao controle social.

A) A criminologia crítica radical, através de análises profundas e contundentes, busca apresentar meios eficazes de aperfeiçoamento do controle social exercido pela justiça criminal.
B) A afirmação do criminólogo Jeffery, no sentido de que "mais leis, mais penas, mais policiais, mais juízes, mais prisões significam mais presos, porém não necessariamente menos delitos", refere-se a uma crítica ao controle social informal.
C) A esterilização eugenista aplicada a criminosos contumazes e estupradores com o objetivo de evitar a procriação foi sustentada, no início do século XX, como forma de controle social por correntes criminológicas derivadas do pensamento positivista.
D) A conclusão de uma pesquisa que indica maior punibilidade para negros (mais condenados do que indiciados e mais presos em flagrante do que indiciados por portaria) contradiz os fundamentos da criminologia crítica em relação ao controle social.
E) A incipiente criminologia na escola clássica afastava o livre-arbítrio como fundamento do sistema penal de controle social.

GABARITO: C
Comentários: No início do século XX havia a proposta de controle social defendida por alguns defensores do pensamento positivo, de aplicação da esterilização eugenista aos criminosos contumazes e estupradores com o fim de evitar a procriação.

33. (Delegado de Polícia Civil/BA – 2018) Assinale a alternativa que indica a correta relação da criminologia com a política criminal, direito penal ou com o sistema de justiça criminal.

A) O direito penal é condicionante e moldura da criminologia, visto que esta tem por objeto o estudo do crime e, assim, parte em suas diversas correntes e teorias, das definições criminais dogmáticas e legais postas pelo direito penal, e a elas se circunscreve.
B) A criminologia, especialmente em sua vertente crítica, tem como incumbência a explicação e justificação do sistema de justiça criminal que tem por finalidade a implementação do direito penal e consequente prevenção criminal.
C) A política criminal é uma disciplina que estuda estratégias estatais para atuação preventiva sobre a criminalidade, e que tem como uma das principais finalidades o estabelecimento de uma ponte eficaz entre a criminologia, enquanto ciência empírica, e o direito penal, enquanto ciência axiológica.
D) A política criminal é condicionante e moldura da criminologia, visto que esta tem por objeto o estudo do crime e, assim, parte em suas diversas correntes e teorias, das definições criminais dogmáticas e legais postas pela política criminal, e a elas se circunscreve.
E) As teorias criminológicas da integração ou do consenso apontam o sistema de justiça criminal como fator que pode aprofundar a criminalidade, deslocando o problema criminológico do plano da ação para o da reação.

GABARITO: C
Comentários: O Direito Penal, sob o prisma de temas jurídico-penais, tem visão dogmática. A criminologia é um conjunto sistemático dos princípios fundados numa investigação científica das causas do crime e dos efeitos da intervenção punitiva. A política criminal é a ponte entre o Direito Penal e a Criminologia, ou seja, como disciplina, oferece aos órgãos públicos as opções científicas mais adequadas ao controle do crime.

34. (Investigador de Polícia/SP – 2018) A criminologia é a ciência:
A) teorética que tem por objeto o estudo das ciências penais e processuais penais e seus reflexos no controle social, propondo soluções para redução da criminalidade;
B) teorética alicerçada na análise dos antecedentes sociais da criminalidade e dos criminosos, que estuda exclusivamente o crime, propondo soluções para redução da criminalidade;
C) empírica e teórica, alicerçada no estudo das ciências penais e processuais penais e seus reflexos no controle da criminalidade, tendo por objeto a redução da criminalidade;
D) empírica (baseada na observação e na experiência) e interdisciplinar que tem por objeto de análise o crime, a personalidade do autor do comportamento delitivo, a vítima e o controle social das condutas criminosas;
E) conceitual e abstrata, que se dedica ao estudo das armas de fogo e suas munições; das armas brancas e demais armas impróprias, objetivando o controle social e a redução da criminalidade.

GABARITO: D
Comentários: A criminologia é a ciência empírica e interdisciplinar que estuda o crime, o criminoso, a vítima e o controle social, tendo como finalidade combater a criminalidade por meio de métodos preventivos.

35. (Investigador de Polícia/SP – 2018) Com relação ao método, é correto afirmar que a criminologia é uma ciência do:
A) dever ser, teorética (observação da realidade), que se vale do método indutivo, utilizando-se de métodos biológico e sociológico;
B) ser, empírica (observação da realidade), que se vale do método indutivo, utilizando-se de métodos biológicos e sociológico;
C) dever ser, conceitual e abstrata, que se vale exclusivamente do método indutivo;
D) dever ser, teorética e especulativa, que se vale do método indutivo, utilizando-se de métodos biológico e sociológico;
E) ser, empírica e teorética (observação da realidade), que se vale exclusivamente do método indutivo.

GABARITO: B
Comentários: A criminologia é uma ciência do ser, empírica (observação da realidade), que se vale do método indutivo, utilizando-se dos métodos biológico e sociológico.

36. (Investigador de Polícia/SP – 2018) É correto afirmar que atualmente o objeto da criminologia está dividido em quatro vertentes, a saber:
A) vítima, criminoso, polícia e controle social;
B) Polícia, Ministério Público, Poder Judiciário e controle social;
C) crime, criminoso, vítima e controle social;
D) Polícia, Ministério Público, Poder Judiciário e sistema prisional;
E) forças de segurança, criminoso, vítima, controle social.

GABARITO: C
Comentários: Os objetos da criminologia são: crime, criminoso, vítima e controle social.

37. (Investigador de Polícia/SP – 2018) É correto afirmar que a Polícia Civil é uma:
A) Polícia Administrativa, que integra o controle social formal;
B) Polícia Administrativa, que integra o controle social formal e informal;

C) Polícia Judiciária, que não integra o controle social;
D) Polícia Judiciária, que integra o controle social formal;
E) Polícia Judiciária, que integra o controle social informal.

GABARITO: D
Comentários: O controle social formal é realizado pelos órgãos de repressão jurídica estatal, ou seja, o trabalho desenvolvido pelas Polícias Civil e Federal – polícia judiciária.

38. (Agente Telecomunicações/SP – 2018) **É correto afirmar que o controle social formal é representado, entre outras, pelas seguintes instâncias:**
A) igreja, família e opinião pública;
B) escola, igreja e polícia;
C) Forças Armadas, Polícia e escola;
D) Polícia, Forças Armadas e Ministério Público;
E) família, escola e Ministério Público.

GABARITO: D
Comentários: O controle social formal entra em ação toda vez que ocorrer uma falha do controle informal. O controle social formal é constituído pela aparelhagem policial do Estado: Polícia, Poder Judiciário, administração penitenciária, Ministério Público, Forças Armadas etc.

39. (Agente Telecomunicações/SP – 2018) **A criminologia:**
A) é uma ciência do dever ser, conceitual e teórica, que não se utiliza de métodos biológicos e sociológicos;
B) é uma ciência do dever ser, empírica e experimental, que se utiliza de métodos biológicos e sociológicos;
C) é uma ciência do ser, empírica e experimental, que se utiliza de métodos biológicos e sociológicos;
D) não é uma ciência, sendo reconhecida como doutrina alicerçada no ser e que se utiliza de métodos biológicos, sociológicos e empíricos;
E) é uma ciência do ser, conceitual e teórica, que não se utiliza de métodos biológicos e sociológicos.

GABARITO: C
Comentários: A criminologia é uma ciência do ser, empírica e experimental, que se vale dos métodos biológico e sociológico.

40. (Escrivão de Polícia/SP – 2018) **Assinale a alternativa correta em relação ao conceito, método, objeto ou finalidade da criminologia.**
A) Por ser uma categoria jurídica, o crime não é objeto de estudo da criminologia, que se ocupa de seus efeitos.
B) A finalidade precípua da criminologia é fundamentar a tipificação criminal das condutas e as respectivas penas.
C) Criminologia é uma ciência auxiliar do direito penal e a ele se circunscreve, visto ocupar-se das consequências dele decorrentes.
D) A vítima, primeiro objeto a ser estudado pela criminologia, deixou de ser interesse dessa ciência a partir do surgimento da vitimologia.

E) Uma das finalidades da criminologia, no seu atual estágio de desenvolvimento, é questionar a própria existência de alguns tipos de crimes.

GABARITO: E
Comentários: A criminologia moderna tem, dentre as suas finalidades, o questionamento da existência de alguns tipos penais.

41. (Escrivão de Polícia/SP – 2018) **O objeto de estudo da criminologia que mais traduz a função exercida pela polícia judiciária é:**
A) a vítima;
B) o criminoso;
C) o autor do fato;
D) o crime;
E) o controle social.

GABARITO: E
Comentários: O controle social formal é constituído pela aparelhagem política do Estado, através de seus órgãos: Polícia, Judiciário, administração penitenciária, Ministério Público etc. Este controle está dividido em três seleções. A primeira seleção do controle social formal se dá pela atuação de seus órgãos de repressão jurídica, ou seja, o trabalho desenvolvido pelas Polícias Civis e Federal.

42. (Agente Policial/SP – 2018) **Em relação ao conceito e aos objetos de estudo da criminologia, é correto afirmar que:**
A) a criminologia é o ramo das ciências criminais que define as infrações penais (crimes e contravenções) e comina as respectivas sanções (penas e medidas de segurança);
B) a criminologia extrapola a análise do controle social formal do crime, preocupando-se também com os sistemas informais, e, sob um ponto de vista crítico, pode até mesmo defender a extinção de alguns crimes para determinadas condutas;
C) após os inúmeros equívocos e abusos cometidos a partir das visões lombrosianas, a criminologia moderna afastou-se do estudo sobre o criminoso, pois funda-se em conceitos democráticos e respeita os direitos fundamentais da pessoa humana;
D) o estudo do crime por parte da criminologia tem por objetivo principal a análise de seus elementos objetivos e subjetivos indispensáveis à tipificação penal;
E) a preocupação com o estudo da vítima motivou a criação da criminologia como ciência autônoma, sendo este, por consequência, seu primeiro objeto de estudo.

GABARITO: B
Comentários: A criminologia tem como um dos objetos de estudo o controle social, o qual se apresenta como: controle social formal e controle social informal. O controle social formal entrará em ação todas as vezes que falhar o controle social informal. Em síntese, quando não houver uma atuação eficaz da família, escola e sociedade de um modo geral sobre seus integrantes, os órgãos estatais de repressão serão acionados.

43. (Agente Policial/SP – 2018) **Em relação ao método da criminologia, é correto afirmar que:**
A) em razão do volume de dados, a criminologia foca suas análises em metodologias quantitativas, reservando às ciências jurídicas as metodologias que têm por base análises qualitativas;
B) o método empírico dominou a fase inicial e pré-científica da criminologia, cedendo espaço posteriormente ao método dogmático e descritivo, que melhor se adequa à fase científica e ao reconhecimento da criminologia como ciência autônoma;

C) o método dedutivo é priorizado na criminologia por respeito à cientificidade deste ramo do saber;

D) o método empírico tem protagonismo, por tratar-se a criminologia de uma ciência do ser;

E) as premissas dogmáticas norteiam as diversas linhas e pensamentos criminológicos de modo que se permita a sistematização do conhecimento.

GABARITO: D
Comentários: A criminologia é uma ciência do ser, empírica (observação da realidade), que se vale do método indutivo, utilizando-se dos métodos biológico e sociológico.

44. (Papiloscopista Policial/SP – 2018) Segundo a doutrina dominante, Criminologia é uma ciência que se serve do método:

A) lógico abstrato;
B) dogmático;
C) normativo;
D) empírico;
E) dedutivo.

GABARITO: D
Comentários: A criminologia é uma ciência do ser que se vale do método empírico, ou seja, da observação da realidade.

45. (Papiloscopista Policial/SP – 2018) A Polícia, o Ministério Público, o Poder Judiciário e o sistema penitenciário são instituições encarregadas de exercer o controle social:

A) primário;
B) formal;
C) informal;
D) terciário;
E) secundário.

GABARITO: B
Comentários: O controle social formal é constituído pela aparelhagem do Estado: Polícia, Ministério Público, Poder Judiciário, administração penitenciária etc.

46. (Auxiliar de Papiloscopista Policial/SP – 2018) Em relação ao conceito e ao objeto de estudo da criminologia, assinale a alternativa correta.

A) O atual estágio de desenvolvimento da criminologia exclui do seu conceito o estudo das causas exclusivamente individuais para a prática dos crimes, substituindo-o pela análise das dinâmicas sociais.

B) É um ramo de conhecimento do direito penal, não podendo ser definida como ciência própria, visto que se ocupa do mesmo objeto.

C) É uma ciência que tem por objetivo principal auxiliar a interpretação das normas criminais, sob o ponto de vista dogmático.

D) É uma ciência que estuda o crime sob o ponto de vista jurídico.

E) Após superar os equívocos das primeiras abordagens sobre o homem delinquente, exemplificadas nos estudos de Lombroso, a criminologia moderna mantém em seu conceito o estudo do criminoso.

GABARITO: E

Comentários: A criminologia é a ciência empírica e interdisciplinar que estuda o crime, o criminoso, a vítima e o controle social, tendo como finalidade combater a criminalidade por meio de métodos preventivos.

47. (Auxiliar de Papiloscopista Policial/SP – 2018) Assinale a alternativa correta em relação ao método da criminologia.

A) A criminologia utiliza um método lógico, abstrato e dedutivo.
B) A criminologia limita interessadamente a realidade criminal (da qual, por certo, só tem uma imagem fragmentada e seletiva), observando-a sempre sob o prisma do modelo típico estabelecido na norma jurídica.
C) A criminologia analisa dados e induz as correspondentes conclusões, porém suas hipóteses se verificam – e se reforçam – sempre por força dos fatos que prevalecem sobre os argumentos puramente subjetivos.
D) A criminologia utiliza como método a ordenação e a orientação de suas conclusões com apoio em uma série de critérios axiológicos (valorativos) fundados no dever-ser.
E) O método básico da criminologia é o dogmático; e seu proceder, o dedutivo sistemático.

GABARITO: C
Comentários: A criminologia pretende primeiro conhecer a realidade para depois explicá-la, sendo necessário mais do que conhecimento dos fatos, pois, se trata de seres humanos.

48. (Delegado de Polícia Civil/GO – 2018) Sobre a Criminologia, desde a perspectiva de seu conceito, métodos e objetos, tem-se o seguinte.

A) A partir dos estudos culturais (*cultural studies*), a criminologia clínica resgata os estudos do *labelling approach*.
B) Os estudos culturais (*cultural studies*) permitiram o desenvolvimento da chamada criminologia cultural, responsável pela classificação pormenorizada de grupos desviantes, tais como *punks* ou grafiteiros.
C) As vertentes criminológicas abarcadas enquanto legatárias da criminologia crítica, mantêm-se atreladas ao projeto científico de um sistema universal de compreensão do crime;
D) Os estudos realizados por Howard Becker sobre grupos consumidores de maconha, na década de 50, nos Estados Unidos, deram origem à perspectiva criminológica cultural, por meio da qual é possível compreender a dimensão patológica do uso de drogas para os fins da intervenção estatal preventiva e também repressiva sobre tráfico de entorpecentes.
E) A primeira referência teórica e metodológica para a realização de estudos criminológicos sobre formas de ativismo político urbano identificados com o chamado movimento *punk* é a obra *Outsiders*: studies in the sociology of deviance (*Outsiders*: estudo de sociologia do desvio), de Howard Becker, a partir dos estudos que realiza entre grupos consumidores de maconha e música de jazz, na década de 50, nos Estados Unidos.

GABARITO: E
Comentários: Em 1960, Howard Becker lançou a proposta de que o desvio social era um fenômeno mais comum do que se imaginava. Os desviantes sociais eram participantes de um sistema de relações e interações constitutivo da própria vida social. Os grupos qualificados como *Outsiders*, a exemplo dos consumidores de maconha ou músicos de jazz, tinham suas próprias regras e conceitos de normalidades.

49. (Delegado de Polícia Civil/MG – 2018) "Cabe definir a Criminologia como ciência empírica e interdisciplinar, que se ocupa do estudo do crime, da pessoa do infrator, da vítima e do controle social do comportamento delitivo, e que trata de subministrar uma informação válida, contrastada, sobre a gênese, dinâmica e variáveis principais do crime – contemplado este como problema individual e como problema social –, assim como sobre os programas de prevenção eficaz do mesmo e técnicas de intervenção positiva no homem delinquente e nos diversos modelos ou sistemas de resposta ao delito".

Esta apresentação ao conceito de Criminologia apresenta, desde logo, algumas das características fundamentais do seu método (empirismo e interdisciplinaridade), antecipando o objeto (análise do delito, do delinquente, da vítima e do controle social) e suas funções (explicar e prevenir o crime e intervir na pessoa do infrator e avaliar os diferentes modelos de resposta ao crime). MOLINA, Antônio G. P.; GOMES, Luiz F.; Criminologia; 6. ed. reform., atual. e ampl. São Paulo: Revista dos Tribunais. p. 32.

Sobre o método, o objeto e as funções da criminologia, considera-se.

I.A luta das escolas (positivismo versus classicismo) pode ser traduzida como um enfrentamento entre adeptos de métodos distintos; de um lado, os partidários do método abstrato, formal e dedutivo (os clássicos) e, de outro, os que propugnavam o método empírico e indutivo (os positivistas).

II. Uma das características que mais se destaca na moderna Criminologia é a progressiva ampliação e problematização do seu objeto.

III. A criminologia, como ciência, não pode trazer um saber absoluto e definitivo sobre o problema criminal, senão um saber relativo, limitado, provisional e respeito dele, pois, com o tempo e o progresso, as teorias se superam.

Estão CORRETAS as assertivas indicadas em:

A) I e II, apenas;
B) I e III, apen-as;
C) I, II e III;
D) II e III, apenas.

GABARITO: C
Comentários: Item I – A escola positiva defendia a utilização do método empírico e indutivo na análise do fenômeno criminal, enquanto a escola clássica defendia o método formal e dedutivo. **Item II** – A moderna criminologia ampliou seu objeto de estudo, ou seja, vítima, infrator, controle social e crime. **Item III** – A criminologia, como ciência, é formadora de uma consciência jurídica crítica e responsável, capaz de tirar o jurista de sua zona de conforto de que a norma é válida e traçar novas diretrizes, visando a um enfrentamento da violência com maior eficácia.

50. (Defensoria Pública/RS – 2018) O trecho abaixo integra uma letra musical do grupo *Facção Central*. Dentre as várias formas de interpretação desse fragmento escrito, pode-se dizer que ele suscita a reflexão sobre as técnicas de prevenção dos delitos e as formas alternativas de solução de conflitos.

"(...) Ocupamos os bondes dos 157 em transferência

Porque não fomos convidados pras feiras de ciência

Pela indução diária a trilha dos pra-fal

Em vez de pena merecíamos perdão judicial."

Com relação às funções da criminologia, e com base no trecho apresentado acima, é correto afirmar que:

A) as situações de perdão judicial são vedadas às análises criminológicas;
B) a criminologia é uma matéria jurídica que veda reflexões teóricas sobre as realidades fáticas ou as narrativas artísticas;
C) a identificação da autoria do crime, o isolamento do local do fato e a realização das perícias são abordagens exclusivas da criminologia;
D) a reflexão suscitada é uma das funções da criminologia;

E) a criminologia se ocupa do "dever ser" e, por isso, representações sociais (como expressões artísticas) devem ser excluídas de qualquer estudo.

GABARITO: D
Comentários: O papel da criminologia no cenário social é a constante luta contra a criminalidade, o controle e a prevenção do delito.

51. (Delegado de Polícia Civil/ES – 2019) **Na atualidade se observa uma generalização do sentimento coletivo de insegurança nos cidadãos, caracterizado tanto pelo temor de tornarem-se vítimas, como pela preocupação, ou estado de ânimo o coletivo, com o problema do delito. Considere as afirmativas e marque a única correta.**
A) O incremento dos índices de criminalidade registrada (tese do volume constante do delito) mantém correspondência com as demonstrações das pesquisas de vitimização já que seus dados procedem das mesmas repartições do sistema legal.
B) A população reclusa oferece uma amostra confiável e representaria da população criminal real, já que os agentes do controle social se orientam pelo critério objetivo do fato cometido e limitam-se a detectar o infrator, qualquer que seja este.
C) O fenômeno do medo ao delito não enseja investigações empíricas na Criminologia por tratar-se de uma consequência trivial da criminalidade diretamente proporcional ao risco objetivo.
D) O medo do delito pode condicionar negativamente o conteúdo da política criminal imprimindo nesta um viés de rigor punitivo, contrário, portanto, ao marco político-constitucional do nosso sistema legal.
E) As pesquisas de vitimização constituem uma insubstituível fonte de informação sobre a criminalidade real, já que seus dados procedem das repartições do sistema legal sendo condicionantes das estatísticas oficiais.

GABARITO: D
Comentários: A criminologia auxilia o Estado na elaboração de políticas públicas voltadas para as atividades que minimizem os índices de criminalidade. O combate à violência atualmente não se limita apenas a prender mais e por mais tempo, mas sim a atacar as causas que levam ao comportamento criminoso massivo.

52. (Delegado de Polícia Civil/ES – 2019) **A criminologia adquiriu autonomia e status de ciência quando o positivismo generalizou o emprego de seu método. Nesse sentido, é correto afirmar que a criminologia é uma ciência:**
A) do "dever ser"; logo, utiliza-se do método abstrato, formal e dedutivo, baseado em deduções lógicas e da opinião tradicional;
B) empírica e teorética; logo, utiliza-se do método indutivo e empírico, baseado em deduções lógicas e opinativas tradicionais;
C) do "ser"; logo, serve-se do método indutivo e empírico, baseado na análise e observação da realidade;
D) do "dever ser", logo, utiliza-se do método indutivo e empírico, baseado na análise e observação da realidade;
E) do "ser"; logo, serve-se do método abstrato, formal e dedutivo, baseado em deduções lógicas e da opinião tradicional.

GABARITO: C
Comentários: A criminologia é uma ciência do ser, empírica (observação da realidade), que se vale do método indutivo, utilizando-se dos métodos biológico e sociológico.

53. (Delegado de Polícia Civil/ES - 2019) **A moderna criminologia se dedica, também, ao estudo do controle social do delito, tendo este objeto representado um giro metodológico de grande importância. Assinale a alternativa correta:**

A) a família, a escola, a opinião pública, por exemplo, são instituições encarregadas de exercer o controle social primário;

B) a polícia, o judiciário, administração penitenciária, por exemplo, são instituições encarregadas de exercer o controle social informal;

C) a polícia, o judiciário, a administração penitenciária, por exemplo, são instituições encarregadas de exercer o controle social formal;

D) a família, a escola, a opinião pública, por exemplo, são instituições encarregadas de exercer o controle social terciário;

E) a família, a escola, a opinião pública, por exemplo, são instituições encarregadas de exercer o controle social secundário.

GABARITO: C
Comentários: O controle social formal é constituído pela aparelhagem política do Estado: Polícia, Judiciário, Administração Penitenciária, Ministério Público etc., com conotação político-criminal.

54. (Delegado de Polícia Civil/MS - 2021) **Considerando os conceitos doutrinários de Direito Penal, Criminologia e de Política Criminal, assinale a alternativa INCORRETA:**

A) O Direito Penal é o conjunto de normas jurídicas que preveem os crimes e lhes cominam sanções, bem como disciplinam a incidência e a validade de tais normas, a estrutura geral do crime e a aplicação e a execução de sanções cominadas.

B) A Criminologia é uma disciplina de caráter preponderantemente dogmático e representa a atividade intelectual que estuda os processos de criação das normas penais que estão relacionadas com o comportamento desviante, os processos de infração e de desvio destas normas e a reação social

C) A Criminologia reúne uma informação válida e confiável sobre o problema criminal, que se baseia em um método empírico de análise e observação da realidade.

D) Em sua obra, Franz Von Lizst formulou um modelo tripartido de "ciência conjunta" que reunia as ramificações do saber que constituem objeto de estudo do Direito Penal, Criminologia e Política Criminal.

E) Diferentemente do Direito Penal, a Criminologia pretende conhecer a realidade para explicá-la, enquanto aquela ciência valora, ordena e orienta a realidade, com o apoio de uma série de critérios axiológicos.

GABARITO: B
Comentários: A Criminologia não é uma disciplina de caráter preponderantemente dogmático e representa a atividade intelectual que estuda os processos de criação das normas penais que estão relacionadas com o comportamento desviante, os processos de infração e de desvio destas normas e a reação social

55. (Delegado de Polícia Civil/MG - 2021) **No que diz respeito aos objetos da Criminologia, estão corretas as assertivas, EXCETO:**

A) A vitimização primária é o sofrimento, direto ou indireto, por parte de uma pessoa que suporta os efeitos decorrentes do crime, sejam estes materiais ou psíquicos. Por outro lado, a vitimização secundária compreende os custos suportados pelo agente penalizado em decorrência da prática do crime.

B) Críticos do livre-arbítrio como ilusão subjetiva, os autores positivistas compreendiam o infrator como um prisioneiro da sua patologia (determinismo biológico), ou de processo causais alheios (determinismo social).

C) Para o Direito Penal, o delito é uma ação ou omissão típica, ilícita e culpável, centrando-se a análise no comportamento do indivíduo.

D) Se, de um lado, o controle social informal passa pela instância da sociedade civil: família, escola, profissão, opinião pública, grupos de pressão, clubes de serviço etc., o controle social formal evidencia a atuação do aparelho político do Estado, realizado por meio da Polícia, da Justiça, do Ministério Público, da Administração Penitenciária e de todos os consectários de tais agências.

GABARITO: A
Comentários: A vitimização primária não é o sofrimento, direto ou indireto, por parte de uma pessoa que suporta os efeitos decorrentes do crime, sejam estes materiais ou psíquicos. Por outro lado, a vitimização secundária compreende os custos suportados pelo agente penalizado em decorrência da prática do crime.

56. (Delegado de Polícia Civil/SP – 2022) **Assinale a alternativa que contempla apenas hipóteses de controle social informal.**

A) Justiça, Religião e Ministério Público.
B) Clubes de Serviço, Forças Armadas e Polícia
C) Forças Armadas, Escola e Polícia.
D) Escola, Administração Penitenciária e Polícia.
E) Família, Escola e Religião.

GABARITO: E
Comentário: Família, escola e religião são hipóteses de controle social informal.

57. (Investigador de Polícia/SP – 2022) **A respeito da criminologia, é correto afirmar que**

A) atualmente é compreendida como uma ciência que se preocupa com o estudo exclusivo do crime e dos criminosos.
B) trata-se de ciência do "ser", empírica, que possui por objeto o crime, o criminoso, a vítima e o controle social.
C) é uma ciência empírica, interdisciplinar, que estuda o crime, o criminoso e a vítima, tendo sido conceituada pela primeira vez por Afrânio Peixoto.
D) trata-se de uma ciência empírica, do "dever-ser", na medida em que seu objeto é visível no mundo dos valores.
E) possui como objeto a sociedade, a criminalidade e o criminoso, exercendo direta influência no controle social.

GABARITO: B
Comentários: A Criminologia é uma ciência do "ser", empírica, que possui por objeto o crime, o criminoso, a vítima e o controle social.

58. (Investigador de Polícia/SP – 2022) **Com relação ao objeto da criminologia, é correto afirmar que atualmente ele está dividido nas seguintes vertentes:**

A) controle social, governo, delito e delinquente.
B) delinquente, governo, vítima e prevenção criminal.
C) delitos e penas.
D) governo, delito, delinquente e vítima.
E) delito, delinquente, vítima e controle social.

GABARITO: E
Comentários: Os objetos de estudo da Criminologia são: delito, delinquente, vítima e controle social.

59. (Investigador de Polícia/SP – 2022) Com relação ao método da criminologia, é correto afirmar que ela se utiliza dos métodos

A) biológicos e sociológicos. Como ciência empírica e experimental que é, a criminologia utiliza-se da metodologia experimental, naturalística e indutiva para estudar o delinquente, não sendo suficiente, no entanto, para delimitar as causas da criminalidade.

B) matemático e experimental. Como ciência empírica e experimental que é, a criminologia utiliza-se da metodologia experimental, naturalística e indutiva para estudar o delinquente, não sendo suficiente, no entanto, para delimitar as causas da criminalidade.

C) filosófico, indutivo, biológicos e sociológicos. Como ciência empírica e experimental que é, a criminologia utiliza-se da metodologia experimental, naturalística e indutiva para estudar o delinquente, sendo suficiente para delimitar as causas da criminalidade.

D) empírico-filosófico e indutivo-experimental. Como ciência empírica e experimental que é, a criminologia utiliza-se da metodologia experimental, naturalística e indutiva para estudar o delinquente, sendo suficiente para delimitar as causas da criminalidade.

E) biológicos e sociológicos. Como ciência do "dever-ser" e experimental que é, a criminologia utiliza-se da metodologia lógica e dedutiva para estudar os fenômenos sociais que envolvem a criminalidade.

GABARITO: A
Comentários: A Criminologia utiliza os métodos biológicos e sociológicos. Como ciência empírica e experimental que é, a criminologia utiliza-se da metodologia experimental, naturalística e indutiva para estudar o delinquente, não sendo suficiente, no entanto, para delimitar as causas da criminalidade.

60. (Escrivão de Polícia/SP – 2022) Para García-Pablos de Molina, são os três pilares do sistema das ciências criminais, em relação de interdependência:

A) a Psiquiatria Forense, a Política Criminal e a Criminologia.
B) a Psiquiatria Forense, a Sociologia e a Política Criminal.
C) o Direito Penal, a Sociologia e a Criminologia.
D) a Sociologia, o Direito Penal e a Psiquiatria Forense.
E) a Criminologia, a Política Criminal e o Direito Penal.

GABARITO: E
Comentários: A Criminologia, a Política Criminal e o Direito Penal são os pilares do sistema das ciências criminais, segundo Garcia-Pablos de Molina.

61. (Escrivão de Polícia/SP – 2022) A polícia, como instituição de controle social, possui três atribuições principais, a saber: a função administrativa, a investigativa e a judiciária. A esse respeito, assinale a alternativa correta.

A) As guardas municipais são órgãos policiais de ciclo completo.
B) As polícias penais possuem atribuições de polícia judiciária.
C) A Polícia Federal é um órgão policial de ciclo completo.
D) As polícias militares possuem a atribuição de apurar a autoria e a materialidade de crime comum.
E) As polícias civis possuem atribuições de polícia ostensiva.

GABARITO: C
Comentários: A Polícia Federal é um órgão policial que atua na função administrativa, investigativa e judiciária.

Capítulo 2
EVOLUÇÃO HISTÓRICA DA CRIMINOLOGIA

2.1 CONSIDERAÇÕES PRELIMINARES

A história da criminologia narra um tempo enriquecido pela contínua sucessão, alternância ou confluência de métodos, de técnicas de investigação, de áreas de interesse, de envolvimentos teóricos e ideológicos, que encontramos nas escolas criminológicas.

Os diversos autores que estudam a criminologia não são unânimes sobre em qual momento histórico teve início o seu estudo científico, pois há vários critérios e informes que buscam situá-la no tempo e no espaço.

Eugenio Raúl Zaffaroni pondera que entre o final do Império Romano e o início da Idade Média, a criminologia existia de uma forma inorgânica, isto é, padecia de um esquema próprio de teoria.

A criminologia como ciência autônoma existe há pouco tempo, entretanto já ostenta um longo passado, isto é, como fase pré-científica.

Para marcar o momento pré-científico, a maioria dos autores entende que a criminologia passou a ser conhecida com certa autonomia científica com a obra do fundador da criminologia moderna, Cesare Lombroso, L'Uomo Delinquente (Homem Delinquente), publicada em 1876.[1] Sua tese principal era a do delinquente nato.

Alguns autores defendem que o antropólogo francês Paul Topinard, em 1879, foi quem utilizou pela primeira vez o termo "criminologia". Outros, então, defendem que Rafaele Garófalo, em 1885, usou o termo como título de um livro científico.

A escola clássica apresenta Francesco Carrara como aquele que utilizou os primeiros aspectos do pensamento criminológico, em sua obra Programa de Direito Criminal, publicada em 1859.

---
1. LOMBROSO, Cesare. L´Uomo delinquente, 1896.

No Brasil, a criminologia foi introduzida pelo político pernambucano João Vieira de Araújo, com a obra Ensaios sobre Direito Penal, em 1884.

2.2 PERÍODOS HISTÓRICOS E A CRIMINOLOGIA

2.2.1 Antiguidade

Na antiguidade existem alguns exemplos de questionamentos sobre os crimes, criminosos e suas correspondentes penas.

Nessa esteira encontramos o Código de Hammurabi, que dispunha que pobres e ricos fossem julgados de modos distintos, correspondendo aos últimos a maior severidade, em razão das maiores oportunidades que tiveram de aceder a melhores bens materiais e culturais.

Alguns destaques desse período:

– Ausência de estudo sistematizado sobre o crime e o criminoso.

– Explicações sobrenaturais ou religiosas sobre o mal e o crime.

– Crime como tabu ou pecado, avaliado em termos éticos e morais.

– Demonismo: o criminoso como uma personalidade diabólica. Procurou-se a explicação do mal por intermédio da existência do demônio.

Na Grécia, o criminoso e o crime eram tidos como produto de um destino inexorável ao qual não se pode escapar.

2.2.2 Século XVI

Thomas Morus, em sua obra Utopia, considerava o crime como reflexo da própria sociedade, isto é, relacionava a desorganização social e a pobreza com a delinquência. Afirmava que o ouro é a causa de todos os males.[2]

2.2.3 Século XVIII

Della Porta (1535-1616) e Kaspar Lavater (1741-1801) se preocupavam com a fisionomia, isto é, com o estudo da aparência externa do indivíduo, que tinha inter-relação entre o corpo e o psíquico. Lavater, valendo-se dos métodos de observação e análise, propôs o "retrato robot", ou seja, o denominado "homem de maldade natural", baseado nas suas supostas características somáticas.[3]

---

2. SOCIOLOGIA: Textos e contextos. / coordenação: Ottmar Teske. 2.ed. Canoas. Ed. ULBRA, 2005, p. 170.
3. GOMES, Luiz Flávio; MOLINA, Antonio García-Pablos. *Criminologia*, p. 178.

Os fisionomistas utilizavam, ainda, o juízo de valor proposto pelo imperador romano de nome Valério, que reinou no século IV, denominado "*Édito de Valério*", e que consistia em: "quando houvesse dúvida entre dois indivíduos presumidamente culpados, haveria de ser condenado o mais feio", ou a forma processual, que, ao que parece, foi imposta no século XVIII por um juiz napolitano, o Marquês de Moscardi, o qual, no bojo de suas sentenças, inseria o jargão "*ouvidas as testemunhas de acusação e de defesa e visto o rosto e a cabeça do acusado, condeno-o*", vinculando a condenação a tais concepções fisionômicas.[4]

A fisionomia deu origem à cranioscopia, que foi difundida por Franz Joseph Gall (1758-1828) e Jonh Gaspar Spurzhem (1776-1832), os quais sustentavam que, mediante medições externas da cabeça, era possível determinar o caráter, características da personalidade, desenvolvimento das faculdades mentais e morais, bem como o grau da criminalidade com base na forma externa do crânio.

Posteriormente, os estudos evoluíram para uma análise interna da mente, dando origem à frenologia, precursora da moderna neurofisiologia e da neuropsiquiatria. Por esse método era possível localizar cada um dos instintos e inclinações humanas em uma parte determinada do cérebro, cujo desenvolvimento poderia ser apreciado segundo a forma do crânio. Cada instinto perverso deveria ter sua própria origem que o provocava e o identificava.

A frenologia foi desenvolvida pelo médico Franz Josph Gall, que, em 1810, publicou a obra "*De craneologia*", onde buscou localizar más-formações no cérebro e no crânio humano que justificassem o comportamento criminoso, isto é, realizando o mapeamento do cérebro em zonas de criminalidade.

A escola clássica surgiu no final do século XVIII e formou-se por um conjunto de ideias, teorias políticas, filosóficas e jurídicas, sobre as principais questões penais. Teve como pensadores Cesare Beccaria (1764), que escreveu a obra "Dos delitos e das penas", bem como Francesco Carrara e Giovanni Carmignani.

Para a escola clássica a responsabilidade penal se fundamenta no livre arbítrio. Logo, o inimputável, por não ter livre arbítrio, é penalmente irresponsável e assim alheio ao sistema penal. Para essa escola, o crime é produto da vontade livre do agente e a pena é um mal justo que se contrapõe a um mal injusto, representado pelo crime. É a expiação do castigo fundada no livre arbítrio. O castigo pelo mau uso da liberdade.

---

4. *Idem*, p. 178.

2.2.4 Século XIX

O fim do século XIX presenciou o aparecimento da "criminologia socialista em sentido amplo", compreendida como explicação do crime a partir da natureza da sociedade capitalista e como crença no desaparecimento ou redução sistemática do crime após a instauração do socialismo.

A ideia da loucura moral ou "monomania homicida" era defendida pelo médico francês Jean Etienne Dominique Esquirol (1840), que escreveu a obra "Alucinação", e o médico inglês James Pritchard (1835), os quais descreviam o criminoso como um indivíduo com princípios morais deficientes, apresentando privação ou alteração das faculdades afetivas, emotivas e do senso moral. Ainda diferenciavam a deficiência mental e insanidade. Para eles, a idiotia não era uma doença, mas sim uma condição das faculdades mentais.

Os franceses Philippe Pinel (1826) e Felix Voisin (1837) defendiam a tese de que a criminalidade se manifestava devido a uma deficiência no sistema nervoso central dos indivíduos.

Em 1850, os alemães Karl Marx e Friedrich Engels sustentavam que o delito é produto das condições econômicas. O pensamento social de Marx sobre a sociedade se identifica com o movimento operário. Surgia como uma resposta aos problemas colocados pela sociedade burguesa e uma proposta de intervenção que tem como centro a classe operária. Pretendia compreender todo patrimônio cultural existente na sociedade burguesa para suprimi-la. O conhecimento dessa sociedade é estreitamente relacionado ao projeto de destruição dela. E é esse projeto que imputa à filosofia de Marx um caráter essencialmente crítico.

Em 1882, Alphonse Berillon desenvolveu a antropometria criminal, que consiste numa técnica de identificação de criminosos pelo registro de suas medidas corporais e marcas pessoais, tais como tatuagens, cicatrizes ou marcas de nascença. Inventou, ainda, o assinalamento antropométrico e a fotografia judiciária. O sistema era uma ampliação de diversos princípios de antropologia aplicados aos criminosos e posteriormente passou a ser chamado de **bertilonagem.**

O sistema de bertilonagem foi muito criticado, porém acabou sendo adotado pela polícia e pelos presídios em todo o mundo. Este método de identificação do delinquente, agregado a outras técnicas mais modernas e sempre no campo da Criminalística, mas jamais como uma teoria explicativa do fato criminoso, na Criminologia.

2.2.5 Criminologia moderna

Na criminologia moderna o estudo do homem delinquente migrou para um segundo plano, como consequência do giro sociológico experimentado por ela e da necessária superação dos enfoques individualistas em atenção aos objetivos político-criminais. O núcleo de interesse das investigações, ainda que não tenha abandonado a pessoa do infrator, deslocou-se prioritariamente à conduta delitiva, à vítima e ao controle social.

A Criminologia moderna se ocupa do fenômeno criminal, isto é, suas causas, características, prevenção e o controle de sua incidência. Trata-se de uma ciência causal-explicativa do delito como fenômeno social e individual.

O delinquente é examinado, em suas interdependências sociais, como unidade biopsicossocial e não de uma perspectiva biopsicopatológica como sucedera com tantas obras clássicas orientadas pelo espírito individualista e correcionalista da criminologia tradicional.

2.2.5.1 Principais características da criminologia moderna

As principais características da criminologia moderna apresentadas por Antonio Garcia-Pablos Molina e Luiz Flávio Gomes são:[5]

a) Parte da caracterização do crime como "problema", destacando sua base conflitual e sua face humana e dolorosa.

b) Ampliação do objeto de estudo da criminologia tradicional, isto é, inserindo assim a vítima e o controle social.

c) Destaca a orientação "prevencionista" do saber criminológico, em face da obsessão repressiva explícita nas demais definições convencionais.

d) O conceito tratamento é substituído por intervenção, visto que este apresenta uma noção mais dinâmica, complexa e pluridimensional, em observância ao fato real, individual e comunitário do fenômeno delitivo.

e) Ressalta a análise e avaliação como modelos de reação ao delito.

f) Não renuncia, porém, a uma análise etiológica do delito (desviação primária) no marco do ordenamento jurídico como referência última.

2.3 ESCOLAS CRIMINOLÓGICAS

2.3.1 Escola Clássica

As ideias consagradas pelo Iluminismo acabaram por influenciar Cesare Bonesana, Marquês de Beccaria, em sua obra *Dos delitos e das penas*, em 1764, onde apresentou seus postulados: princípios da legalidade e da anterioridade na tipificação penal e na aplicação das penas, isto é, fixação de penas para os crimes

---

5. GOMES, Luiz Flávio; MOLINA, Antonio García-Pablos. *Criminologia*, p. 40.

somente mediante lei; julgamento dos delinquentes, exclusivamente, por magistrados; proporção entre a pena aplicada e o delito praticado; finalidade prevencionista das penas através do impedimento da reincidência; acusações realizadas de forma secreta; proibição da prática de tortura do acusado durante o processo, sob pena de ser considerada afronta infamante; utilização do princípio da inocência; prisão preventiva como medida cautelar; isonomia das penas entre todas as pessoas; proposta de humanização das sanções e busca de uma utilidade ou função para estas.

2.3.1.1 Principais defensores da Escola Clássica

Os principais autores da escola clássica foram Francesco Carrara, Cesare Bonesana, Jean Domenico Romagnosi, Jeremias Bentham, Franz Joseph Gall, Anselmo Von Feuberbach e Giovanni Carmignani.

Francesco Carrara, um dos expoentes desta escola, defendeu a concepção do delito como ente jurídico, constituído por duas forças: a física (movimento corpóreo e dano causado pelo crime) e a moral (vontade livre e consciente do delinquente).

Os Clássicos partiram de duas teorias:

a) Jusnaturalismo (Direito natural, de Grócio): que decorria da natureza eterna e imutável do ser humano. Preconiza que o homem possui direitos que lhes são inerentes, independentemente do reconhecimento do Estado.

b) Contratualismo (contrato social ou utilitarismo, de Rousseau): em que o Estado surge a partir de um grande pacto entre os homens, no qual estes cedem parcela de sua liberdade e direitos em prol da segurança coletiva.

2.3.1.2 Princípios fundamentais da Escola Clássica

A escola clássica tem como princípios fundamentais:

a) O crime é um ente jurídico. Não é uma ação, mas sim uma infração.

b) A punibilidade deve ser baseada no livre-arbítrio.

c) A pena deve ter nítido caráter de retribuição pela culpa moral do criminoso (maldade), de modo a prevenir o crime com certeza, celeridade e severidade, bem como restaurar a ordem social. Em razão do caráter retributivo da pena, a escola clássica também é conhecida por escola retribucionista.

d) Método e raciocínio lógico-dedutivo.

Em suma, para a escola clássica, a responsabilidade criminal do criminoso leva em consideração sua responsabilidade moral e se sustenta pelo livre-arbítrio, que é inerente ao ser humano.

2.3.2 Escola Positiva

2.3.2.1 Considerações iniciais

A escola positiva tem raízes em meados do século XIX e já se delineava um cunho científico aos estudos criminológicos, com a publicação, em 1827, na França, dos primeiros dados estatísticos sobre a criminalidade.

Em 1876 foi publicada a primeira edição de *L´Uomo delinquente*, de Cesare Lombroso, podendo-se dizer que com ele se inaugurou a escola positiva italiana, que representou o nascimento da criminologia científica, como disciplina construída segundo métodos e os instrumentos das verdadeiras ciências.

A escola positiva abandonou os estudos propostos pela escola clássica voltados para a centralização na figura do crime e adotou como núcleo de suas pesquisas a pessoa do delinquente.

Para esta escola, o criminoso é um indivíduo que se assemelha a um doente e como tal deve ser tratado.

O método adotado por esta escola é baseado na investigação experimental indutiva.

A escola positiva considerava o crime como um fato humano e social, e como tal devia-se chegar aos motivos do porquê de cada indivíduo delinquir.

A escola positiva teve como principais defensores Cesare Lombroso (1835-1909), Rafaele Garófalo (1852-1934) e Enrico Ferri (1856-1929), os quais sustentavam que os indivíduos são fortemente condicionados na sua forma de agir por razões de ordem interna e externa, bem como determinismo e a rejeição do livre arbítrio e dos seus pressupostos metafísicos.

No Brasil, o positivismo ganhou a adesão de Clóvis Bevilácqua – autor da obra *Criminologia e direito penal*; Afrânio Peixoto – autor da obra *Epilepsia e delito*; Raimundo Nina Rodrigues – autor das obras *As raças humanas e Responsabilidade penal no Brazil*, Tobias Barreto; Viveiros de Castro – autor da obra *A nova escola penal*; Moniz Sodré – autor da obra *As três escolas penais*; Candido Mota; Filinto Bastos; Evaristo de Morais; Roberto Lyra e outros.

2.3.2.2 Princípios fundamentais da Escola Positiva

A escola positiva tem como princípios fundamentais:

a) O direito penal é obra humana.

b) A responsabilidade social decorre do determinismo social.

c) O delito é um fenômeno natural e social (fatores biológicos, físicos e sociais).

d) A pena é um instrumento de defesa social (prevenção geral).

O pesquisador belga Adolphe Quetelet, em 1835, na busca da sistematização de dados sobre delitos e delinquentes publicou a obra "Física Social", onde desenvolveu três importantes preceitos:

a) O crime é um fenômeno social.

b) Os crimes são cometidos ano a ano com intensa precisão.

c) Há várias condicionantes da prática delitiva, como miséria, analfabetismo, clima e etc.

Quetelet concluiu que a sociedade continha todos os crimes que se cometeriam no futuro. Tratava-se de uma "*patologia social*", ou seja, doenças morais tais como doenças físicas, inclusive em suas distinções: as contagiosas, as epidêmicas e as hereditárias.

O mesmo pesquisador também elaborou a Teoria das Leis Térmicas que preceituava que no inverno seriam praticados mais crimes contra o patrimônio, no verão seriam mais numerosos os crimes contra a pessoa e na primavera haveria maior quantidade de crimes contra a dignidade sexual. Portanto, tornou-se defensor das estatísticas oficiais de medição de delitos, mas percebeu que uma razoável quantidade de crimes não era detectada ou comunicada aos órgãos estatais, conhecida como cifra negra.

Ainda, Adolphe Quetelet idealizou o conceito do homem médio, de grande utilização no direito penal, representando uma pessoa mediana, de conhecimentos razoáveis e proporcionais, sempre no meio de dois opostos máximo e o mínimo. O homem médio serve para comparar as condutas das pessoas, criando dentro de uma abstração jurídica um exemplo de pessoa fictícia, auxiliando os operadores do direito a compararem o comportamento de indivíduos na vida real com algo imaginário.

Em 1838, surgiu a **Escola Cartográfica ou Estatística Moral** em oposição ao pensamento abstrato da Escola Clássica, difundida por Adolphe Quetelet e Garry, os quais consideravam o delito como um fenômeno coletivo, constante e regular regido por leis naturais, mas exigia um estudo quantitativo para ser individualizado pelo método estatístico.

O positivismo havia desenvolvido um modelo integrado de ciências penais, que Enrico Ferri denominou de enciclopédia. Neste modelo integrado, a criminologia alimentava o direito com informações e, por conseguinte, subordinava-o: se a missão do poder punitivo era neutralizar a periculosidade, a criminologia era a ciência que informava o direito penal a respeito da periculosidade dos infratores, tal como havia sucedido com o modelo integrado inquisitorial, que, com certeza, respondia a mesma estrutura.[6]

2.3.2.3 Principais defensores da Escola Positiva

2.3.2.3.1 Cesare Lombroso (1835-1909)

Cesare Lombroso, fundador da Antropologia Criminal, publicou em 1876 o livro *L'Uomo Delinquente* (*O homem delinquente*), que instaurou um período científico de estudos criminológicos, isto é, bioantropologia criminal. Teve importância a antropometria que se sustenta nos estudos das medidas e proporções do organismo humano para fins de estatística e comparação, que serviriam de base para os estudos subsequentes. Apresentou, também, o *"tríptico lombrosiano"* – que consiste na somatória: ativismo + epilepsia + loucura moral.

Lombroso defendia as seguintes teses:

a) A existência de criminosos natos, que seriam seres mal terminados.

b) Os criminosos natos são antropologicamente diferentes dos outros indivíduos, apresentam características de mongoloides e africanoides.

c) A epilepsia é fator predominante na origem da criminalidade.

d) O criminoso nato é resultado do atavismo, isto é, o criminoso atávico, exteriormente reconhecível, corresponderia a um homem menos civilizado que os seus contemporâneos, representando um enorme anacronismo.

e) A prostituição feminina equivale à criminalidade masculina.

f) O crime é um fenômeno biológico e não um ente jurídico.

Segundo Lombroso, a distinção entre louco e criminoso é de quantidade, de grau na regressão atávica e não de qualidade.

Os criminosos foram classificados por Lombroso como: nato, louco, criminoso de ocasião e criminoso por paixão.

O método empírico-indutivo ou indutivo-experimental foi proposto por Lombroso, pois se ajustava ao causalismo explicativo defendido pelo positivismo.

Newton Fernandes e Valter Fernandes salientam que

> "Lombroso imaginou ter encontrado, no criminoso, em sentido natural-científico, uma variedade especial de *homo sapiens*, que seria caracterizada por sinais físicos e psíquicos. Tais estigmas físicos do criminoso nato, segundo Lombroso, constavam de particularidades de

---

6. ZAFFARONI, Eugenio Raúl. *Saberes críticos – A palavra dos criminosos*, p. 114.

forma da calota craniana e da face, consubstanciadas na capacidade muito grande ou pequena do crânio, no maxilar inferior procidente, fartas sobrancelhas, molares muito salientes, orelhas grandes e deformada, dessimetria corporal, grande envergadura dos braços, mãos e pés etc. Como estigmas ou sinais psíquicos que caracterizariam o criminoso nato, Lombroso enumerava: sensibilidade dolorosa diminuída, crueldade, leviandade, aversão ao trabalho, instabilidade, vaidade, tendência a superstições, precocidade sexual."[7]

Cesare Lombroso, posteriormente, reconheceu as causas sociais e que seus criminosos natos não estavam necessariamente predestinados ao crime, que apenas representavam uma parcela do total da criminalidade, mas sempre no vértice desta encontravam-se os selvagens, que não tinham moral porque andavam nus, não conheciam a propriedade e padeciam de hipossensibilidade à dor, porque se tatuavam, o que ensejou vários estudos sobre as tatuagens.

No Brasil, o médico, psiquiatra e antropólogo Raimundo Nina Rodrigues foi o pioneiro nos estudos da cultura negra e autor da obra *As Raças Humanas e a Responsabilidade Penal no Brasil*. Desenvolveu pesquisas sobre as influências que a raça tem sobre as condições sociais, psicológicas e a conduta do indivíduo. Por conta dos resultados de suas pesquisas, propôs uma reformulação do conceito de responsabilidade penal, que deveria ser determinada em função da raça do agente criminoso. Sofreu forte influência do pensamento do médico italiano Cesare Lombroso, passando a ser conhecido como o *Lombroso dos Trópicos*.

Na era pós-lombrosiana, desenvolveram-se estudos biotipológicos, endocrinológicos e psicopatológicos, denominada de criminologia clínica.

Atualmente, fala-se em teoria bioantropológica moderna através do estudo do DNA.

2.3.2.3.2 Rafaele Garófalo (1851-1934)

O jurista Rafaele Garófalo, em sua obra *Criminologia*, de 1885, afirmava que o crime sempre está no indivíduo, e que representa a revelação de uma natureza degenerada, quaisquer que sejam as causas dessa degeneração, antigas ou recentes. Apresentou o conceito de crime natural como "ação prejudicial e que fere ao mesmo tempo alguns desses sentimentos que se convencionou chamar o senso moral de uma agregação humana".

Defendia as seguintes teses:

a) O crime é o sintoma de uma anomalia moral ou psíquica do indivíduo, colocando assim em relevo o elemento psicológico.

---

7. FERNANDES, Newton; FERNANDES, Valter. *Criminologia integrada*, p. 81.

b) Os criminosos possuem características fisionômicas especiais, que os distinguem dos demais indivíduos.

c) O delito é a lesão daqueles sentimentos mais profundamente radicados no espírito humano e que no seu conjunto se denomina de senso moral.

d) Criou o conceito de temibilidade ou periculosidade, que seria o propulsor do delinquente e a porção de maldade que deve se temer em face deste. A temibilidade era a justificativa à imposição do tratamento.

e) Demonstrou a necessidade de conceber outra forma de intervenção penal e apresentou a medida de segurança.

A proposta básica de Garófalo era saber se "entre os delitos previstos pelas nossas leis atuais, há alguns que, em todos os tempos e lugares, fossem considerados puníveis. A resposta afirmativa parece impor-se, desde que pensamos em atrocidades como o parricídio, o assassínio com o intuito de roubo, o homicídio por mera brutalidade".[8]

Rafael Garófalo classifica os criminosos como: assassinos, violentos (enérgicos), ladrões (neurastênicos) e lascivos (cínicos).

2.3.2.3.3 Enrico Ferri (1856-1929)

Enrico Ferri, discípulo de Lombroso, foi o criador da chamada "Sociologia Criminal" e afirmava "menos justiça penal, mais justiça social". Aderiu as teses propostas por Cesare Lombroso e a elas agregou fatores sociais, econômicos e políticos considerados importantes na análise da delinquência. Defendia as seguintes teses:

a) O delito é o resultado de fatores antropológicos ou individuais (constituição orgânica do indivíduo, sua constituição psíquica, características pessoais como raça, idade, sexo, estado civil etc.), fatores físicos ou telúricos (clima, estações, temperatura etc.) e fatores sociais (densidade da população, opinião pública, família, moral, religião, educação, alcoolismo etc.).

b) Os fatores sociais são os que têm maior relevância na determinação do delito. A miséria e as condições sociais a ela adstritas são propiciadoras do aparecimento do crime.

c) O criminoso não é moralmente responsável pela sua conduta.

d) O determinismo ao crime devia chamar-se periculosidade e a defesa social exigia sua neutralização por parte do poder punitivo.

---

8. GARÓFAFO, Rafaele. *Criminologie*, p. 3-4.

e) Para se proteger da criminalidade, a sociedade deve deixar de reagir tardia e violentamente contra os seus efeitos, passando a preveni-los, através do diagnóstico das causas naturais do delito.

Ferri, como Lombroso, defendia a ideia de que todos os criminosos eram irresponsáveis e inimigos da ordem social, e quase não deixavam outra alternativa senão a sua exclusão do meio social, com o elevado rigor das penas e da vigilância policial.

A lei da saturação criminal, para Enrico Ferri, consiste na prática de crimes por indivíduos influenciados por fatores criminógenos de cunho social, fruto do meio social e cultural em que o criminoso vive.

Ferri, ainda, afirmava que a pena não passava de ser um resultado do determinismo que levava o organismo social a defender-se, expelindo os germes patógenos que o alteravam, em um jogo de determinações em que o criminoso podia dizer ao juiz que estava determinado a delinquir e este lhe responder que estava determinado a aplicar-lhe uma pena.[9]

Nessa esteira, o delito deixava de existir em si mesmo, pois só era destaque a periculosidade do agente. Era a consagração mais pura da ideologia social e do denominado direito penal de autor.

Eugenio Raúl Zaffaroni, ao apresentar as lições de Ferri, afirma que:

"sendo a periculosidade uma característica do agente, não era necessário esperar que esta se traduzisse em um delito quando podia ser detectada por outros signos que não possuem o próprio crime. O positivismo postulou uma periculosidade sem delito ou predelitual, habilitando medidas – na realidade, penas – para os perigosos que ainda não haviam caído no crime. Nessa linha foram sancionadas leis de periculosidade sem delito em vários países da Europa e da América, que serviram para liberar a seletividade policial."[10]

Ferri, também, classificou os criminosos em: natos, loucos, passionais, ocasionais e habituais. Formulou as denominadas leis de saturação e de supersaturação criminais. Relacionou o número de crimes às condições ordinárias da vida social, refletindo-se nele as perturbações daquelas condições.

2.3.3 Escolas Intermediárias ou ecléticas

2.3.3.1 Escola de Lyon

A Escola de Lyon, também conhecida por Escola Antropossocial ou Criminal-sociológica, teve influência da Escola do químico Pasteur, razão pela qual

---
9. ZAFFARONI, Eugenio Raúl. *Saberes críticos – A palavra dos mortos*, p. 101.
10. Idem, p. 101.

Alexandre Lacassagne utilizava-se do micróbio para explicar a importância do meio social na gênese da delinquência.

A tese fundamental da Escola de Lyon é no sentido de que o criminoso é como o micróbio ou o vírus, algo inócuo, até que o adequado ambiente o faz eclodir. O meio social desempenha papel relevante e se junta com a predisposição criminal individual latente em certas pessoas. Logo, a predisposição pessoal e o meio social fazem o criminoso.[11]

A Escola de *Lyon* defende a importância do meio social, isto é, reconhece um fundo patológico ou estado mórbido individual na delinquência. Inclusive, Alexandre Lacassagne preconiza que o delinquente apresenta mais "anomalias" físicas e psíquicas que o não delinquente, mas umas e outras seriam consequências do meio social.[12] Ainda, para este autor, o meio social é responsável pela criminalidade, ou seja, os fatores ambientais que circundam o indivíduo ensejariam maior ou menor perspectiva de cometimento de crimes.

A Escola de Lyon, oposta às teses lombrosianas e crítica do positivismo, preconiza que o delinquente não nasce delinquente, mas assim se torna por influência do meio.

Os principais defensores desta Escola são: Alexandre Lacassagne (1843-1924) autor da frase "As sociedades têm os criminosos que merecem", Aubry, Martin Y Locard, Bournet Y Chassinand, Coutagne, Massenet, Manouvrier, Letorneau e Topinard.

2.3.3.2 Terceira Escola Italiana

A terceira escola (*Terza Scuola*), que teve origem no início do século XX, tentou conciliar preceitos clássicos e positivistas. Seus expoentes foram Bernardino Alimena, Giuseppe Impallomeni e Manuel Carnevale.

Os principais postulados desta escola foram:

a) Respeito à personalidade do direito penal, que não pode ser absorvido pela sociologia criminal.

b) Inadmissibilidade do tipo criminal antropológico, fundando-se na causalidade e não na fatalidade do delito.

c) Reforma social como imperativo do Estado na luta contra a criminalidade.

d) A pena com caráter aflitivo e tem por fim a defesa social.

---

11. GOMES, Luiz Flávio; MOLINA, Antonio García-Pablos de; BIANCHINI, Alice. *Direito Penal*. p. 110.
12. GOMES, Luiz Flávio; MOLINA, Antonio García-Pablos de. *Criminologia*. p. 203.

e) Distinção entre imputáveis e inimputáveis.

f) Responsabilidade moral baseada no determinismo, como fundamento da pena.

g) Crime como fenômeno social e individual.

h) Distinção entre disciplinas empíricas (método experimental) e disciplinas normativas (método dedutivo).

Bernardino Alimena defendia a ideia de que o Direito Penal não pode ser absorvido pela Sociologia, contrariando assim a tese de Ferri e outros positivistas. Entretanto, se reportava a outras disciplinas não jurídicas, como Antropologia, Estatística e Psicologia, para aprimorar o exame dogmático da criminalidade.[13]

2.3.3.3 Nova Defesa Social

A Nova Defesa Social é o movimento de política criminal que surgiu após a Segunda Guerra Mundial, que tem como finalidade a modernização do Direito, notadamente das medidas punitivas. A ideia da "defesa social" é mais antiga, pois surgiu na época do Iluminismo e foi formulada, posteriormente, por Adolphe Prins.

O delinquente deve ser educado para assumir sua responsabilidade para com a sociedade, a fim de possibilitar o convívio de todos.

Os postulados da Nova Defesa Social são de que não se busca punir a culpa do agente criminoso, mas apenas proteger a sociedade das ações delituosas. Essa concepção rechaça a ideia de um Direito Penal repressivo, que deve ser substituído por sistemas preventivos e por intervenções educativas e reeducativas, indicando não uma pena para cada delito, e sim uma medida para cada pessoa. Isto é, o principal não é o castigo do delinquente, mas a proteção da sociedade, por estratégias que, a partir do conhecimento do criminoso, neutralizem sua periculosidade de modo humanitário e individualizado.

Marc Ancel, na sua obra *La Defense Sociale Nouvelle*, indicou que o específico desse movimento é o modo de articular referida defesa da sociedade mediante a oportuna ação coordenada do Direito Penal, da Criminologia e da Ciência Penitenciária, sobre bases científicas e humanitárias e concorrentemente com a nova imagem do homem delinquente.[14]

Os principais defensores da Nova Defesa Social são: Filippo Gramatica, Marc Ancel e Adolphe Prins.

---
13. Idem, p. 205.
14. Idem, p. 206-207.

2.3.3.4 Movimento psicossociológico

O movimento psicossociológico foi defendido pelo sociólogo francês Gabriel Tarde (1843-1904), fazendo oposição às teses antropológicas de Lombroso e ao determinismo social, propugnando por uma teoria da criminalidade na qual ostentam particular relevância os fatores sociais. Os fatores físicos e biológicos podem influenciar a gênese do comportamento delitivo, mas nunca da forma decisiva que tem o meio social.

Gabriel Tarde, na sua principal obra – *As leis da imitação*, de 1890, formulou a lei da integração social ou da imitação: o crime, como todo comportamento social, é inventado, repetido, conflitado e adaptado. Começa como moda, torna-se costume e submete-se à imitação. O delinquente é um imitador consciente ou inconsciente. É o autor da frase "todo mundo é culpável, exceto o criminoso".

A explicação sociológica de Tarde é que o delinquente é um tipo profissional, que necessita de um longo período de aprendizagem, como os demais profissionais, entretanto, num meio particular: o criminal, e de particulares técnicas de intercomunicação e convivência com seus camaradas.[15]

Os pensamentos defendidos por Tarde guardam similitude com os de Sutherland, mas se diferenciam quando da análise do criminoso. Tarde sustenta que o criminoso é mero receptor passivo de impulsos delitivos ou não delitivos, não havendo interação ou contribuição para o influenciado. Já Sutherland defende que há um necessário processo de comunicação pessoal.[16]

2.4 SÍNTESE

Períodos históricos e a criminologia	**1. Antiguidade:** Destaques deste período: **a)** Ausência de estudo sistematizado sobre o crime e o criminoso. **b)** Explicações sobrenaturais ou religiosas sobre o mal e o crime. **c)** Crime como tabu ou pecado, avaliado em termos éticos e morais. **d)** Demonismo: o criminoso como uma personalidade diabólica. **2. Século XVI** – Thomas Morus, em sua obra Utopia, considerava o crime como reflexo da própria sociedade. Relacionava a desorganização social e a pobreza com a delinquência. **3. Século XVIII** – Encontramos: **a)** A **fisionomia** deu origem à **cranioscopia** – difundida por Franz Joseph Gall (1758-1828) e Jonh Gaspar Spurzhem (1776-1832), os quais sustentavam que mediante medições externas da cabeça era possível determinar o caráter, características da personalidade, desenvolvimento das faculdades mentais e morais, bem como o grau da criminalidade com base na forma externa do crânio.

---

15. Idem, p. 208.
16. VIANA, Eduardo. *Criminologia*, p. 213.

Períodos históricos e a criminologia	**b) Frenologia** corresponde aos estudos de uma análise interna da mente. Por esse método era possível localizar cada um dos instintos e inclinações humanas em uma parte determinada do cérebro, cujo desenvolvimento poderia ser apreciado segundo a forma do crânio. Cada instinto perverso deveria ter sua própria origem que o provocava e o identificava. **c)** A **escola clássica** surgiu no final do século XVIII e se formou por um conjunto de ideias, teorias políticas, filosóficas e jurídicas, sobre as principais questões penais. Teve como pensadores Cesare Beccaria (1764), que escreveu a obra "Dos delitos e das penas", bem como Francesco Carrara e Giovanni Carmignani. Para esta escola, a responsabilidade penal se fundamenta no livre arbítrio; o crime é produto da vontade livre do agente e a pena é um mal justo que se contrapõe a um mal injusto, representado pelo crime. É a expiação do castigo fundada no livre arbítrio. **4. Século XIX** – o aparecimento da "criminologia socialista em sentido amplo", compreendida como explicação do crime a partir da natureza da sociedade capitalista e como crença no desaparecimento ou redução sistemática do crime após a instauração do socialismo.
Criminologia Moderna e suas principais características	Apresentadas por Antonio Garcia-Pablos Molina e Luiz Flávio Gomes são: **a)** Parte da caracterização do crime como "problema", destacando sua base conflitual e sua face humana e dolorosa. **b)** Ampliação do objeto de estudo da criminologia tradicional, isto é, inserindo assim a vítima e o controle social. **c)** Destaca a orientação "prevencionista" do saber criminológico, em face da obsessão repressiva explícita nas demais definições convencionais. **d)** O conceito tratamento é substituído por intervenção, visto que este apresenta uma noção mais dinâmica, complexa e pluridimensional, em observância ao fato real, individual e comunitário do fenômeno delitivo. **e)** A análise e avaliação como modelos de reação ao delito. **f)** Uma análise etiológica do delito (desviação primária) no marco do ordenamento jurídico como referência última.
Escola Clássica	As ideias consagradas pelo Iluminismo acabaram por influenciar Cesare Bonesana, Marquês de Beccaria, em sua obra *Dos delitos e das penas*, em 1764, onde apresentou seus postulados: princípios da legalidade e da anterioridade na tipificação penal e na aplicação das penas, isto é, fixação de penas para os crimes somente mediante lei; julgamento dos delinquentes, exclusivamente, por magistrados; proporção entre a pena aplicada e o delito praticado; finalidade prevencionista das penas através do impedimento da reincidência; acusações realizadas de forma secreta; proibição da prática de tortura do acusado durante o processo, sob pena de ser considerada afronta infamante; utilização do princípio da inocência; prisão preventiva como medida cautelar; isonomia das penas entre todas as pessoas; proposta de humanização das sanções e busca de uma utilidade ou função para estas. - **Autores:** Francesco Carrara, Jean Domenico Romagnosi, Jeremias Bentham, Franz Joseph Gall, Anselmo Von Feuberbach e Giovanni Carmignani. - **Teorias: 1. Jusnaturalismo** (Direito natural, de Grócio): que decorria da natureza eterna e imutável do ser humano. **2. Contratualismo** (contrato social ou utilitarismo, de Rousseau): em que o Estado surge a partir de um grande pacto entre os homens, no qual estes cedem parcela de sua liberdade e direitos em prol da segurança coletiva. - **Princípios fundamentais: a)** O crime é um ente jurídico. Não é uma ação, mas sim uma infração. **b)** A punibilidade deve ser baseada no livre-arbítrio. **c)** A pena deve ter nítido caráter de retribuição pela culpa moral do criminoso, de modo a prevenir o crime com certeza, celeridade e severidade, bem como restaurar a ordem social. É conhecida por escola retribucionista. **d)** Método e raciocínio lógico-dedutivo. - Cesare Lombroso, em 1876, publicou a obra *L´uomo delinquente*, que inaugurou a escola positiva italiana. Representou o nascimento criminologia científica. - **Método:** investigação experimental indutiva. - **Defensores:** Cesare Lombroso, Rafaele Garófalo e Enrico Ferri.

	– **Princípios fundamentais: a)** O direito penal é obra humana. **b)** A responsabilidade social decorre do determinismo social. **c)** O delito é um fenômeno natural e social (fatores biológicos, físicos e sociais). **d)** A pena é um instrumento de defesa social (prevenção geral).
	– **Teoria das Leis Térmicas:** (Adolphe Quelet) – que preceituava que no inverno seriam praticados mais crimes contra o patrimônio, no verão seriam mais numerosos os crimes contra a pessoa e na primavera haveria maior quantidade de crimes contra a dignidade sexual. Idealizou o conceito de homem médio.]
	– **Cesare Lombroso (1835-1909)**, fundador da Antropologia Criminal, publicou em 1876 o livro *L'Uomo Delinquente* (o homem delinquente), que instaurou um período científico de estudos criminológicos – bioantropologia criminal. Antropometria que se sustenta nos estudos das medidas e proporções do organismo humano para fins de estatística e comparação, que serviria de base para os estudos subsequentes. **Teses: a)** A existência de criminosos natos, que seriam seres mal terminados. **b)** Os criminosos natos são antropologicamente diferentes dos outros indivíduos, apresentam características de mongoloides e africanoides. **c)** A epilepsia é fator predominante na origem da criminalidade. **d)** Criminoso atávico, exteriormente reconhecível, corresponderia a um homem menos civilizado que os seus contemporâneos, representando um enorme anacronismo.
	e) A prostituição feminina equivale à criminalidade masculina. **f)** O crime é um fenômeno biológico e não um ente jurídico.
	– **Lombroso** classificou o criminoso como sendo: nato, louco, criminoso de ocasião e criminoso por paixão. Adotou o método empírico-indutivo ou indutivo-experimental.
Escola Positiva	– **Rafaele Garófalo (1851-1934):**, em sua obra Criminologia, de 1885, afirmava que o crime sempre está no indivíduo, e que representa a revelação de uma natureza degenerada, quaisquer que sejam as causas dessa degeneração, antigas ou recentes. – **Teses: a)** O crime é o sintoma de uma anomalia moral ou psíquica do indivíduo, colocando assim em relevo o elemento psicológico. **b)** Os criminosos possuem características fisionômicas especiais, que os distinguem dos demais indivíduos. **c)** O delito é a lesão daqueles sentimentos mais profundamente radicados no espírito humano e que no seu conjunto se denomina de senso moral. **d)** Criou o conceito de temibilidade ou periculosidade, que seria o propulsor do delinquente e a porção de maldade que deve se temer em face deste. A temibilidade era a justificativa à imposição do tratamento. **e)** Demonstrou a necessidade de conceber outra forma de intervenção penal e apresentou a medida de segurança. E, ainda, classificou os criminosos como: assassino, violento (enérgico), ladrão (neurastênico) e lascivo (cínico).
	– **Enrico Ferri (1856-1929)**, discípulo de Lombroso, foi o criador da chamada "Sociologia Criminal" e afirmava "menos justiça penal, mais justiça social". Aderiu as teses propostas por Cesare Lombroso e a elas agregou fatores sociais, econômicos e políticos considerados importantes na análise da delinquência. **Teses: a)** O delito é o resultado de fatores antropológicos ou individuais (constituição orgânica do indivíduo, sua constituição psíquica, características pessoais como raça, idade, sexo, estado civil etc.), fatores físicos ou telúricos (clima, estações, temperatura etc.) e fatores sociais (densidade da população, opinião pública, família, moral, religião, educação, alcoolismo etc.). **b)** Os fatores sociais são os que têm maior relevância na determinação do delito. **c)** O criminoso não é moralmente responsável pela sua conduta. **d)** O determinismo ao crime devia chamar-se periculosidade e a defesa social exigia sua neutralização por parte do poder punitivo. **e)** Para se proteger da criminalidade, a sociedade deve deixar de reagir tardia e violentamente contra os seus efeitos, passando a preveni-los, através do diagnóstico das causas naturais do delito. Ainda, classificou, os criminosos em: natos, loucos, passionais, ocasionais e habituais. Formulou as denominadas leis de saturação e de supersaturação criminais.

Escolas Intermediárias ou Ecléticas	**1 – Escola de Lyon:** Também conhecida por Escola Antropossocial ou Criminal-sociológica: – Tese fundamental é de que o criminoso é como o micróbio ou o vírus, algo inócuo, até que o adequado ambiente o faz eclodir. A predisposição pessoal e o meio social fazem o criminoso. – Defende a importância do meio social, isto é, reconhece um fundo patológico ou estado mórbido individual na delinquência. – Oposta às teses lombrosianas e crítica do positivismo, preconiza que o delinquente não nasce delinquente, mas assim se torna por influência do meio. – **Principais defensores:** Alexandre Lacassagne, Aubry, Martin Y Locard, Bournet Y Chassinand, Coutagne, Massenet, Manouvrier, Letorneau e Topinard. **2 – Terceira Escola Italiana:** – Teve origem no início do século XX, tentou conciliar preceitos clássicos e positivistas. – **Autores:** Bernardino Alimena, Giuseppe Impalomeni e Manuel Carnevale. – **Postulados: a)** Respeito à personalidade do Direito Penal, que não pode ser absorvido pela sociologia criminal. **b)** Inadmissibilidade do tipo criminal antropológico, fundando-se na causalidade, e não na fatalidade do delito. **c)** Reforma social como imperativo do Estado na luta contra a criminalidade. **d)** A pena com caráter aflitivo e tendo por fim a defesa social. **e)** Distinção entre imputáveis e inimputáveis. **f)** Responsabilidade moral baseada no determinismo. **g)** crime como fenômeno social e individual. **3 – Nova Defesa Social:** – Movimento de política criminal, que surgiu após a Segunda Guerra Mundial. – O delinquente deve ser educado para assumir sua responsabilidade para com a sociedade. – **Postulado:** não se busca punir a culpa do agente criminoso, mas apenas proteger a sociedade das ações delituosas. O principal não é o castigo do delinquente, mas a proteção da sociedade, por estratégias que, a partir do conhecimento do criminoso, neutralizem sua periculosidade de modo humanitário e individualizado. – **Defensores:** Filippo Gramatica, Marc Ancel e Adolphe Prins. **4 – Movimento psicossociológico:** – Oposição às teses antropológicas de Lombroso e ao determinismo social, propugnando por uma teoria da criminalidade na qual ostentam particular relevância os fatores sociais. – Tarde formulou a lei da integração social ou da imitação: o crime, como todo comportamento social, é inventado, repetido, conflitado e adaptado. Começa como moda, torna-se costume e submete-se à imitação. – **Principal defensor:** Gabriel Tarde.

QUESTÕES DE PROVAS

1. (Investigador de Polícia/SP – 2014) **Assinale a alternativa correta em relação a Enrico Ferri.**

A) Foi filósofo, sustentou que a criminologia é fruto da disparidade social: portanto, riqueza e pobreza estão ligadas ao crime.

B) Foi escritor, criou a teoria da escola clássica da criminologia; utilizou o método lógico dedutível.

C) Publicou o livro *O Homem Delinquente*, em 1876, descrevendo o determinismo biológico como fonte da personalidade criminosa.

D) Foi jurista, afirmou que o crime estava no homem e que se revelava como degeneração deste.

E) Foi autor da obra *Sociologia Criminal*; para ele a criminalidade deriva de fenômenos antropológicos, físicos e sociais.

GABARITO: E
Comentários: Enrico Ferri, discípulo de Lombroso, foi autor da obra *Sociologia Criminal* e afirmava: "menos justiça penal, mais justiça social". Defendia, dentre outras, a tese que o delito é o resultado de fatores antropológicos ou individuais (constituição orgânica do indivíduo, sua constituição psíquica, características pessoais como raça, idade, sexo, estado civil etc.), fatores físicos ou telúrios (clima, estações, temperatura etc.) e fatores sociais (densidade da população, opinião pública, família, moral, religião, educação, alcoolismo etc.).

2. (Investigador de Polícia/SP – 2014) **A escola criminológica que surgiu no século XIX, tendo, entre seus principais autores, Rafaele Garofalo, e que pode ser dividida em três fases (antropológica, sociológica e jurídica) é a:**

A) Escola Positiva;
B) *Terza Scuola Italiana*;
C) Escola de Política Criminal ou Moderna Alemã;
D) Escola Clássica;
E) Escola de Lyon.

GABARITO: A
Comentários: Trata-se da Escola Positiva que teve como principais defensores: Cesare Lombroso (1835-1909), Rafaele Garófalo (1852-1934) e Enrico Ferri (1856-1929), os quais sustentavam que os indivíduos são fortemente condicionados na sua forma de agir por razões de ordem interna e externa, bem como pelo determinismo e pela rejeição do livre-arbítrio e dos seus pressupostos metafísicos.

3. (Investigador de Polícia/SP – 2014) **A obra *Dos Delitos e Das Penas*, de 1764, foi escrita por:**

A) Adolphe Quetelet;
B) Francesco Carrara;
C) Geovanni Carmignani;
D) Cesare Bonesana;
E) Cesare Lombroso.

GABARITO: D
Comentários: A obra Dos delitos e das penas, em 1764, foi escrita por Cesare Bonesa, conhecido por Marquês de Beccaria.

4. (Investigador de Polícia/SP – 2014) **A distinção entre imputáveis e inimputáveis, a responsabilidade moral baseada no determinismo, o crime como fenômeno social e individual e a pena com caráter aflitivo, cuja finalidade é a defesa social, são características da:**

A) Terza Scuola Italiana;
B) Escola Moderna Alemã;
C) Escola Positiva;
D) Escola Clássica;
E) Escola tradicional.

GABARITO: A
Comentários: Os principais postulados da Terceira Escola Italiana – *Terza Scuola Italiana* são: respeito à personalidade do Direito Penal, que não pode ser absorvido pela sociologia criminal; inadmissibilidade do tipo criminal

antropológico, fundando-se na causalidade, e não na fatalidade do delito; reforma social como imperativo do Estado na luta contra a criminalidade; a pena com caráter aflitivo, tendo por fim a defesa social; a distinção entre imputáveis e inimputáveis; a responsabilidade moral baseada no determinismo; e o crime como fenômeno social e individual.

5. (Investigador de Polícia/SP – 2014) Médico legista, psiquiatra e antropólogo brasileiro, considerado o *Lombroso dos Trópicos*. A personalidade mencionada refere-se a:

A) Luis da Câmara Cascudo;
B) Raimundo Nina Rodrigues;
C) Mário de Andrade;
D) Oswaldo Cruz;
E) Fernando Ortiz.

GABARITO: B
Comentários: Raimundo Nina Rodrigues, médico, psiquiatra e antropólogo brasileiro. Foi o pioneiro nos estudos da cultura negra no Brasil. Desenvolveu pesquisas sobre as influências que a raça tem sobre as condições sociais, psicológicas e a conduta do indivíduo. Por conta dos resultados de suas pesquisas, propôs uma reformulação do conceito de responsabilidade penal, que deveria ser determinada em função da raça do agente criminoso. Sofreu forte influência do pensamento do médico italiano Cesare Lombroso, passando a ser conhecido como o *Lombroso dos Trópicos*.

6. (Investigador de Polícia/SP – 2014) Cesare Bonesana, Francesco Carrara e Giovanni Carmignani foram autores da corrente doutrinária da história da Criminologia denominada:

A) Escola clássica;
B) Terza Scuola Italiana;
C) Escola Moderna Alemã;
D) Escola Positiva;
E) Escola de Chicago.

GABARITO: A
Comentários: Os principais autores da Escola Clássica foram: Cesare Bonesana, Francesco Carrara, Jean Domenico Romagnosi, Jeremias Bentham, Franz Joseph Gall, Anselmo Von Feuberbach e Giovanni Carmignani.

7. (Delegado de Polícia/SP – 2014) A obra *O homem delinquente*, publicada em 1876, foi escrita por:

A) Cesare Lombroso;
B) Enrico Ferri;
C) Rafael Garófalo;
D) Cesare Bonesana;
E) Adolpho Quetelet.

GABARITO: A
Comentários: Cesare Lombroso, fundador da antropologia criminal, publicou, em 1876, a obra *L´Uomo Delinquente* – *O homem delinquente*, que instaurou um período científico de estudos criminológicos, isto é, bioantropologia criminal.

8. (Polícia Civil/SP – 2008) A escola criminológica que se caracterizou por privilegiar a defesa social em detrimento dos direitos do indivíduo foi a:

A) Positiva;
B) Clássica;

C) Da lei e da ordem;
D) Cartográfica;
E) Penitenciária.

GABARITO: A
Comentários: A Escola Positiva preconizava que o indivíduo era a gênese do crime e contra ele devia a sociedade se proteger, ou seja, a defesa social.

9. (Polícia Civil/SP – 2008) **A denominada teoria clássica, fulcrada nas ideias e nos ideais iluministas, extraiu seus postulados:**

A) do jusnaturalismo;
B) do positivismo jurídico;
C) da estatística;
D) da psicologia analítica;
E) da sociologia criminal.

GABARITO: A
Comentários: A teoria clássica foi baseada no jusnaturalismo, o qual preconiza que o homem possui direitos que lhe são inerentes, independentemente do reconhecimento do Estado.

10. (Polícia Civil/SP – 2008) **A primeira doutrina que, precedendo a neuropsiquiatria, tratou de localizar no cérebro humano as diversas funções psíquicas do homem e explicar o comportamento criminoso como consequência das más-formações cerebrais foi:**

A) fisionomia;
B) frenologia;
C) antropologia;
D) antropometria;
E) endocrinologia.

GABARITO: B
Comentários: A frenologia foi desenvolvida pelo médico Franz Josph Gall, que buscou localizar más-formações no cérebro humano que justificassem o comportamento criminoso, isto é, realizando o mapeamento do cérebro em zonas de criminalidade.

11. (Polícia Civil/SP – 2008) **"As sociedades têm os criminosos que merecem". "O micróbio é o criminoso, um ser que permanece sem importância até o dia em que encontra o caldo de cultivo que lhe permite brotar". Por meio dessas frases, Lacassagne procurou evidenciar que sobre a gênese da delinquência exerce(m) transcendental importância:**

A) os fatores hereditários;
B) o meio social;
C) os componentes biológicos da conduta humana;
D) a estrutura moral do ser humano;
E) as psicopatologias.

GABARITO: B
Comentários: O pensamento de Alexandre Lacassagne, criador da escola de Lyon e principal opositor das ideias de Cesare Lombroso, era no sentido de que o meio social é responsável pela criminalidade, ou seja, os fatores ambientais que circundam o indivíduo ensejariam maior ou menor perspectiva de cometimento de crimes.

12. (Polícia Civil/SP - 2009) **A obra clássica de Cesare Bonesana tem o seguinte título:**
A) Utopia;
B) A origem das espécies;
C) O homem delinquente;
D) O Estado das prisões;
E) Dos Delitos e das penas.

GABARITO: E
Comentários: Cesare Bonesana, conhecido por Marquês de Beccaria, foi o autor da obra *Dos delitos e das penas*, em que defendeu a presença dos princípios da legalidade e da anterioridade na tipificação penal e na aplicação das penas.

13. (Polícia Civil/SP - 2009) **Rafael Garófalo, um dos precursores da ciência da criminologia, tem como sua principal obra o livro intitulado:**
A) Criminologia;
B) A Criminologia como ciência;
C) Política Criminal;
D) A ciência da Criminologia;
E) O homem delinquente.

GABARITO: A
Comentários: Rafael Garófalo foi precursor da fase do positivismo criminológico e autor da obra Criminologia, publicada em 1885.

14. (Polícia Civil/SP - 2009) **Dentre as ideias defendidas pelo Marquês de Beccaria, relativamente aos delitos e às penas, a pena deveria:**
A) ser prontamente imposta para que o castigo pudesse relacionar-se com o crime;
B) ser imposta somente após um período de prisão do delinquente para que este pudesse refletir sobre seus atos;
C) sempre ser imposta de forma a configurar um confisco de bens do delinquente;
D) ser imposta de forma a corresponder a uma ação ofensiva igual àquela praticada pelo ofensor;
E) imposta somente pelo Santo Ofício da Inquisição.

GABARITO: A
Comentários: Beccaria defendeu em sua obra *Dos delitos e das penas*, a relação crime-castigo que a pena deveria ostentar, ressaltando, assim, o seu caráter retributivo.

15. (Polícia Civil/SP - 2009) **"L'uomo delinquente" ou "O homem delinquente" é uma obra clássica da criminologia, de autoria de:**
A) Marquês de Beccaria;
B) Cesare Lombroso;
C) Francesco Carrara;
D) Pellegrino Rossi;
E) Enrico Pessina.

GABARITO: B
Comentários: O autor da obra *"L' uomo delinquente"*, publicada em 15 de abril de 1876, foi Cesare Lombroso.

16. (Polícia Civil/SP – 2010) **O período antropológico de estudo da criminalidade foi iniciado pelo médico:**

A) Enrico Ferri;

B) Cesare Lombroso;

C) Cesare Bonesana;

D) Emile Durkhein;

E) Hans Von Hentig.

GABARITO: B
Comentários: O médico psiquiatra Cesare Lombroso, consagrado como pai da Antropologia Criminal, foi o responsável pelo estudo da criminalidade no período antropológico.

17. (Polícia Civil/SP – 2010) **Complete com a alternativa correta: Considerando o principal idealizador da Sociologia Criminal _____ tem como obra principal_____.**

A) Lombroso – *O Homem Delinquente*.

B) Garófalo – *O Ambiente Criminal*.

C) Ferri – *Sociologia Criminal*.

D) Carrara – *Sociedade e Crime*.

E) Lacassagne – *Sociedade e Miséria*.

GABARITO: C
Comentários: A sociologia criminal, segunda fase do positivismo criminológico, teve como seu principal idealizador Enrico Ferri, que, na sua obra *Sociologia Criminal*, defendeu a influência de fatores sociais como possíveis condicionantes da criminalidade.

18. (Polícia Civil/SP – 2010) **A Escola Clássica:**

A) tem em Garófalo um dos seus precursores;

B) baseia-se no método empírico-indutivo;

C) crê no livre arbítrio;

D) surge na etapa científica da criminologia;

E) criou a figura do criminoso nato.

GABARITO: C
Comentários: A escola clássica foi considerada etapa pré-científica. Um dos princípios fundamentais desta escola é que a punibilidade deve ser baseada no livre-arbítrio do ser humano.

19. (Polícia Civil/SP – 2010) **A Escola Positiva:**

A) crê no determinismo e defende o tratamento do criminoso;

B) tem em Bentham um de seus precursores;

C) foi consolidada por Carrara;

D) baseia-se no método dogmático e dedutivo;

E) surgiu na etapa pré-científica da criminologia.

GABARITO: A
Comentários: A escola positiva tem como princípio fundamental que a responsabilidade social decorre do determinismo social e defende o tratamento do criminoso.

20. (Investigador de Polícia/SP – 2014) **A corrente do pensamento criminológico, que teve por precursor Filippo Gramatica e fundador Marc Ancel, a qual apregoa que o delinquente deve ser educado para assumir sua responsabilidade para com a sociedade, a fim de possibilitar saudável convívio de todos (pedagogia da responsabilidade) é denominada:**

A) Janelas Quebradas (*Broken Windows*);
B) Escola Antropológica Criminal;
C) Nova Defesa Social;
D) Criminologia Crítica;
E) Lei e Ordem.

GABARITO: C
Comentários: Nova Defesa Social é o movimento de política criminal que surgiu após a Segunda Guerra Mundial. Teve como precursor Filippo Gramatica. Seus fundamentos estão inseridos no livro de Marc Ancel, denominado *La Defense Sociale Nouvelle*. O delinquente deve ser educado para assumir sua responsabilidade para com a sociedade, a fim de possibilitar saudável convívio de todos.

21. (Investigador de Polícia/SP – 2014) **A alternativa que completa, corretamente, a lacuna da frase é:**

A _____ é uma técnica de identificação de criminosos, desenvolvida em 1882 por Alphonse Bertillon, a qual consiste em registro de medidas corporais, bem como marcas pessoais do criminoso, tais como tatuagens, cicatrizes ou marcas de nascença, para o fim de auxiliar na identificação criminal.

A) papiloscopia forense;
B) antropologia criminal;
C) datiloscopia forense;
D) criminalística forense;
E) antropometria criminal.

GABARITO: E
Comentários: Alphonse Berillon inventou o assinalamento antropométrico e a fotografia judiciária, adotados pela administração policial com sucesso. Antropometria criminal consiste no estudo das características corporais e de sua correlação com a criminalidade. Em 1879, lançou em Paris um sistema de identificação humana que consistia na medição das diferentes partes do corpo. O sistema era uma ampliação de diversos princípios de antropologia aplicados aos criminosos e posteriormente passou a ser chamado de Bertillonage, em 1882.

22. (Delegado de Polícia/PE – 2016) **A criminologia moderna:**

A) é uma ciência normativa, essencialmente profilática, que visa oferecer estratégias para minimizar os fatores estimulantes da criminalidade e que se preocupa com a repressão social contra o delito por meio de regras coibitivas, cuja transgressão implica sanções;
B) ocupa-se com a pesquisa científica do fenômeno criminal – suas causas, características, sua prevenção e o controle de sua incidência –, sendo uma ciência causal-explicativa do delito como fenômeno social e individual;
C) ocupa-se, como ciência causal-explicativa-normativa, em estudar o homem delinquente em seu aspecto antropológico, estabelece comandos legais de repressão à criminalidade e despreza, na análise empírica, o meio social como fatores criminógenos;
D) é uma ciência empírica e normativa que fundamenta a investigação de um delito, de um delinquente, de uma vítima e do controle social a partir de fatos abstratos apreendidos mediante o método indutivo de observação;

E) possui como objeto de estudo a diversidade patológica e a disfuncionalidade do comportamento criminal do indivíduo delinquente e produz fundamentos epistemológicos e ideológicos como forma segura de definição jurídico-formal do crime e da pena.

GABARITO: B
Comentários: A criminologia moderna tem o interesse das investigações e, ainda que não tenha abandonado a pessoa do infrator, deslocou-se prioritariamente para a conduta delitiva, a vítima e o controle social. Ocupa-se da pesquisa científica do fenômeno criminal, ou seja, suas causas, características, prevenção e o centro de sua incidência. Trata-se de uma ciência causal-explicativa do crime como fenômeno social e individual.

23. (Delegado de Polícia Civil/RS – 2018) **A criminologia é definida tradicionalmente como a ciência que estuda de forma empírica o delito, o delinquente, a vítima e os mecanismos de controle social. Os autores que fundaram a Criminologia (Positivista) são:**
A) Cesare Lombroso, Enrico Ferri e Raffaele Garofalo;
B) Franz Von Liszt, Edmund Mezger e Marquês de Beccaria;
C) Marquês de Beccaria, Cesare Lombroso e Michel Foucault;
D) Cesare Lombroso, Enrico Ferri e Michel Foucault;
E) Enrico Ferri, Michel Foucault e Nina Rodrigues.

GABARITO: A
Comentários: Os principais defensores da Escola Positiva são: Cesare Lombroso, Raffaele Garófalo e Enrico Ferri.

24. (Delegado de Polícia Civil/BA – 2018) **Em relação ao conceito de crime, de criminoso e de pena nas diversas correntes do pensamento criminológico e ao desenvolvimento científico de seus modelos teóricos, é correto afirmar.**
A) A criminologia científica nasceu no ambiente do século XVIII, recebendo contribuições da Escola Positivista, mas ganhando contornos mais precisos com a Escola Clássica.
B) A criminologia crítica compreende que a finalidade da sociedade é atingida quando há um perfeito funcionamento das suas instituições, de forma que os indivíduos compartilhem as regras sociais dominantes.
C) As teorias desenvolvidas nas escolas positivistas a partir do método dedutivo buscaram maximizar as garantias individuais na persecução penal e fora dela.
D) No pensamento criminológico das escolas clássicas, identifica-se uma grande preocupação com os conceitos de crime e pena como entidades jurídicas e abstratas de modo a estabelecer a razão e limitar o poder de punir do Estado.
E) Os modelos teóricos de integração que compõem a criminologia tradicional partem da premissa de que toda a sociedade está, a cada momento, sujeita a processo de mudança, exibindo dissensão e conflito, haja vista que todo elemento em uma sociedade contribui, de certa forma, para sua desintegração e mudança. Sendo assim, a sociedade é baseada na coerção de alguns de seus membros por outros.

GABARITO: D
Comentários: Dentre os princípios fundamentais da escola clássica temos: o crime como um ente jurídico e a pena deve ter nítido caráter de retribuição pela culpa moral do criminoso, de modo a prevenir o crime com certeza, celeridade e severidade, bem como restaurar a ordem social.

25. (Delegado de Polícia Civil/GO – 2018) Tendo a obra *O Homem Delinquente*, de Cesare Lombroso (1836-1909), como fundante da criminologia surgida a partir da segunda metade do século XIX, verifica-se que, segundo a sistematização realizada por Enrico Ferri (1856-1929), o pensamento criminológico positivista assenta-se, dentre outras, na tese de que:

A) o livre-arbítrio é um conceito chave para o direito penal;
B) os chamados delinquentes poderiam ser classificados como loucos, natos, morais, passionais e de ocasião;
C) a defesa social é tomada como o principal objetivo da justiça comum;
D) a responsabilidade social, tida como clássica, deveria ser substituída pela categoria da responsabilidade moral para a imputação do delito;
E) a natureza objetiva do crime, mais do que a motivação, deve ser base para medida da pena.

GABARITO: C
Comentários: Uma das principais teses defendidas por Enrico Ferri é no sentido de que os fatores sociais são os que têm maior relevância na determinação do delito.

26. (Delegado de Polícia Civil/GO – 2018) Para a criminologia positivista, a criminalidade é uma realidade ontológica, pré-constituída ao direito penal, ao qual cabe tão somente reconhecê-la e positivá-la. Neste sentido, tem-se o seguinte.

A) Em seus primeiros estudos, Cesare Lombroso encontrou no atavismo uma explicação para relacionar a estrutura corporal ao que chamou de criminalidade habitual.
B) A periculosidade, ou *temeritá*, tal como conceituada por Enrico Ferri, foi definida como a perversidade constante e ativa a recomendar que esta, e não o dano causado, seja a medida de proporcionalidade de aplicação da pena.
C) Para Raffaele Garófalo (1851-1934), a defesa social era a luta contra seus inimigos naturais carecedores dos sentimentos de piedade e probidade.
D) A responsabilidade social, tida como clássica, deveria ser substituída pela categoria da responsabilidade moral para a imputação do delito.
E) A natureza objetiva do crime, mais do que a motivação, deve ser base para medida da pena.

GABARITO: C
Comentários: Raffaele Garófalo apresentou o conceito de crime natural como "ação prejudicial e que fere ao mesmo tempo alguns desses sentimentos que a convencionou chamar o senso moral de uma agregação humana".

27. (Delegado de Polícia Civil/GO – 2018) Em *Vigiar e Punir*, Michel Foucault (1926-1984) aborda a transformação dos métodos punitivos a partir de uma tecnologia do corpo, dentre cujos aspectos fundamentais destaca-se:

A) a coexistência entre diversas economias políticas do castigo, mas, fundamentalmente, a mudança qualitativa que representou substituição do carcerário pelo patibular;
B) o pensamento criminológico centrado na figura do homem delinquente, o que constitui a força motriz para o surgimento e consolidação da prisão como mecanismo de controle;
C) o cumprimento dos fins declarados da pena de prisão na medida em que separa os espaços sociais livres de castigo e os que devem ser objeto da repressão estatal;
D) o abandono completo do suplício corporal como tecnologia encarceradora que passa a ser utilizada a partir do século XIX.
E) o cárcere como dispositivo preponderante sobre o qual se ergue a sociedade disciplinar.

GABARITO: B
Comentários: O pensamento criminológico que foca o homem delinquente inaugurou um período científico de estudos criminológicos.

28. (Delegado de Polícia Civil/MG – 2018) **"A criminologia contemporânea, dos anos 30 em diante, se caracteriza pela tendência a superar as teorias patológicas da criminalidade, ou seja, as teorias baseadas sobre as características biológicas e psicológicas que diferenciariam os sujeitos "criminosos" dos indivíduos "normais", e sobre a negação do livre-arbítrio, mediante um rígido determinismo. Essas teorias eram próprias da criminologia positivista que, inspirada na filosofia e na psicologia do positivismo naturalista, predominou entre o final do século passado e princípios deste."**
BARATTA, Alessandro. *Criminologia crítica e crítica do direito penal.* Introdução à sociologia do direito penal. 3. ed. Rio de Janeiro: Renavan: Instituto Carioca de Criminologia. p. 29. (Coleção Pensamento Criminológico)

Numere as seguintes assertivas de acordo com a ideia de criminologia que representam, utilizando (1) para a **criminologia positiva e (2) para a escola liberal clássica do direito penal.**
( )Assumia uma concepção patológica da criminalidade.
( )Considerava a criminalidade como um dado pré-constituído às definições legais de certos comportamentos e certos sujeitos.
( )Não considerava o delinquente como um ser humano diferente dos outros.
( )Objetivava uma política criminal baseada em princípios como os da humanidade, legalidade e utilidade.
( )Pretendia modificar o delinquente.
A sequência que expressa a associação CORRETA, de cima para baixo, é:
A) 1, 1, 2, 2, 1;
B) 1, 2, 1, 2, 2;
C) 2, 2, 1, 1, 1;
D) 2, 1, 2, 2, 2.

GABARITO: A
Comentários: Criminologia positiva: o núcleo de sua pesquisa é a pessoa do delinquente, que se assemelha a um doente. Visão patológica da criminalidade. Considerava o crime como um fato humano e social, devendo chegar aos motivos que levaram o indivíduo a delinquir. A criminalidade como dado preexistente em certos comportamentos e certos indivíduos. O criminoso não é moralmente responsável por sua conduta. Pretendia modificar o delinquente. **Escola liberal clássica do direito penal**: A responsabilidade criminal do criminoso leva em consideração a responsabilidade moral e se sustenta pelo livre-arbítrio, que é inerente ao ser humano. O criminoso era um ser humano igual aos seus demais. Dentre seus postulados, os princípios da legalidade e humanidade; a busca pela utilidade e função das penas.

29. (Delegado de Polícia Civil/ES – 2019) **O estudo da pessoa do infrator teve seu protagonismo durante a fase positivista na evolução histórica da Criminologia. Assinale, dentre as afirmativas abaixo, a que descreve corretamente como a criminologia tradicional o examina.**
A) A criminologia tradicional examina a pessoa do infrator como uma realidade biopsicopatológica, considerando o determinismo biológico e social.
B) A criminologia tradicional examina a pessoa do infrator como um incapaz de dirigir por si mesmo sua vida, cabendo ao Estado tutelá-lo.
C) A criminologia tradicional examina a pessoa do infrator como uma unidade biopsicossocial, considerando suas interdependências sociais.

D) A criminologia tradicional examina a pessoa do infrator como um sujeito determinado pelas estruturas econômicas excludentes, sendo uma vítima do sistema capitalista.
E) A criminologia tradicional examina a pessoa do infrator como alguém que fez mau uso da sua liberdade embora devesse respeitar a lei.

GABARITO: A
Comentários: A escola positiva defende que o delito é um fenômeno natural e social (fatores biológicos, físicos e sociais).

30. (Delegado de Polícia Civil/MS – 2021) – **Sobre o movimento intelectual que ficou conhecido como Escola Clássica da Criminologia, assinale a alternativa correta:**
A) Quando se fala da Escola Liberal Clássica como um antecedente da moderna criminologia, faz-se referências a teorias ancoradas em um rígido determinismo e no positivismo naturalista.
B) A consideração do crime como um comportamento definido pelo direito e o repúdio à abordagem patológica do criminoso como um ser diferente são traços da Escola Liberal Clássica, que, contudo, não rompeu, definitivamente com o paradigma etiológico da Criminologia.
C) O chamado *labeling approach* (paradigma da reação social) é uma teorização que busca explicar a necessidade de intervenção estatal no criminoso, a fim de reforçar a validade da pena perante a sociedade, inibindo a prática de novos delitos por todos.
D) Francesco Carrara, um dos principais nomes da Escola Liberal Clássica, partia da necessária distinção entre a consideração jurídica do delito e a consideração ética do indivíduo para afirmar a tese de que a função da pena é, essencialmente, a retribuição.
E) A Escola Clássica se diferencia das outras escolas criminológicas positivistas por se basear em um modelo de ciência penal integrada, ou seja, um modelo no qual ciência jurídica e a concepção geral do homem e da sociedade estão estritamente ligadas.

GABARITO: B
Comentários: A consideração do crime como um comportamento definido pelo direito e o repúdio à abordagem patológica do criminoso como um ser diferente são traços da Escola Liberal Clássica, que, contudo, não rompeu, definitivamente com o paradigma etiológico da Criminologia.

31. (Delegado de Polícia Civil/PR – 2021) **A respeito das escolas criminológicas, é correto afirmar:**
A) A escola positivista, cujos representantes principais são Lombroso, Ferri e Garófalo, apresentou uma severa crítica às teses do direito penal do inimigo, contribuindo para o surgimento de doutrinas abolicionistas.
B) A escola liberal clássica do direito penal teve origem no Iluminismo e possibilitou o surgimento de medidas substitutivas da prisão, baseadas na ideia de periculosidade do sujeito delinquente.
C) A escola clássica apresenta duas fases: a filosófica, cujo principal representante é Cesare Beccaria, e a jurídica, representada por Enrico Ferri e seu conceito de crime como ente jurídico.
D) Cesare Beccaria, cujo pensamento é apontado como uma das mais influentes bases da escola clássica, fez uma forte crítica ao sistema penal do Antigo Regime e lançou bases filosóficas limitadoras do poder punitivo estatal.
E) A escola positivista, tributária do método científico-experimental, explica a criminalidade a partir do estudo do homem delinquente, o qual pratica crimes porque é dotado de livre arbítrio.

GABARITO: D
Comentários: Cesare Beccaria, cujo pensamento é apontado como uma das mais influentes bases da escola clássica, fez uma forte crítica ao sistema penal do Antigo Regime e lançou bases filosóficas limitadoras do poder punitivo estatal.

32. (Delegado de Polícia Civil/AM – 2022) **"Dos delitos e das penas" é um tratado escrito em 1764 por Cesare Beccaria, e é considerado a expressão do pensamento filosófico e político europeu sobre a pena e as ditas ciências penais – o que conhecemos também como movimentos penais ilustrados. Considerando este momento da história do pensamento criminológico, avalie as afirmativas a seguir.**

I. Os movimentos penais ilustrados são responsáveis pela fundação da criminologia enquanto disciplina e são a base do Direito Penal moderno.

II. As origens iluministas da criminologia encontram-se justamente na ascensão do racionalismo como forma de se opor ao utilitarismo das relações sociais feudais.

III. Embora os fundamentos filosóficos das funções atribuídas à pena sejam historicamente anteriores, a sistematização de uma teoria da pena no século XVIII está associada à limitação do poder punitivo do Estado.

IV. A Escola Clássica italiana, integrante dos movimentos penais ilustrados, foi a única a se aproximar de uma hipótese determinista, pela qual o caráter criminoso do indivíduo é um traço que o diferencia dos demais.

Está correto o que se afirma em
A) I, II e III, apenas.
B) II e IV apenas.
C) III, apenas.
D) I e III, apenas.
E) III e IV, apenas.

GABARITO: C
Comentários: a sistematização de uma teoria da pena no século XVIII está associada à limitação do poder punitivo do Estado.

33. (Delegado de Polícia Civil/SP – 2022) **O criminoso era um ser que pecou, que optou pelo mal, embora pudesse e devesse escolher o bem. É correto afirmar que o enunciado se refere à Escola**
A) Contemporânea.
B) Positiva.
C) Clássica.
D) Positiva Italiana.
E) de Política Criminal.

GABARITO: C
Comentários: A Escola Clássica afirma que o criminoso era um ser que pecou, que optou pelo mal, embora pudesse e devesse escolher o bem.

Capítulo 3
TEORIAS MACROSSOCIOLÓGICAS DA CRIMINALIDADE

3.1 CONSIDERAÇÕES PRELIMINARES

As teorias criminológicas dentro da perspectiva macrocriminológica examinam as diversas opiniões justificadoras do crime, explicativas ou críticas. Fazem uma abordagem da sociedade como um todo, do seu complexo sistema de funcionamento, de seus conflitos e crises, de modo a obter, mediante o estudo do fenômeno delituoso, as diferentes respostas explicativas da criminalidade.

O pensamento criminológico moderno recebe a influência de dois movimentos:

a) Teorias do consenso, de cunho funcionalista, denominadas teorias de integração, defendendo a ideia de que os objetivos da sociedade são atingidos quando há o funcionamento perfeito de suas instituições, com as pessoas convivendo e compartilhando as metas sociais comuns, concordando com as regras da sociedade de convívio. Apresentam os seguintes postulados: toda sociedade é composta de elementos perenes, integrados, funcionais, estáveis e que se baseiam no consenso entre seus integrantes. São exemplos de teorias do consenso a Escola de Chicago, a teoria da associação diferencial, a teoria da anomia e a teoria da subcultura delinquente.

b) Teorias do conflito, de cunho argumentativo, defendendo a ideia de que a harmonia social decorre da força e da coerção, onde há uma relação entre dominantes e dominados, não existindo voluntariedade entre os personagens para a pacificação social, a qual decorrerá de imposição ou coerção. Apresenta os seguintes postulados: sociedade sujeita a mudanças contínuas, sendo ubíquas, de modo que todo elemento coopera para sua dissolução. São exemplos de teoria do conflito a teoria crítica ou radical e a teoria do etiquetamento ou *labelling approach*.

Movimentos do pensamento criminológico	
Teorias do consenso	**Teorias do conflito**
– Escola de Chicago	– Teoria Crítica ou Radical
– Teoria da Associação Diferencial	– Teoria do Etiquetamento ou *Labelling Approach*
– Teoria da Anomia	
– Teoria da Subcultura Delinquente	

Passamos agora a analisar as principais teorias macrossociológicas da criminalidade:

3.2 CRIMINOLOGIA TRADICIONAL

A criminologia tradicional encarava o crime como uma realidade em si mesmo, isto é, ontologicamente considerado. O criminoso como um indivíduo diferente, anormal ou até mesmo patológico. Assim, procurava identificar os fatores produtores da delinquência e os meios capazes de prevenir, reprimir e corrigir as condutas ilícitas.

Dentro dessa linha, encontramos as teorias do consenso, funcionalistas ou de integração.

Sob a ótica das teorias consensuais, a finalidade da sociedade é atingida quando há um perfeito funcionamento de suas instituições, de forma que os indivíduos compartilhem os objetivos comuns a todos os cidadãos, aceitando as regras vigentes e compartilhando as regras sociais dominantes.[1]

As teorias de consenso apresentam algumas premissas: "toda sociedade é uma estrutura de elementos relativamente persistente e estável; toda sociedade é uma estrutura de elementos bem integrada; todo elemento em uma sociedade tem uma função, isto é, contribui para sua manutenção como sistema."[2]

3.2.1 Escola de Chicago (1920-1940)

A Escola de Chicago é o berço da moderna sociologia americana, que teve seu início nas décadas de 20 e 30, à luz do Departamento de Sociologia da Universidade de Chicago, quando esta apresentou a *"sociologia das grandes cidades"*, em razão da constatação do aumento da criminalidade na cidade de Chicago. Observou a mutação social das grandes cidades, no que tange ao desenvolvimento urbano de civilização industrial, interessando conhecer os mecanismos de

---
1. SHECAIRA, Sérgio Salomão. *Criminologia*. p. 124.
2. DAHRENDORF, Ralf. *As classes e seus conflitos na sociedade industrial*. Trad. José Viegas. p. 148.

aprendizagem e transmissão das culturas consideradas desviadas relacionados à morfologia da criminalidade.

A Escola de Chicago inicia um processo que abrange estudos em antropologia urbana, ou seja, tem no meio urbano seu foco de análise principal, constatando a influência do meio ambiente na conduta delituosa e apresenta um paralelo entre o crescimento populacional das cidades e o consequente aumento da criminalidade.

A Escola de Chicago tem uma perspectiva transdisciplinar que discute múltiplos aspectos da vida humana e todos os relacionados com a vida da cidade, isto é, as pessoas eram contaminadas pelos ambientes sociais nos quais se encontravam inseridas. Contagiavam-se por meio do contato com comportamentos criminosos, que passavam a assimilar com naturalidade.

Para seus defensores, a cidade produz a delinquência. Sob a ótica destes, existem áreas bastante definidas onde a criminalidade se concentra e outras com índices bem reduzidos.

Caracterizada pelo seu empirismo e sua finalidade pragmática, isto é, pelo emprego da observação direta em todas as investigações e pela finalidade pragmática a que se orientava: um diagnóstico confiável sobre os urgentes problemas sociais da realidade norte-americana de seu tempo. Assim, priorizava a ação preventiva, minimizando a atuação repressiva do Estado.

Com a Escola de Chicago, passou-se a usar os inquéritos sociais (*social surveys*) na investigação da criminalidade como instrumentos de conhecimento do índice real da criminalidade de uma cidade ou bairro.

As principais teorias criminológicas oriundas da Escola de Chicago são: Teoria Ecológica, Teoria Espacial, Teoria das Janelas Quebradas e Teoria da Tolerância Zero.

3.2.1.1 Teoria Ecológica ou da Desorganização Social

A teoria ecológica ou da desorganização social é oriunda da Escola de Chicago e foi criada em 1915 sob o legado de que o progresso leva a criminalidade aos grandes centros urbanos.

Robert Park, em 1925, publicou a principal obra da teoria ecológica – *The City: Suggestion for the Investigation of Human Bahavior in the City Environment*.

A teoria ecológica, a ordem social, a estabilidade e a integração contribuem para o controle social e a conformidade com as leis, enquanto a desordem e a má integração conduzem ao crime e à delinquência. Propõe, ainda, que quanto menor a coesão e o sentimento de solidariedade entre o grupo, a comunidade ou a sociedade, maiores serão os índices de criminalidade.

Esta teoria faz um paralelo entre o desenvolvimento das grandes urbes e o consequente aumento da criminalidade em virtude da ausência de controle social informal.

A teoria ecológica explica o efeito criminógeno dos grandes centros urbanos, valendo-se dos conceitos de desorganização e contágio inerentes aos modernos núcleos urbanos e, acima de tudo, invocando a degradação do controle social desses núcleos. A deterioração dos grupos primários (família etc.), a modificação qualitativa das relações interpessoais que se tornam superficiais, a alta mobilidade e a consequente perda de raízes no lugar de residência, a crise dos valores tradicionais e familiares, a superpopulação, a tentadora proximidade às áreas comerciais e industriais onde se acumula riqueza e o citado enfraquecimento do controle social criam um meio desorganizado e criminógeno.[3]

O médico francês Alexandre Lacassagne (1834-1924) se opôs à teoria de Lombroso ao afirmar que a criminalidade está intimamente ligada à desorganização social, isto é, quanto maior a desorganização social, maior será a criminalidade e vice-versa. É o autor da frase: *as sociedades têm os criminosos que merecem*.

3.2.1.1.1 Teoria do Curso da Vida

A teoria do curso da vida – Life Course Theory – foi predominantemente desenvolvida nos estudos de Sampson, pois verificou os diferentes processos de socialização dos indivíduos em função das estruturas sociais, do contexto sociocultural e das instituições.

A principal finalidade da teoria do curso da vida é demonstrar vínculos possíveis entre estruturas sociais e o contexto histórico nos desdobramentos da vida, influenciando sensivelmente os processos de vitimização.[4]

Os principais expoentes da Teoria da desorganização social no nível comunitário foram Robert Sampson e David Weisburd.

Robert Sampson recupera os mecanismos sociais que apresentam potencial explicativo sobre o impacto do contexto da vizinhação nos processos de socialização, no crime e na criminalidade.[5]

---

3. GOMES, Luiz Flávio; MOLINA, Antonio García-Pablos. *Criminologia*. p. 343-344.
4. Ibidem, 78.
5. DINIZ, Eduardo Saad. *Vitimologia Corporativa*. p. 76/77.

3.2.1.2 Teoria Espacial

A teoria espacial foi criada na década de 1940 e trata da reestruturação arquitetônica e urbanística das grandes cidades como medida preventiva da criminalidade.

O arquiteto Oscar Newman publicou a obra *Defensible Space*, onde defendeu os modelos adequados de construção como maneira de prevenção situacional do crime em que o espaço defensável seria aquele que permite uma maior vigilância pelas pessoas, além de desenvolver mecanismos de autodefesa por meio do uso de barreiras reais e simbólicas que desestimulem a ação criminosa por aumentar os riscos para infrator.

3.2.1.3 Teoria das Janelas Quebradas

A teoria das janelas quebradas está intimamente atrelada a Escola de Chicago. Tem origem nos Estados Unidos, onde dois criminologistas da Universidade de Harvard, James Wilson e George Kelling, apresentaram esta teoria, em março de 1982, após publicaram na revista Atlantic Monthly um estudo em que, pela primeira vez, estabelecia-se uma relação de causalidade entre desordem e criminalidade, cujo título era The Police and Neiborghood Safety (A Polícia e a Segurança da Comunidade).

O estudo baseia-se num experimento realizado por Philip Zimbardo, psicólogo da Universidade de Stanford, com um automóvel deixado em um bairro de classe alta de Palo Alto, Califórnia. Durante a primeira semana de teste, o carro não foi danificado. Porém, após o pesquisador quebrar uma das janelas, o carro foi completamente destroçado e roubado por grupos vândalos, em poucas horas. De acordo com os defensores desta teoria, caso se quebre uma janela de um edifício e não haja imediato conserto, logo todas as outras serão quebradas.

Esta teoria defende a repressão dos menores delitos para inibir os mais graves, incutindo assim a política da tolerância zero implementada em Nova Iorque pelo ex-prefeito Rudolph Giuliani.

O seu objetivo é promover a redução dos índices de criminalidade e evitar que um determinado local se torne uma zona de concentração da criminalidade.

3.2.1.4 Teoria da Tolerância Zero

A teoria da tolerância zero é uma filosofia jurídico-política, baseada em decisões desprovidas de discricionariedade por parte das autoridades policiais de uma organização, as quais agem seguindo padrões predeterminados no que se refere à atribuição de punições, independentemente da culpa do infrator ou da situação peculiar que se encontre. A ação policial é extremamente intransigente com delitos menores.

A política de tolerância zero é uma estratégia indireta de combate ao crime, baseada na teoria das janelas quebradas. É uma estratégia de manutenção da ordem pública, da segurança dos espaços de convivência social e da adequada prevenção de fatores criminógenos. Inicia-se pela tomada de consciência do Estado da necessidade de primeiro cumprir seus deveres legais para com a população, oferecendo-lhe condições adequadas de desenvolvimento psicossocial e acesso aos serviços do Estado, depurando suas fileiras da corrupção e da venalidade, reconquistando a confiança da população e estabelecendo com ela a aliança que desde sempre deveria haver entre o Estado e seus cidadãos.

A tolerância zero tem como objetivo principal incutir o hábito à legalidade, o que produziria a médio prazo uma redução nos índices de microcriminalidade, bem como uma diminuição dos delitos mais graves.

3.2.1.5 Teoria dos Testículos Despedaçados (Breaking Balls Teory)

A Teoria dos Testículos Despedaçados ou Testículos Quebrados possui relação direta com a Teoria das Janelas Quebradas, ou seja, pauta-se na ideia de combate às pequenas infrações. Tem origem nos Estados Unidos.

Essa teoria se funda na experiência policial e defende que os delinquentes de crimes de pouca gravidade ou de menor potencial ofensivo, quando perseguidos com eficácia pela polícia, via de regra são derrotados e fogem para outras localidades mais distantes, na tentativa de continuar violando a lei penal sem a reprimenda dos agentes do Estado.

3.2.2 Teoria da Associação Diferencial

A teoria da associação diferencial, também conhecida por teoria da aprendizagem social ou *social learning*, surgiu no final de 1924 e foi difundida pelo sociólogo americano Edwin Sutherland (1883-1950), com base no pensamento do jurista e sociólogo francês Gabriel Tarde (1843-1904).

Sutherland afirmava que a associação diferencial é o processo de aprender alguns tipos de comportamento desviante, que requer conhecimento especializado e habilidade, bem como a inclinação de tirar proveito de oportunidade para usá-lo de maneira desviante. Para ele, as chamadas "*zonas de desorganização social*" são, na realidade, "*zonas de organização diferencial*".

No final dos anos 30, Sutherland apresenta a expressão "*white-collar crime*" (crime de colarinho branco) identificando os autores de crimes diferenciados que apresentavam pontos acentuados de dessemelhança com os criminosos denominados como comuns.

A teoria da associação diferencial tem como premissa que o crime não pode ser definido simplesmente como disfunção ou inadaptação das pessoas de classes menos favorecidas, pois isso não é de exclusividade destas. Não fixa o seu postulado apenas no perfil biológico do criminoso, mas sim dentro de uma perspectiva social. Logo, ninguém nasce criminoso, mas sim a delinquência é o resultado de socialização inadequada. Não há "herança biológica" e sim um processo de aprendizagem que conduz o homem à prática dos atos socialmente reprováveis.

No plano jurídico penal, a teoria da associação diferencial permite compreender o direito penal econômico, com todas as suas especificidades, demonstrando com isso como a empresa pode ser um centro de imputação.

3.2.2.1 Proposições da teoria da associação diferencial

Seguindo o pensamento da teoria da associação diferencial, encontramos as seguintes proposições:

a) Aprendizagem da conduta criminosa. Isto é, aprende-se a delinquir como se aprende o comportamento virtuoso ou qualquer outra atividade.

b) A conduta criminosa se aprende em interação com outras pessoas, o que se dá por meio de um processo de comunicação do indivíduo com seus semelhantes.

c) O processo de aprendizagem sofre influências das relações mais íntimas do indivíduo com seus familiares ou com pessoas do seu meio. A influência criminógena depende do grau de intimidade do contato interpessoal.

d) O processo de aprendizagem de condutas criminosas inclui também os métodos delitivos.

e) A direção específica dos motivos e dos impulsos sofre influência ou não dos códigos legais. Há casos onde o indivíduo está ladeado de pessoas que definem o código como o de descumprimento às normas. Outros, que entendem ser conveniente acatar os códigos éticos de condutas.

f) A pessoa se torna delinquente quando as definições favoráveis à violação da lei superam as desfavoráveis, ou seja, obtiveram-se mais informações de modelos delitivos em detrimento aos não delitivos.

g) As associações diferenciais sofrem variações no que tange à frequência, duração, prioridade e intensidade. Assim, as associações com o comportamento criminal e não criminal variam conforme tais aspectos.

h) Conflito cultural é causa sistemática na associação diferencial. Isso é possível porque a sociedade se compõe de vários grupos com culturas diversas. Logo, a cultura criminosa é tão real como a cultura legal e prevalece em muitas circunstâncias, dependendo de preponderância dos fatores favoráveis em relação aos desfavoráveis.

i) Desorganização social é causa básica do comportamento criminoso sistemático.

j) O fenômeno delitivo requer conhecimento técnico e habilidade.

3.2.3 Teoria Geral da Tensão – *General Strain Teory* (*GST*)

A teoria geral da tensão, formulada por Robert Agnew, consiste na compreensão das explanações em torno da questão por que os indivíduos se envolvem com o crime – *why do individuals engage in crime*. A principal ideia desta teoria é a análise das experiências de tensão (*strain*) ou stress que movem os indivíduos a cometerem delitos.[6]

Para Agnew, a teoria geral da tensão tem uma certa afinidade com as teorias de controle social, pois partem das principais características da personalidade humana: o autocontrole e as emoções negativas.

A teoria em comento se diferencia das demais nas seguintes características: **a)** a descrição do tipo de fatores ambientais que levam ao crime; **b)** o modelo explanatório do motivo pelo qual os fatores ambientais levam ao delito.[7]

Os estudos psicossociais realizados por Robert Agnew viabilizaram distinguir: **1.** *Tensões Objetivas* – que provocam rejeição na generalidade das pessoas; **2.** *Tensões subjetivas* – limitadas à percepção de um indivíduo ou grupo.[8]

As tensões variam nas condições temporais, no contexto e na intensidade da manifestação no indivíduo. Podem minimizar os níveis de autocontrole ou induzir o indivíduo ao comportamento delituoso. Logo, a intensidade pode refletir tensão crônica, elevando à predisposição do comportamento criminoso, visto que aumentam as emoções negativas, dificultam a estabilização do autocontrole e induzem a aprendizagem social do crime.[9]

---

6. AGNEW, Robert. *Pressured into crime*. p. 2.
7. *Ibidem*, p. 22-23.
8. SAAD-DINIZ, Eduardo. *Vitimologia corporativa*, p. 50.
9. *Ibidem*, 53.

3.2.4 Teoria da Subcultura Delinquente

A teoria da subcultura delinquente foi desenvolvida por Albert K. Cohen, que teve como marco o lançamento de seu livro *Deliquent boys*, em 1955, onde explicou que todo agrupamento humano possui subculturas, oriundas de seu gueto, filosofia de vida, onde cada um se comporta de acordo com as regras do grupo, as quais não correspondem com a regra da cultura geral.[10]

Cohen afirmou que a subcultura delinquencial está caracterizada em três fatores:

a) Não utilitarismo da ação: revela-se no fato de que muitos crimes não possuem motivação racional.

b) Malícia da conduta: é o simples prazer em prejudicar o outro.

c) Negativismo da conduta: mostra-se como um polo oposto aos padrões da sociedade.

Esta teoria analisa a formação de grupos subculturais, que são alheios aos padrões impostos pela sociedade, bem como contestadores dos fins por ela propostos. Defende, ainda, a existência de uma subcultura da violência, onde alguns grupos passam a aceitar a violência como um modo normal de resolver os conflitos sociais. Além disso, sustentam que algumas subculturas, na verdade, valorizam a violência, assim como a sociedade dominante impõe sanções àqueles que deixam de cumprir as leis punindo com ostracismo, o desdém ou a indiferença os indivíduos que não se adaptam aos padrões do grupo.

A teoria da subcultura parte do princípio de que delinquentes são as culturas e não as pessoas. Logo, na maioria das vezes, o crime é compreendido pela teoria como uma infração ao que se denomina "norma de cultura".[11]

A teoria da subcultura delinquente apresenta três preceitos fundamentais:

1. O caráter pluralista e atomizado da ordem social.

2. A cobertura normativa da conduta desviada.

3. A semelhança estrutural, em sua gênese, do comportamento regular e irregular.

A conduta delitiva para esta teoria difere do que era sustentado pelas teses ecológicas, ou seja, não seria produto da desorganização ou da ausência de valores,

---

10. COHEN, Albert K. *Delinquent boys: the culture of the gang.* Nova York; Londres: The Free Press: Collier Macmillan Publishers, 1955.
11. ARROJO, Manuel López-Rey y. *Criminologia*, p. 93.

mas sim reflexo e expressão de outros sistemas de normas e valores distintos: os subculturais. Assim sendo, a conduta regular e adequada ao direito, bem como a irregular e delitiva, seriam definidas em relação aos respectivos sistemas sociais de normas e valores oficiais e subculturais.

3.2.5 Teoria da Anomia

Robert King Merton (1938), com apoio na doutrina de Émile Durkhein (autor das obras *"A divisão do trabalho social"*, *"As regras do método sociológico"* e *"O suicídio"*) foi o precursor desta teoria, que apresenta explicações de cunho sociológico acerca da criminalidade, isto é, o comportamento desviado pode ser considerado como um sintoma de dissociação entre as aspirações socioculturais e os meios desenvolvidos para alcançar tais aspirações.

A teoria da anomia tem um cunho estrutural no determinismo sociológico, na normalidade e funcionalidade do crime e, ainda, na perda de referências coletivas normativas que coordenam a vida em sociedade, ensejando assim um enfraquecimento da solidariedade social.

Os modos de adaptação dos indivíduos apresentados por Merton são os seguintes:

a) Conformidade: o indivíduo aceita os meios sociais institucionais para alcançar as metas culturais. Podemos falar de uma coesão social como elemento constitutivo de uma sociedade, porque o comportamento é tipicamente voltado aos valores básicos desta sociedade.

b) Inovação: o indivíduo aceita as metas culturais, mas não os meios institucionalizados. Quando ele percebe que nem todos os meios estão a sua disposição, ele rompe com o sistema e, por intermédio de uma conduta desviada, tenta alcançar as metas culturais, isto é, o criminoso busca um atalho para conquistar os seus objetivos culturais.

c) Ritualismo: o indivíduo foge das metas culturais, que, por algum motivo, acredita que jamais serão alcançadas. Ele atua renunciando aos objetivos valorados por ser incapaz de realizá-los. Porém, respeita os indivíduos que buscam atingir as metas culturais pelos meios legítimos.

d) Evasão ou retraimento: o indivíduo renuncia as normas sociais, as metas culturais e os meios institucionalizados. Neste conjunto é que estão inseridos os bêbados, os mendigos e os drogados crônicos. O derrotismo, a introspecção e a resignação são manifestados em mecanismos de fuga que posteriormente levam à válvula de escape dos requisitos da sociedade como um todo.

e) Rebelião: o indivíduo rejeita as metas culturais e os meios institucionalizados, lutando pelo estabelecimento de novos paradigmas, de uma nova ordem social. Este modo de adaptação é caracterizado pelo inconformismo e revolta.

Esta teoria sustenta que a motivação para a delinquência decorreria da impossibilidade de o indivíduo atingir metas desejadas por ele, como sucesso econômico ou status social. Assim, o fracasso na obtenção das aspirações ou metas culturais em razão da impropriedade dos meios institucionalizados pode levar à anomia, isto é, as manifestações comportamentais em que as normas sociais são ignoradas ou contornadas.

O indivíduo anômico é uma pessoa que, independentemente de sua idade, recusa-se a observar normas e regras de conduta social propostas numa sociedade.

A anomia é uma situação de fato em que falta coesão e ordem, especialmente, no que diz respeito a normas e valores, ou seja, ausência de lei.

3.2.6 Teoria da Anomia no Direito Penal

A contribuição da teoria da anomia para com o direito penal está na concepção de pena funcional, que se apresenta através de três enfoques:

a) Como meio de intimidação individual, que se dirige ao delinquente ocasional.

b) Como instrumento de reinserção social, voltada ao delinquente habitual corrigível.

c) Como mecanismo de neutralização, dirigida ao delinquente incorrigível.

3.3 CRIMINOLOGIA CRÍTICA OU RADICAL

A criminologia crítica é também conhecida por teoria radical, marxista ou nova criminologia. Seu marco inicial foi a obra de I. Taylor – Nova Criminologia, publicada em 1973.

A criminologia crítica, ao indagar as causas do crime, pesquisa a reação social, ampliando assim o campo de investigação para abranger as instâncias formais de controle como fator criminógeno (leis, polícia, ministério público e os tribunais).

Ainda, na busca da resposta sobre as causas do crime, sob o ângulo de uma problemática maior, esta teoria defende que não há outra solução para o problema criminal senão a construção de uma nova sociedade mais justa, igualitária e fraterna, e menos consumista e submissa às vicissitudes dos poderosos.

Nesta esteira de pensamento, encontramos as denominadas Teorias do Conflito, para as quais a coesão e a ordem na sociedade são fundadas na força e na coerção, na dominação por alguns e sujeição de outros, em que ignora-se a existência de acordos em torno de valores de que depende o próprio estabelecimento da força.[12]

Ralf Dahrendorf elenca as seguintes premissas das teorias do conflito: "toda a sociedade está, a cada momento, sujeita a processos de mudança; toda sociedade exibe a cada momento dissensão e conflito e o conflito social é ubíquo; toda sociedade é baseada na coerção de alguns de seus membros por outros."[13]

3.3.1 Teoria da Rotulação ou *Labeling Approach* ou Etiquetamento

Esta teoria surgiu no ano de 1960, nos Estados Unidos, e também é conhecida por interacionismo simbólico, etiquetamento, rotulação ou reação social. Tem raízes na obra de Emile Durkhein, que se referiu aos processos de construção da delinquência e a normalidade dela.

O etiquetamento seria o processo pelo qual se apresenta um papel desviado e se mantém através da imposição de etiquetas delitivas permanentes. Trata-se de uma etiqueta social, ou seja, um nome estereotipado para um indivíduo, levando-se em consideração informações pregressas sobre ele.

Os principais precursores da teoria da rotulação foram Erving Goffman, Edwim Lemert e Howard Becker, considerados como autores da Nova Escola de Chicago. Estes autores adotam a metodologia da observação direta e o trabalho de campo.

Para os defensores desta teoria, um fato só é considerado criminoso a partir do momento em que adquire esse status por meio de uma norma criada de forma a selecionar certos comportamentos como desviantes no interesse de um sistema social.

Hassemer e Muñoz Conde, analisando a tese central da teoria da rotulação, prelecionam:

> "A criminalidade não é uma qualidade de uma determinada conduta, senão o resultado de um processo através do qual se atribui dita qualidade, quer dizer, de um processo de estigmatização. Segundo uma versão radical desta teoria, a criminalidade é simplesmente

---

12. SHECAIRA, Sérgio Salomão. *Op. cit.*, p. 124.
13. DAHRENDORF, Ralf. *As classes e seus conflitos na sociedade industrial*. Trad. José Viegas, p. 148.

uma etiqueta que se aplica pelos policiais, os promotores e os tribunais penais, quer dizer, pelas instâncias formais de controle social. Outros de seus representantes, menos radicais, reconhecem o contrário, que os mecanismos de etiquetamento não se encontram somente no âmbito do controle social formal, senão também no informal, onde se dão os processos de interação simbólica nos quais já muito cedo a família decide quem é a ovelha negra entre os irmãos, o estudando difícil ou marginal. Desse modo, as pessoas assim definidas ficam estigmatizadas com o signo social do fracasso (...). Posteriormente, esta estigmatização ou etiquetamento será remarcado e aprofundado por outras instâncias de controle social, que terminarão por fazer com que o estigmatizado assuma por si mesmo, como parte de sua própria história vital, esse papel imposto e cunhado desde fora".[14]

A teoria do *labeling approach* afirma que o crime carece de consistência material, visto que se trata de um processo de reação social, arbitrário e discriminatório de seleção do comportamento humano desviado.

Considera que as questões centrais da teoria e da prática criminológicas não se relacionam ao crime e ao delinquente, mas, particularmente, ao sistema de controle adotado pelo Estado nos campos preventivo e normativo, na seleção dos meios de reação à criminalidade.

No lugar de se indagar os motivos pelos quais as pessoas se tornam criminosas, deve-se buscar explicações sobre os motivos pelos quais determinadas pessoas são estigmatizadas como delinquentes, qual a fonte da legitimidade e as consequências da punição imposta a essas pessoas. São os critérios ou mecanismos de seleção das instâncias de controle que importam e não dar primazia aos motivos da delinquência.

A teoria da rotulação de criminosos cria um processo de estigma aos condenados, funcionando a pena como geradora de desigualdades. O sujeito acaba sofrendo reação da família, amigos, conhecidos, colegas, acarretando a marginalização no trabalho e na escola.

Defende-se que a criminalização primária, que corresponde à primeira ação delitiva de um sujeito, produz a etiqueta ou rótulo que por sua vez gera a criminalização secundária, que se refere à repetição dos atos delituosos, isto é, a reincidência. A etiqueta ou rótulo (por meio do atestado de antecedentes e a divulgação nos meios de comunicação, notadamente, nos jornais sensacionalistas) acaba por afetar o indivíduo, gerando a expectativa social de que a conduta venha a ser praticada, perpetuando o comportamento delinquente e aproximando os indivíduos rotulados uns dos outros.

Para esta teoria, em termos gerais, é pela afirmação de que cada um de nós se torna aquilo que os outros veem em nós e, de acordo com essa mecânica, a

---

14. HASSEMER, Winfried; CONDE, Francisco Munhoz. *Introdução à criminologia*, p. 155-156.

prisão cumpre uma função reprodutora: a pessoa rotulada como delinquente assume, finalmente, o papel que lhe é consignado, comportando-se de acordo com o mesmo. Todo o aparato do sistema penal está preparado para essa rotulação e para o reforço desses papéis.[15]

O indivíduo que adquire o status de desviado ou de delinquente dificilmente conseguirá se libertar desta condição, por dois motivos:

a) Pela dificuldade da sociedade aceitá-lo novamente em seu convívio.

b) Porque a experiência de ser considerado delinquente e a publicidade que isso comporta culminam num processo no qual o próprio indivíduo se concebe como tal.

No plano criminológico, as consequências jurídicas da teoria do *labelling approach* são no sentido da não intervenção ou do Direito Penal mínimo. Há uma tendência garantista do legislador de não prisionização, de progressão dos regimes de pena, de penas alternativas etc., o que ficou evidenciado quando da Reforma Penal de 1984, que alterou a Parte Geral do Código Penal, e da edição da Lei de Execução Penal e da Lei nº 9.099/95 – com os institutos da transação penal, composição e suspensão condicional do processo.

3.3.1.1 Processo de criminalização na Teoria do Etiquetamento

Howard Becker apresentou o processo de criminalização ao afirmar que os grupos sociais são os responsáveis pela criação do desvio, senão vejamos:

a) ao criar regras;

b) ao aplicá-las a particulares;

c) ao catalogá-los como estranhos – "*outsiders*".

Logo, para Becker – o desvio é uma transação (uma interação) que tem lugar entre o grupo social e a pessoa apontada por esse grupo como transgressora.

3.3.2 Criminologia Radical ou Crítica ou Criminologia Marxista

Esta teoria surgiu na década de 70, nos Estados Unidos e na Inglaterra, posteriormente irradiando para os países europeus, notadamente, na Alemanha, Itália, Holanda e França. Tem sua origem mediata no livro "Punição e estrutura social" de Georg Rusche e Otto Kirchheimer.

---

15. ZAFFARONI, Eugenio Raúl. *Em busca das penas perdidas: a perda da legitimidade do sistema penal*, p. 60.

A criminologia radical se baseia na análise marxista da ordem social. Critica a teoria da rotulação e a etnometodologia, pois fundamentalmente não se diferenciariam da criminologia tradicional, funcionando para a conservação da ordem social opressiva, incapazes de compreender a totalidade do fenômeno criminal.

Esta teoria, inspirada pelo marxismo, entende ser o capitalismo a base da criminalidade, pois promove o egoísmo, o que leva os homens a delinquir. Considera o problema criminal insolúvel numa sociedade capitalista, sendo necessária a transformação da própria sociedade. Entretanto, sabemos que até na antiga União Soviética havia crime durante o comunismo. Logo, não há como acusar de forma simplista que o capitalismo é o principal gerador da criminalidade.

A criminologia radical é, em grande parte, uma criminologia da criminologia, especialmente na discussão e na análise de dois temas: a definição do objeto e do papel da investigação criminológica.

Nessa esteira, um dos destaques das demandas da criminologia radical é sua visão marxista, isto é, a própria redescoberta do problema da definição criminológica do que é um delito.

As principais características da teoria crítica são:

a) A situação de conflito da sociedade e do direito. O direito penal se ocupa em tutelar os interesses do grupo social dominante.

b) Reclama compreensão pelo criminoso.

c) Critica duramente a criminologia tradicional.

d) O capitalismo é a base da criminalidade.

e) Propõe reformas estruturais na sociedade com o fim de reduzir as desigualdades e assim diminuir a criminalidade.

A teoria crítica enfrentou diversos posicionamentos das outras teorias da criminalidade. Sob o enfoque de questionamento da criminologia é que floresceram alguns anos depois, três tendências da criminologia: o abolicionismo criminal, o direito penal mínimo e o neorrealismo.

3.3.3 Criminologia Abolicionista

Teve origem na Escandinávia, nos anos 90, com a criação do "Krum", sigla que o significado expressava a criação da Associação Sueca Nacional para a Reforma Penal.

A criminologia abolicionista apresentava a proposta de acabar com as prisões e abolir o próprio direito penal, substituindo ambos por uma profilaxia de remédios para as situações: problemas com base no diálogo, na concórdia e na solidariedade dos grupos sociais, para que sejam decididas as questões das diferenças, choques e desigualdades, mediante o uso de instrumentos que podem conduzir à privatização dos conflitos transformando o juiz penal em juiz cível.

O abolicionismo nega a legitimidade do sistema penal tal como atua na realidade social contemporânea e, como princípio geral, nega legitimação de qualquer outro sistema penal que se possa imaginar no futuro como alternativa a modelos formais e abstratos de solução de conflitos, postulando a abolição radical dos sistemas penais e a resolução dos conflitos por instâncias ou mecanismos informais.[16]

Os abolicionistas afirmam que o sistema penal não cumpre a sua função, isto é, não protege a vida, a propriedade, a liberdade social, dentre outros direitos fundamentais. Pelo contrário, só tem servido para legitimar e reproduzir as desigualdades e injustiças sociais.

Defendem, também, que o delito é uma realidade construída. Os fatos que são considerados crimes resultam de uma decisão humana modificável.

3.3.3.1 Propostas da criminologia abolicionista

As propostas desta criminologia são as seguintes:

a) Anarquista: A preocupação está voltada na perda da liberdade e autonomia do indivíduo por obra do Estado. Uma visão de que a sociedade pode ser mais fraterna e solidária e que esta seria o alicerce das posturas que autorizariam prescindir do sistema punitivo.

b) Marxista: Entende-se o sistema penal como instrumento repressor e como modo de ocultar os conflitos sociais.

c) Liberal e cristã: Trata-se de um sistema econômico, onde os homens se ocupariam de seus próprios conflitos.

3.3.3.2 Criminologia abolicionista e o Direito Penal

O abolicionismo parte da premissa que o dano causado com a intervenção do sistema penal é muito mais nocivo à sociedade do que o mal que ele se presta a resolver, concluindo assim pela deslegitimição do sistema penal.

Nessa esteira, os abolicionistas apontam algumas razões para eliminar o sistema penal:

---

16. ZAFARONI, Eugênio Raul. *Em busca das penas perdidas. A perda de legitimidade do sistema penal*, p. 89.

a) o sistema penal é anômico, isto é, as normais penais não cumprem as funções que justificaram a sua criação. A criação de um tipo penal não evita a sua ocorrência, ou seja, as normas penais não protegem nem a vida, nem a propriedade, nem as relações sociais;

b) irracionalidade da prisão que, muitas vezes, é ilegítima. As finalidades a que se propõem as penas de prisão na realidade não se cumprem;

c) vivemos numa sociedade sem Direito Penal;

d) o sistema punitivo é seletivo e estigmatizante, ou seja, cria e reforça diferenças sociais;

e) a vítima não interessa ao sistema penal, pois ocupa um papel secundário ou até mesmo não tem lugar na relação jurídica.[17]

3.4 CRIMINOLOGIA CULTURAL

A criminologia cultural surgiu em meados da década de 90, como legatária da criminologia crítica, notadamente das teorias do labelling approach e das teorias da subcultura. Os pesquisadores de destaque foram Jeff Ferrell, Clinton Sanders, Keith Hayward, Mike Presdee e Jock Young, os quais passaram a analisar o "crime e as agências de controle como produtos culturais – como construções criativas. Como tais, devem ser lidas nos termos dos significados que carregam".[18]

O início da criminologia cultural se deu nos países como Estados Unidos e Reino Unido, mas já se desenvolvem no Brasil estudos e pesquisas relacionando o crime e a cultura.

A criminologia cultural busca suas referências nas noções de transgressão, subcultura e desvio, e analisa a experiência criminal através de imagens, significados e interferências culturais e sociais.

A criminologia cultural "explora os diversos modos em que a dinâmica cultural se entrelaça com as práticas do crime e controle da criminalidade na sociedade contemporânea". Ela destaca a representação na construção do crime como "acontecimento momentâneo, esforço subcultural e questão social". Nessa esteira, pretende romper os panoramas da criminologia em relação ao crime e suas causas. Imagens de comportamento ilícito e representação simbólica da

---

17. SHECAIRA, Sérgio Salomão. *Criminologia*, p. 302-305.
18. No original: "*crime and the agencies of control as cultural products – as creative constructs. As such they must be read in terms of the meanings they carry*". In: HAYAWARD, Keith; YOUNG, Jock. Cultural criminology. In: MAGUIRE, Mike. *The Oxford handbook of criminology*. London: Oxford Press, 2013, p. 138.

aplicação da lei são inseridas na construção da cultura popular do crime e da ação penal. As emoções compartilhadas animam os acontecimentos criminais, cuja percepção de ameaça reúne esforços públicos no controle da criminalidade.[19]

A obra *Crimes of style: urban graffiti and the politics of criminality (1993)* marcou o início da criminologia cultural, ainda que naquele momento fosse conhecida como "Criminologia Anarquista" por Ferrell.

Para Oxley da Rocha, a criminologia cultural possui "um forte interesse pelo primeiro plano, ou pelo momento experiencial do crime; nesse sentido, ela se preocupa com o sentido localizado da atividade criminosa".[20]

Para Ferrell, a indústria cultural de massa institucionaliza o tédio, promete prazeres calculados e entretenimento previsível e consumível. Analisando o amadurecimento do mundo moderno, podemos ver o tédio sendo institucionalmente coletivizado na prática do cotidiano.[21]

3.5 CRIMINOLOGIA INTERSECCIONAL

No século XXI, desponta a criminologia crítica alternativa em busca de enfrentar algumas questões das classes vulneráveis, dando origem a criminologia feminista, a criminologia étnico-racial, a criminologia *Queer*, a criminologia das migrações, a criminologia verde e a criminologia *cyber*, dentre outras.

No final da década de 1990, floresce a criminologia interseccional como corolário dos estudos de gênero e do feminismo, notadamente, o feminismo negro, para compreender a coexistência de variantes sociais que suportam as mulheres.

Sob a visão de Kimberlé Crenshaw, as elementares que integram a identidade – de classe, raça, gênero, sexualidade, nacionalidade, religião etc. demonstram as diferenças que as mulheres vivenciam, notadamente, no que diz respeito às desigualdade e à violência.[22]

Criminologia interseccional consiste em investigar, de forma crítica, a maneira que as identidades dos sujeitos, intersectadas por marcadores das

---

19. CUCO, Arcénio Francisco. *Introdução à criminologia cultural*: um novo olhar sobre o velho objeto. Disponível em: <http://ebooks.pucrs.br/edipucrs/anais/cienciascriminais/IV/53.pdf>. Acesso em: 20 out. 2015.
20. OXLEY DA ROCHA, Álvaro Filipe. Crime e controle da criminalidade: As novas perspectivas e abordagens da criminologia cultural. *Revista Sistema Penal & Violência*, v. 4, n. 2, 2012.
21. No original: "Looking back at the maturation of the modern world, we can actually see collective boredom institutionalized within the practice of everyday-life." (FERREL, 2004, p. 3).
22. CRESNSHAW, Kimberlé. *Documento para o encontro de especialistas em aspectos da discriminação racial relativos ao gênero*, p. 171.

desigualdades, refletem em suas vivências e experiências com a violência, o crime e as instituições do sistema de justiça criminal enquanto vítimas ou infratoras.[23]

3.6 TEORIA *"QUEER"*

A teoria *"queer"* surgiu no final dos anos 80, em decorrência de estudos de pesquisadores e ativistas de movimentos baseados em discussões quanto à identidade de gênero e heteronormatividade. Elevou a discussão do binômio "macho/fêmea" como formas impositivas de se viver uma identidade no seio social.

O termo *"queer"*, oriundo do vernáculo inglês e numa tradução livre, significa "estranho, esquisito, excêntrico ou original", e está associado à agressão voltada aos homossexuais e às questões homofóbicas.

Salo de Carvalho, professor de ciências criminais, sustenta que o processo da violência heterossexista pode ser dividido em: **a)** *violência simbólica* – trata-se de uma cultura homofóbica, que parte da construção social de discursos de inferiorização da diversidade sexual e de orientação de gênero; **b)** *violência das instituições* – oriunda da violência das instituições estatais, ou seja, homofobia do Estado, com a criminalização e a patologização das identidades não heterossexuais; **c)** *violência interpessoal* – trata-se da homofobia individual, onde se busca a anulação da diversidade por meio de atos brutos de violência, isto é, a violência propriamente dita.[24]

3.7 TEORIA FEMINISTA

A teoria feminista está pautada na luta pela igualdade de gênero a partir dos papéis sociais impostos pela sociedade machista às mulheres. Isto é, a desconstrução do ideal de masculinidade que inferioriza e oprime a mulher.

Para Welzer-Lang, trata-se do conjunto social que atribui aos homens funções nobres e às mulheres tarefas de pouco valor ou pouca relevância, sendo que esta divisão é mantida e regulada por distintas formas de violência.[25]

---

23. POTTER, Hilary. *Intersectional criminology*: interrogating identity and power in criminological research and theory, p. 305.
24. CARVALHO, Salo de. *Antiblog de criminologia*: criminalização da homofobia: sobre a possibilidade de uma criminologia "queer". Disponível em: <http:antiblogdecriminologia.blogspost.com.br./search/Ibel/Antihomofobia>. Acesso em: 02 mar. 2014.
25. WELZER-LANG, Daniel. A construção do masculino: denominação das mulheres e homofobia. In: *Estudos Feministas*, Florianópolis, n. 02, v. 01, 2001.

A teoria feminista não se sustenta apenas no processo de objetificação da mulher, que a torna vulnerável à violência no âmbito privado, mas também denuncia o sexismo institucional que evidencia diversas formas de violência contra a mulher na elaboração, na interpretação, na aplicação e na execução da lei.

3.8 TEORIA DOS INSTINTOS

A teoria dos instintos defende que os instintos delituosos são reprimidos, mas não destruídos, pelo superego, permanecendo sedimentados no inconsciente. Tais instintos são acompanhados, no inconsciente, por um sentimento de culpa e uma tendência a confessar. Então, mediante o comportamento criminoso, o sujeito supera o sentimento de culpa e realiza sua tendência à confissão. É a Teoria Freudiana do delito por sentimento de culpa.

3.9 TEORIA DA IDENTIFICAÇÃO DIFERENCIAL

A teoria da identificação diferencial foi desenvolvida por Daniel Glaser, que defende que a aprendizagem da conduta delitiva não ocorre por via da comunicação ou interação pessoal, mas pela identificação. Um indivíduo inicia ou segue uma carreira criminal na medida em que se identifica com outros indivíduos reais ou fictícios, a partir da perspectiva de que sua própria conduta delitiva parece aceitável.[26]

Glaser destaca a possibilidade de uma identificação do indivíduo com criminosos, ora por meio de uma relação positiva com os papéis representados pelos delinquentes, ora como reação negativa contra as forças que se opõem à criminalidade.

O indivíduo absorve os modelos de comportamento daqueles grupos de referência com os quais se identifica, não necessariamente pela proximidade, podendo ocorrer à distância.

Esta teoria critica a exibição de cenas em televisão e cinema de abuso de drogas ilícitas, prática de roubos, sequestros, bem como outras condutas delituosas, alçando seus protagonistas o *status* de "heróis" ou "justiceiros", fomentando sua imitação pelas pessoas, principalmente jovens.

3.10 CRIMINOLOGIA MINIMALISTA

O pensamento da criminologia minimalista foi desenvolvido principalmente na Europa meridional. O nome minimalismo deriva de sua proposta a respeito do direito penal atual, que objetiva, num curto espaço de tempo, reduzi-lo.

---

26. GOMES, Luiz Flávio; MOLINA, Antonio García-Pablos de. *Criminologia*. p. 379.

A criminologia minimalista sustenta que é preciso limitar o direito penal, que está a serviço de grupos minoritários, tornando-o mínimo, por que a pena representa em sua manifestação mais drástica pelo sistema penitenciário uma violência institucional que limita direitos e reprime necessidades fundamentais das pessoas, mediante a ação legal ou ilegal de servidores do poder, legítima ou ilegitimamente investidos na função.

Os minimalistas defendem a criminologia como resultado de um processo de definição, tendo como finalidade a ocultação de situações negativas e sofrimentos reais da classe menos favorecida. Assim, utilizam o direito à defesa do mais fraco perante uma eventual reação, por parte do ofendido, mais forte que a pena institucional e em prevenção ao cometimento ou ameaça de novo delito.

3.10.1 Propostas da criminologia minimalista

a) Transformação radical da sociedade como a melhor estratégia de combate ao crime. Uma política criminal voltada a radicais transformações sociais e institucionais para o desenvolvimento da igualdade e democracia.

b) Contração do sistema penal em certas áreas para expansão de outras. Propõe a descriminalização de alguns comportamentos, tais como delitos contra a moralidade pública, cometidos sem violência ou grave ameaça à pessoa. Entretanto, defendem intervenções mais agudas em setores voltados aos interesses coletivos, tais como saúde e segurança do trabalho e, desta feita, repensando a hierarquia dos bens jurídicos tutelados pelo Estado.

c) A defesa de um novo modelo de direito penal em curto prazo de tempo, mediante a consagração de certos princípios com os quais seriam assegurados os direitos humanos fundamentais. Reconhecendo um norte minimizador, com base em três postulados: caráter fragmentário do direito penal; intervenção punitiva como *ultima ratio*; e reafirmação da natureza acessória do direito penal.

3.11 CRIMINOLOGIA NEORREALISTA

Esta teoria admite que as frágeis condições econômicas dos pobres na sociedade capitalista fazem com que a pobreza tenha seus reflexos na criminalidade, reconhecendo, contudo, que essa não é a única causa da atitude criminosa, também gerada por fatores como: expectativa superdimensionada, individualismo exagerado, competitividade, agressividade, ganância, anomalias sexuais, machismo etc.

A criminologia neorrealista defende que só uma política social ampla pode promover o justo e eficaz controle das zonas de delinquência, desde que os governos, com determinação e vontade, compreendam que carência e inconformidade, somadas à falta de solução política, geram o cometimento de crimes.

Os neorrealistas defendem, ainda, menor poder discricionário a ser atribuído ao juízo, impedindo, especialmente em sede de execução, a flexibilização do cumprimento da pena privativa de liberdade. Também afirmam que os crimes mais gravosos merecem, desde logo, uma resposta exemplar da sociedade, preconizando assim a ampliação das medidas cautelares detentivas.

A criminologia neorrealista vê o delito como um problema real e é, de fato, um fenômeno intraclassista, e não interclassista. Tal fenômeno conduz a uma divisão dentro das classes menos favorecidas e faz esquecer o inimigo real: a sociedade capitalista. Tendo, assim, como ideia central o socialismo, porém com uma perspectiva realista.

3.12 CRIMINOLOGIA AMBIENTAL

A criminologia ambiental estuda o crime, a criminalidade e a vitimização, levando em consideração a relação com o lugar, o espaço e a respectiva interação destes fatores. Explora o modo como as oportunidades para práticas criminosas são geradas, dada a natureza das configurações existentes.

Jacobs (1961) e Newman (1972), num trabalho pioneiro, introduziram como objetos de estudo os alvos e lugares que determinam a criminologia ambiental como independente das escolas tradicionais do pensamento criminológico.

A criminologia ambiental e a ciência do crime não incidem sobre as razões pelas quais os delinquentes são "*criados*", mas no ato de praticar o crime. A preocupação está na forma como o crime é praticado.

3.13 TEORIAS DA CRIMINOLOGIA AMBIENTAL

3.13.1 Teoria das atividades rotineiras – *routine activities theory*

Para ocorrência de um crime é necessário haver a convergência de tempo e espaço em, pelo menos, três elementos:
- **um provável agressor:** o infrator motivado por sua patologia individual, a busca do lucro fácil, a desorganização social que o transforma em subproduto de um sistema social deficiente e sobretudo a oportunidade;
- **um alvo adequado:** pode ser tanto uma pessoa quanto um local ou produto. A percepção do alvo, como adequado ou não, eleva ou reduz o seu risco;
- **ausência de um guardião capaz de impedir o crime:** diz respeito a uma pessoa ou equipamento que desencoraje a prática do delito. O guardião

pode ser formal ou informal. Exemplos: policiais, vigilantes, sistemas de segurança etc.

3.13.2   Teoria da escolha racional – *rational choice theory*

A teoria da escolha racional está focada no processo de decisão do criminoso. A decisão para cometer o crime está limitada pelo tempo, pela capacidade cognitiva e pela informação disponível.

O criminoso pode cometer ou não um crime com base na percepção da situação, dos riscos e das recompensas, os quais são mais relevantes do que as circunstâncias reais em si. O criminoso dá pouca atenção a uma eventual punição, priorizando a recompensa imediata oferecida pelo crime ou o risco de que alguém impeça sua ação no local.

Esta teoria procura nos colocar no lugar do criminoso, ou seja, *"pense como um criminoso"*.

Neste raciocínio é que se busca compreender os benefícios tangíveis que o criminoso está almejando e como ele age no cometimento de crimes, sem demasiado esforço ou risco, no sentido de buscar a forma de alterar esses fatores.

3.13.3   Teoria do padrão criminal – *crime pattern theory*

A teoria do padrão criminal vem ao encontro dos problemas policiais, os quais são entendidos e descritos de forma variada, viabilizando assim uma melhor compreensão e identificação das intervenções que serão necessárias.

Neste sentido é que encontramos alguns padrões definidos para uma eficaz intervenção, a saber:

a) tipo de infração: tipo de infração praticada;

b) procedimento: demonstra a maneira como as pessoas atuam quando da prática delituosa;

c) localização: os problemas podem ocorrer no mesmo local, a exemplo: *hot spots* (são áreas de concentração de delinquência, ou seja, locais em que a criminalidade é evidente e latente);

d) pessoas: podem ser criminosos reincidentes ou vítimas que já sofreram mais de um tipo de dano. São os autores sociais envolvidos no tipo penal;

e) tempo: se ocorre sempre no mesmo período ou se de forma sazonal;

f) eventos: se os problemas policiais podem aumentar em determinada época do ano ou eventos.

3.13.4 Teoria da oportunidade – *crime opportunuty*

Clarke e Felson (1998) ressaltaram que o comportamento individual é resultado da interação entre o indivíduo e o ambiente. Logo, asseveram que a oportunidade pode ser considerada uma das principais causas do crime. "*A oportunidade faz o ladrão*".

A teoria da oportunidade apresenta os seguintes princípios:

- as oportunidades desempenham um papel na causa de todos os crimes;
- as oportunidades para o crime são altamente específicas;
- as oportunidades para o crime são concentradas no tempo e no espaço;
- as oportunidades para o crime dependem da forma como as atividades ocorrem diariamente;
- um crime produz oportunidade para outro;
- alguns produtos são mais tentadores conforme as oportunidades para o crime;
- mudanças sociais e tecnológicas produzem novas oportunidades para o crime;
- o crime pode ser prevenido pela redução da oportunidade;
- reduzir o crime normalmente não o desloca, mas cada esforço para sua redução pode alcançar um ganho real;
- a redução acentuada de oportunidades produz amplas quedas dos índices criminais.

3.14 CRIMINOLOGIA ADMINISTRATIVA

O primeiro criminólogo a usar o termo *CRIMINOLOGIA ADMINISTRATIVA* foi o inglês Jock Young. Também merecem destaque na difusão dos pensamentos da criminologia administrativa, os americanos James Q. Wilson e Ronald Clarke.

A criminologia administrativa surgiu para combater o elevado número da criminalidade e para tanto passou a investir na prevenção, tendo como aliado os avanços tecnológicos. Podemos citar como exemplos: a instalação de câmeras de vídeo nas vias públicas, o monitoramento eletrônico etc.

A criminologia administrativa não se preocupa com as causas do crime, mas sim com políticas públicas voltadas a um grupo ou categoria de pessoas. Procura formas de solucionar a criminalidade, isto é, desenvolvendo métodos ou traçando diretrizes que busquem prevenir ou eliminar o crime e seus efeitos.

3.15 CRIMINOLOGIA RACIAL

A Criminologia Racial segue a linha de raciocínio de que as escolas criminológicas, de modo geral, apresentam aspectos racistas, uma vez que consideram pessoas negras como criminosas em potencial e por não tratarem de questões de raça quando abordam a criminalização.

Os defensores da Criminologia Racial afirmam que a Criminologia surgiu como ciência no século XIX, através da Criminologia Positiva apresentada por Lombroso, onde colocavam negros e índios em grupos considerados inferiores e propensos à criminalidade.

Dentre os aspectos que caracterizam o vínculo do negro ao criminoso, a Criminologia Racial apontam a seletividade do sistema penal brasileiro, o encarceramento em massa de pessoas negras e a construção do estereótipo do negro como delinquente em potencial.

3.16 SÍNTESE

Criminologia moderna e as teorias	**1. Teoria de Consenso** (teoria de integração): Defende a ideia de que os objetivos da sociedade são atingidos quando há o funcionamento perfeito de suas instituições. **Postulados:** toda sociedade é composta de elementos perenes, integrados, funcionais e estáveis. Exemplos: Escola de Chicago, teoria da associação diferencial, teoria da anomia e a teoria da subcultura delinquente. **2. Teoria de Conflito:** Defende a ideia de que a harmonia social decorre da força e da coerção. **Postulados:** sociedade sujeita a mudanças contínuas. Exemplos: teoria crítica ou radical e a teoria do etiquetamento ou *labelling approach*.
Criminologia tradicional	Apresentava o crime como uma realidade em si mesmo, isto é, ontologicamente considerado. O criminoso como um indivíduo diferente, anormal ou até mesmo patológico. Procurava identificar os fatores produtores da delinquência e os meios capazes de prevenir, reprimir e corrigir as condutas ilícitas.
Escola de Chicago	– Representa o berço da moderna sociologia americana, que teve seu início nas décadas de 20 e 30, à luz do Departamento de Sociologia da Universidade de Chicago. – A Escola de Chicago inicia um processo que abrange estudos em antropologia urbana, ou seja, tem no meio urbano seu foco de análise principal, constatando a influência do meio ambiente na conduta delituosa e apresenta um paralelo entre o crescimento populacional das cidades e o consequente aumento da criminalidade. – Uso dos inquéritos sociais (*social surveys*) na investigação da criminalidade como instrumento ao conhecimento do índice real da criminalidade de uma cidade ou bairro. – As teorias criminológicas oriundas da Escola de Chicago são: Teoria Ecológica e Teoria Espacial.

Teoria Ecológica ou da desorganização social	– Oriunda da Escola de Chicago, criada em 1915, sob o legado de que o progresso leva a criminalidade aos grandes centros urbanos. – Robert Park, em 1925, publicou a principal obra da teoria ecológica – *The City: Suggestion for the Investigation of Human Bahavior in the City Environment*. – Para esta teoria, a ordem social, estabilidade e integração contribuem para o controle social e a conformidade com as leis, enquanto a desordem e a má integração conduzem ao crime e à delinquência. – Traça um paralelo entre o desenvolvimento das grandes urbes e o consequente aumento da criminalidade em virtude da ausência de controle social informal.
Teoria do curso da vida – *life-course theory*	– Verificou os diferentes processos de socialização dos indivíduos em função das estruturas sociais, do contexto sociocultural e das instituições. – Finalidade: é demonstrar vínculos possíveis entre estruturas sociais e o contexto histórico nos desdobramentos da vida. – Os principais expoentes foram Robert Sampson e David Weisburd.
Teoria Espacial	– Criada na década de 1940. Trata da reestruturação arquitetônica e urbanística das grandes cidades como medida preventiva da criminalidade. – Oscar Newman publicou a obra *Defensible Space* e defendeu os modelos adequados de construção como maneira de prevenção situacional do crime.
Teoria das Janelas Quebradas	– Tem origem nos Estados Unidos, onde dois criminologistas da Universidade de Harvard, James Wilson e George Kelling, apresentaram esta teoria, em março de 1982, após publicarem na revista Atlantic Monthly um estudo em que estabelece uma relação de causalidade entre desordem e criminalidade, cujo título era The Police and Neiborghood Safety (A Polícia e a Segurança da Comunidade). Baseado num experimento realizado por Philip Zimbardo, psicólogo da Universidade de Stanford, com um automóvel deixado em um bairro de classe alta de Palo Alto, Califórnia. Durante a primeira semana de teste, o carro não foi danificado. Porém, após o pesquisador quebrar uma das janelas, o carro foi completamente destroçado e roubado por grupos vândalos, em poucas horas. – Defende a repressão dos menores delitos para inibir os mais graves.
Teoria da Tolerância Zero	– Trata-se de uma política de estratégia indireta de combate ao crime, baseada na teoria das janelas quebradas. É uma estratégia de manutenção de ordem pública, da segurança dos espaços de convivência social e da adequada prevenção de fatores criminógenos. A ação policial é extremamente intransigente com delitos menores.
Teoria dos Testículos Despedaçados	– Tem origem nos Estados Unidos. – Está diretamente ligada à Teoria das Janelas Quebradas. – Funda-se na experiência policial e defende que os delinquentes de crimes de pouca gravidade ou de menor potencial ofensivo, quando perseguidos com eficácia pela polícia, via de regra são derrotados e fogem para outras localidades mais distantes, na tentativa de continuar violando a lei penal sem a reprimenda dos agentes do Estado.

Teoria da Associação diferencial (ou da aprendizagem social ou *social learning*)	– Surgiu no final de 1924. Difundida pelo sociólogo americano Edwin Sutherland (1883-1950), com base no pensamento do jurista e sociólogo francês Gabriel Tarde. – A associação diferencial é o processo de aprender alguns tipos de comportamento desviante, que requer conhecimento especializado e habilidade, bem como a inclinação de tirar proveito de oportunidade para usá-lo de maneira desviante. – Sutherland apresenta a expressão *"white-collar crime"* (crime de colarinho branco) identificando os autores de crimes diferenciados. – **Premissa:** o crime não pode ser definido simplesmente como disfunção ou inadaptação das pessoas de classes menos favorecidas. A delinquência é o resultado de socialização inadequada. Não há "herança biológica" e sim um processo de aprendizagem que conduz o homem à prática dos atos socialmente reprováveis. **Proposições: a)** Aprendizagem da conduta criminosa. **b)** A conduta criminosa se aprende em interação com outras pessoas. **c)** O processo de aprendizagem sofre influências das relações mais íntimas do indivíduo com seus familiares ou com pessoas do seu meio. **d)** O processo de aprendizagem de condutas criminosas inclui também os métodos delitivos. **e)** A direção específica dos motivos e dos impulsos sofre influência ou não dos códigos legais. **f)** A pessoa se torna delinquente quando as definições favoráveis à violação da lei superam as desfavoráveis. **g)** As associações diferenciais sofrem variações no que tange a frequência, duração, prioridade e intensidade. **h)** Conflito cultural é causa sistemática na associação diferencial. **i)** Desorganização social é causa básica do comportamento criminoso sistemático. **j)** O fenômeno delitivo requer conhecimento técnico e habilidade.
Teoria Geral da Tensão	– Formulada por Robert Agnew. – Consiste na compreensão das explanações em torno da questão por que os indivíduos se envolvem com o crime. – Análise das experiências de tensão (*strain*) ou stress que movem os indivíduos a cometerem delitos. A teoria em comento se diferencia das demais nas seguintes características: **a)** a descrição do tipo de fatores ambientais que levam ao crime; **b)** o modelo explanatório do motivo pelo qual os fatores ambientais levam ao delito.
Teoria da subcultura delinquente	– Desenvolvida por Albert K. Cohen, autor da obra *Delinquente boys*, publicada em 1955. Todo agrupamento humano possui subculturas, advindas de seu gueto, onde cada qual se comporta de acordo com as regras do seu grupo. – **Preceitos: a)** o caráter pluralista e atomizado da ordem social; **b)** cobertura normativa da conduta desviada; semelhança estrutural, em sua gênese, do comportamento regular e irregular.
Teoria da Anomia	– Difundida por Robert King Merton, o qual apresenta explicações de cunho sociológico acerca da criminalidade. Comportamento desviado pode ser considerado como um sintoma de dissociação entre as aspirações socioculturais e os meios desenvolvidos para alcançar tais aspirações. – Esta teoria sustenta que a motivação à delinquência decorreria da impossibilidade do indivíduo atingir metas desejadas por ela, como sucesso econômico ou *status social*.
Criminologia crítica ou radical	– Marco inicial foi a obra de I. Taylor – Nova Criminologia, publicada em 1973. – Inspirada pelo marxismo, entende ser o capitalismo a base da criminalidade, pois promove o egoísmo, o que leva os homens a delinquir. **Características: a)** A situação de conflito da sociedade e do direito. **b)** Reclama compreensão pelo criminoso. **c)** Critica duramente a criminologia tradicional. **d)** O capitalismo é a base da criminalidade. **e)** Propõe reformas estruturais na sociedade com o fim de reduzir as desigualdades e, assim, diminuir a criminalidade.

Teoria da Rotulação ou *Labeling approachi* **ou Etiquetamento**	– Surgiu em 1960, nos Estados Unidos. – Defensores: Erving Goffman, Edwim Lemert e Howard Becker. – Para esta teoria, um fato só é considerado criminoso a partir do momento em que adquire esse *status* por meio de uma norma criada de forma a selecionar certos comportamentos como desviantes no interesse de um sistema social. Cria-se um processo de estigma aos condenados, funcionando a pena como geradora de desigualdades. O sujeito acaba sofrendo reação da família, amigos, conhecidos, colegas, acarretando a marginalização no trabalho e na escola.
Criminologia abolicionista	– Origem na Escandinávia, nos anos 90. Criação da sigla KRUM – Associação Sueca Nacional para a reforma penal. Defende o fim das prisões e abolição do direito penal. – **Propostas:** a) Anarquista; b) Marxista; c) Liberal e cristã.
Criminologia abolicionista e o Direito Penal	– O abolicionismo parte da premissa que o dano causado com a intervenção do sistema penal é muito mais nocivo à sociedade do que o mal que ele se presta a resolver, concluindo assim pela deslegitimição do sistema penal. – Razões para eliminar o sistema penal: a) o sistema penal é anômico; b) irracionalidade da prisão; c) vivemos numa sociedade sem Direito Penal; d) o sistema punitivo é seletivo e estigmatizante; e) a vítima não interessa ao sistema penal.
Criminologia Cultural	– Tem origem nos Estados Unidos e Reino Unido. – É legatária da criminologia crítica. – Preocupa-se no sentido localizado da atividade criminosa.
Criminologia Interseccional	– Consiste em investigar, de forma crítica, a maneira em que as identidades dos sujeitos, intersectadas por marcadores das desigualdades que refletem em suas vivências e experiências com a violência, o crime e as instituições do sistema de justiça criminal enquanto vítimas ou infratoras.
Teoria "queer"	– Surgiu no final dos anos 80. – Elevou a discussão do binômio "macho/fêmea", como formas impositivas de se viver uma identidade no seio social. – Está associada à agressão voltada aos homossexuais e as questões homofóbicas.
Teoria Feminista	– Pautada na luta pela igualdade de gênero a partir dos papéis sociais impostos pela sociedade machista às mulheres. – É a desconstrução do ideal de masculinidade que inferioriza e oprime a mulher.
Teoria dos Instintos	– Defende que os instintos delituosos são reprimidos, mas não destruídos, pelo superego, permanecendo sedimentados no inconsciente. – Os instintos, no inconsciente, estão acompanhados de um sentimento de culpa e de uma tendência a confessar. – A Teoria Freudiana do delito por sentimento de culpa.

Teoria da Identificação Diferencial	– Desenvolvida por Glaser, que defende que a aprendizagem da conduta delitiva não ocorre pela via da comunicação ou interação pessoal, mas sim pela identificação. Um indivíduo inicia ou segue uma carreira criminal na medida em que se identifica com outros indivíduos reais ou fictícios. – Esta teoria critica a exibição de cenas em televisão e cinema de abuso de drogas ilícitas, prática de roubos, sequestros, bem como outras condutas delituosas, alçando seus protagonistas o *status* de "heróis" ou "justiceiros", fomentando sua imitação pelas pessoas, principalmente jovens.
Criminologia minimalista	Sustenta que é preciso limitar o direito penal, que está a serviço de grupos minoritários. A criminologia como resultado de um processo de definição, tendo como finalidade a ocultação de situações negativas e sofrimentos reais da classe menos favorecida. **Propostas: a)** transformação radical da sociedade como a melhor estratégia de combate ao crime. **b)** contratação do sistema penal em certas áreas para expansão de outras. **c)** a defesa de um novo modelo de direito penal em curto prazo de tempo, mediante a consagração de certos princípios com os quais seriam assegurados os direitos humanos fundamentais.
Criminologia Neorrealista	– Defende que só uma política social ampla pode promover o justo e eficaz controle das zonas de delinquência, desde que os governos, com determinação e vontade, compreendam que carência e inconformidade, somadas à falta de solução política, geram o cometimento de crimes. – Apresenta o delito como um problema real e é, de fato, um fenômeno intraclassista. Tem como ideia central o socialismo, porém com uma perspectiva realista.
Criminologia Ambiental	Estuda o crime, a criminalidade e a vitimização, levando em consideração a relação com o lugar, o espaço e a respectiva interação destes fatores. – **Teorias da criminologia ambiental:** **a)** Teoria das Atividades Rotineiras **b)** Teoria da Escolha Racional **c)** Teoria do Padrão Criminal **d)** Teoria da Oportunidade
Criminologia Administrativa	– Investe na prevenção da criminalidade. – Não se preocupa com as causas do crime, mas sim com políticas públicas voltadas a um grupo ou categoria de pessoas.
Criminologia Racial	– A Criminologia Racial segue a linha de raciocínio de que as escolas criminológicas, de modo geral, apresentam aspectos racistas, uma vez que consideram pessoas negras como criminosas em potencial e por não tratarem de questões de raça quando abordam a criminalização.

QUESTÕES DE PROVAS

1. (Delegado de Polícia/CE – 2015) **Sobre a teoria da "anomia", é correto afirmar:**
A) é classificada como uma das "teorias de conflito" e teve, como autores, Erving Goffman e Howard Becker;
B) foi desenvolvida pelo sociólogo americano Edwin Sutherland e deu origem à expressão *White colar crimes;*
C) surgiu em 1890 com a escola de Chicago e teve o apoio de John Rockefeller;

D) iniciou-se com as obras de Émile Durkheim e Robert King Merton, e significa ausência de lei;
E) foi desenvolvida por Rudolph Giuliani, também, conhecida como "Teoria da Tolerância Zero".

GABARITO: D
Comentários: Robert King Merton e Émile Durkhein foram os precursores da teoria da anomia. A anomia é uma situação de fato em que faltam coesão e ordem, especialmente no que diz respeito a normas e valores, ou seja, ausência de lei.

2. (Investigador de Polícia/SP – 2014) **Pode-se afirmar que o pensamento criminológico moderno é influenciado por uma visão de cunho funcionalista e uma de cunho argumentativo, que possuem, como exemplos, a Escola de Chicago e a Teoria Crítica, respectivamente. Essas visões são conhecidas como Teorias:**
A) da Ecologia Criminal do Transtorno;
B) do Consenso e do Conflito;
C) do Conhecimento e da Pesquisa;
D) da Formação e da Dedução;
E) do Estudo e da Conclusão.

GABARITO: B
Comentários: Teorias do consenso (de cunho funcionalista) são denominadas teorias de integração, defendendo a ideia de que os objetivos da sociedade são atingidos quando há o funcionamento perfeito de suas instituições com as pessoas convivendo e compartilhando as metas sociais comuns, concordando com as regras da sociedade de convívio. Exemplos de teorias do consenso: Escola de Chicago, Teoria da Associação Diferencial; Teoria da Anomia e Teoria da Subcultura Delinquente. Teorias do conflito (de cunho argumentativo) defendendo a ideia de que a harmonia social decorre da força e da coerção, onde há uma relação entre dominantes e dominados, não existindo voluntariedade entre os personagens para a pacificação social, a qual decorrerá de imposição ou coerção. Exemplos de teorias de conflito: Teoria Crítica ou Radical e Teoria do Etiquetamento ou *Labelling Approach*.

3. (Investigador de Polícia/SP – 2014) **A Teoria do *Labelling Approach* é uma das mais importantes teorias do conflito. Surgiu na década de 60 nos Estados Unidos da América e tem, como um de seus principais autores, Howard Becker. Essa teoria é conhecida como teoria:**
A) Teoria cultural ou de modismo;
B) Da associação diferencial ou *White Collor* Crimes;
C) Teoria do Estudo ou da Pesquisa;
D) Teoria do Etiquetamento ou da Rotulação;
E) Teoria da anomia ou subcultura delinquente.

GABARITO: D
Comentários: Teoria do *Labelling Approach*, também conhecida por Teoria do Etiquetamento ou da Rotulação. Esta teoria surgiu no ano de 1960, nos Estados Unidos. Os principais precursores foram Erving Goffman, Edwim Lemert e Howard Becker, os quais são considerados como autores da Nova Escola de Chicago.

4. (Investigador de Polícia/SP – 2014) **Do ponto de vista criminológico, a conduta dos membros de facções criminosas, das gangues urbanas e tribos de pichadores são exemplos da teoria sociológica da(o):**
A) abolicionismo penal;
B) subcultura delinquente;

C) identidade pessoal;
D) minimalismo penal;
E) predisposição nata à criminalidade.

GABARITO: B
Comentários: A Teoria da subcultura delinquente foi desenvolvida por Albert K. Cohen, que defende que todo agrupamento humano possui subculturas, oriundas de seu gueto, filosofia de vida, onde seus integrantes se comportam de acordo com as regras do grupo, abandonando assim a regra da cultura geral. Os grupos subculturais são alheios aos padrões impostos pela sociedade.

5. (Delegado de Polícia/SP – 2014) **A moderna Sociologia Criminal possui visão bipartida do pensamento criminológico atual, sendo uma de cunho funcionalista e outra de cunho argumentativo. Trata-se das Teorias:**
A) indutiva e dedutiva;
B) consenso e do conflito;
C) absoluta e relativa;
D) moderna e contemporânea;
E) abstrata e concreta.

GABARITO: B
Comentários: O pensamento criminológico moderno recebe a influência das: Teorias de consenso – de cunho funcionalista, denominadas teorias de integração. Defendem a ideia de que os objetivos da sociedade são atingidos quando há o funcionamento perfeito de suas instituições, com as pessoas convivendo e compartilhando as metas sociais comuns, concordando com as regras da sociedade de convívio; Teorias de conflito – de cunho argumentativo. Defendem a ideia de que a harmonia social decorre da força e da coerção, onde há uma relação entre dominantes e dominados, não existindo voluntariedade entre os personagens para a pacificação social, a qual decorrerá de imposição ou coerção.

6. (Médico Legista. Polícia Civil/SP – 2014) **O fundador da escola denominada "positivismo criminológico" e o teórico inspirador da Teoria da Anomia são, respectivamente,**
A) V. List e Kardec;
B) Carrara e Parsons;
C) Beccaria e Ohlin;
D) Feurbach e Merton;
E) Lombroso e Durkheim.

GABARITO: E
Comentários: Em 1876 foi publicada a obra *L'Uomo delinquente*, de Cesare Lombroso, que foi responsável pela inauguração da Escola Positiva, que representou o nascimento da criminologia científica. A teoria da anomia teve como seu precursor Robert King Merton (1938), que a desenvolveu inspirado na doutrina de E. Durkheim.

7. (Médico Legista. Polícia Civil/SP – 2014) **São propostas da Escola de Chicago ("ecologia criminal") para o controle da criminalidade:**
A) política de tolerância zero; criação de programas comunitários com intensificação das atividades recreativas; aumento das áreas verdes;
B) prevalência do controle social formal sobre o informal; criação de comitês de apoio de pais e mães para a educação das crianças; melhoria das condições das residências e conservação física dos prédios;

C) aumento das penas para o cometimento de delitos simples; criação de zonas de exclusão para isolamento das áreas mais perigosas; disseminação de atividades recreativas como escotismo e viagens culturais;

D) mudança efetiva nas condições econômicas e sociais das crianças; reconstrução da "solidariedade social" por meio do fortalecimento das forças construtivas da sociedade (igrejas, escolas, associações de bairros); apoio estatal para redução e diminuição da pobreza e desemprego;

E) controle individualizado, ou seja, controle específico e rígido sobre cada indivíduo; políticas uniformes em toda cidade, diante do fracasso das estratégias "por vizinhança", implantação de escolas e postos de saúde.

GABARITO: D
Comentários: A teoria ecológica, a ordem social, a estabilidade e a integração contribuem para o controle social e a conformidade com as leis. Contrapondo a esse pensamento, afirma que a desordem e a má integração conduzem ao crime e à delinquência. Propõe que a reconstrução da solidariedade social por meio do fortalecimento das forças construtivas da sociedade, isto é, igrejas, escolas, associações de bairros, reduziria os índices de criminalidade.

8. (Médico Legista. Polícia Civil/SP – 2014) **Assinale a alternativa que completa as lacunas do texto:**
Os estudos de Sociologia Criminal de Sutherland (Teoria da Associação Diferencial) estão principalmente ligados aos crimes de _____ e tiveram como foco _____.
A) genocídio ... a Alemanha;
B) organizações criminosas ... Itália;
C) jogo ilegal ... a atual Rússia (ex-URSS);
D) discriminação de gênero ... países do Oriente Médio;
E) colarinho branco ... Estados Unidos da América.

GABARITO: E
Comentários: A teoria da associação diferencial, também conhecida por teoria da aprendizagem social ou *social learning*, surgiu no final de 1924 e foi difundida pelo sociólogo americano Edwin Sutherland. No final dos anos 30, Sutherland apresenta a expressão *white collar crime* (crime de colarinho branco), identificando os autores de crimes diferenciados que apresentavam pontos acentuados de dessemelhança com os criminosos de crimes comuns. A consagração nos Estados Unidos se dá, quando Sutherland apresenta o conceito de crime de colarinho branco, num discurso junto a Sociedade Americana de Criminologia, em 1949.

9. (Médico Legista. Polícia Civil/SP – 2014) **Escola Criminológica que tem como expoente Albert Cohen, e que procura equacionar por meio de respostas não criminais e não punitivas o comportamento geralmente juvenil que desafia os modelos de produção consumista:**
A) Escola da Contracultura Contemporânea;
B) Teoria da Subcultura Delinquente;
C) Escola Socialista Cultural;
D) Teoria do Comunismo Consciente;
E) Teoria do Socialmente Razoável.

GABARITO: B
Comentários: A Teoria da Subcultura Delinquente foi desenvolvida por Albert K. Cohen, e teve como marco o lançamento de seu livro *Delinquent boys*, em 1955. Buscava equacionar os problemas com o comportamento, geralmente juvenil, por meio de respostas não criminais e não punitivas.

10. (Médico Legista. Polícia Civil/SP – 2014) **A Reforma Penal de 1984, que alterou integralmente a Parte Geral do Código Penal e editou a Lei de Execução Penal, especialmente em dispositivos como o cumprimento progressivo da pena privativa de liberdade, bem como a Lei 9.714/98, que reformulou o sistema de penas alternativas, são exemplos concretos da aplicação da teoria sociológica da criminalidade conhecida como:**
A) justiça restaurativa;
B) *gradient tendency;*
C) *labelling approach;*
D) teoria da anomia;
E) terceira escola.

GABARITO: C
Comentários: No plano criminológico, as consequências jurídicas da teoria do *labelling approach* são no sentido da não intervenção ou do Direito Penal mínimo. Há uma tendência garantista do legislador de não prisionização, de progressão dos regimes de pena, de penas alternativas etc.

11. (Escrivão de Polícia/SP – 2014) **Dentre os modelos sociológicos, as teorias da criminologia crítica, da rotulação e da criminologia radical são exemplos da Teoria:**
A) do consenso;
B) da aparência;
C) do descaso;
D) da falsidade;
E) do conflito.

GABARITO: E
Comentários: Teoria do conflito, de cunho argumentativo, defendendo a ideia de que a harmonia social decorre da força e da coerção, onde há uma relação entre dominantes e dominados, não existindo voluntariedade entre os personagens para a pacificação social, a qual decorrerá de imposição ou coerção. São exemplos de teoria do conflito: a teoria crítica ou radical e a teoria do etiquetamento ou *labelling approach*.

12. (Escrivão de Polícia/SP – 2014) **A teoria do neorretribucionismo, com origem nos Estados Unidos, também conhecida por "lei e ordem" ou "tolerância zero", é decorrente da Teoria:**
A) "positiva";
B) "janelas quebradas";
C) "clássica";
D) "cidade limpa";
E) "diferencial".

GABARITO: B
Comentários: O Neorretribucionismo ou realismo de direita é uma vertente diferenciada que surge nos Estados Unidos, com a denominação "lei e ordem" ou "tolerância zero", e está intimamente atrelada à Escola de Chicago, com origem nos Estados Unidos. Trata-se da Teoria das janelas quebradas.

13. (Perito. Polícia Civil/SP – 2014) **A Teoria do *labelling approach*, a qual explica que a criminalidade não é uma qualidade da conduta humana, mas a consequência de um processo em que se atribui tal estigmatização, também é denominada Teoria:**
A) da desorganização social;
B) da rotulação ou do etiquetamento;

C) da neutralização;
D) da identificação diferencial;
E) anomia.

GABARITO: B
Comentários: A teoria do *labelling approach* surgiu no ano de 1960, nos Estados Unidos, e também é conhecida por interacionismo simbólico, etiquetamento, rotulação ou reação social.

---

14. (Perito. Polícia Civil/SP – 2013) Assinale a alternativa correta.

A) A Teoria do Controle postula que o crime ocorre como resultado de um equilíbrio entre os impulsos em direção à atividade criminosa e os controles éticos ou morais que a detêm. Interessa-se principalmente pelas motivações que os indivíduos possuem para executar os crimes.
B) A Escola de *Buffalo* é o berço da moderna Sociologia americana.
C) A moderna Sociologia Criminal contempla o fato delitivo invariavelmente como "fenômeno natural" e pretende explicá-lo em função de um determinado marco jurídico.
D) A Teoria Estrutural-Funcionalista explica o efeito criminógeno das grandes cidades, valendo-se dos conceitos de desorganização e contágio inerentes aos modernos núcleos urbanos e, sobretudo, invocando o debilitamento do controle social nestes núcleos.
E) Teorias do Conflito, tradição na Sociologia Criminal norte-americana, pressupõem a existência, na sociedade, de uma pluralidade de grupos e subgrupos que, eventualmente, apresentam discrepâncias em suas pautas valorativas.

GABARITO: E
Comentários: A sociologia criminal é composta de teorias de consenso e teorias de conflito. Na teoria de conflito encontramos a teoria do etiquetamento e a teoria crítica ou radical. Dentre os postulados das teorias de conflito encontramos na sociedade uma pluralidade de grupos e subgrupos, os quais se apresentam discrepâncias em suas pautas valorativas.

---

15. (Investigador de Polícia/SP – 2013) A Teoria do Etiquetamento ou do *labelling approach* inspirou no Direito Penal Brasileiro a instituição:

A) da Lei de Segurança Nacional;
B) do Código Penal Militar;
C) da Lei dos Juizados Especiais Cíveis e Criminais;
D) da Teoria do Direito Penal do Inimigo;
E) da Lei dos Crimes Hediondos.

GABARITO: C
Comentários: A teoria do etiquetamento ou do *labelling approach* influenciou no Direito Penal brasileiro a instituição da Lei dos Juizados Especiais Cíveis e Criminais – Lei nº 9.099/95, em razão do seu caráter despenalizador. Ou seja, o legislador teve a sensibilidade de diminuir as "etiquetas" sobre o acusado submetido à justiça criminal, instituindo, assim, um modelo consensual.

---

16. (Investigador de Polícia/SP – 2013) São teorias do conflito, as teorias:

A) das áreas criminais, da identificação diferencial e da criminologia crítica;
B) da desorganização social, da neutralização e das áreas criminais;
C) do conflito cultural, do etiquetamento e da associação diferencial;
D) da associação diferencial, da subcultura e do estrutural-funcionalismo;
E) da criminologia crítica, da rotulação e da criminologia radical.

GABARITO: E
Comentários: As teorias de conflito defendem a ideia de que a harmonia social decorre da força e da coerção, onde há uma relação entre dominantes e dominados, não existindo voluntariedade entre os personagens para a pacificação social, a qual decorrerá de imposição ou coerção. São exemplos de teoria de conflito: a teoria da criminologia crítica, da criminologia radical e da rotulação.

17. (Ministério Público/MG – 2012) **De acordo com a vertente criminológica do "etiquetamento" (*labeling approach*), é CORRETO afirmar que a Criminologia deve:**
A) investigar as causas da criminalidade do colarinho branco;
B) pesquisar as origens ontológicas dos comportamentos "etiquetados" pela lei como criminosos (tipicidade criminológica), a partir da concepção jurídico-penal de delito (conceito legal de crime);
C) estudar o efeito estigmatizante da atividade da polícia, do Ministério Público e dos juízes;
D) ocupar-se da crítica do comportamento como bom ou mal, valorando-o como positivo ou negativo do ponto de vista ético (perspectiva da defesa social).

GABARITO: C
Comentários: Para apresentarmos a alternativa correta, precisamos indicar os dados inverídicos nas demais assertivas, a saber: a) Cifra dourada diz respeito à criminalidade do colarinho branco, isto é, crimes praticados por criminosos diferenciados, pertencentes as altas classes da sociedade; b) Não está interessada nos comportamentos dos criminosos, mas sim no sistema de controle adotado pelo Estado nos campos preventivo e normativo e na seleção dos meios de reação à criminalidade; c) Os defensores da teoria do etiquetamento afirmam que um fato só é considerado criminoso a partir do momento em que adquire esse status por meio de uma norma criada de forma a selecionar certos comportamentos como desviantes no interesse de um sistema social. Ou seja, não se preocupam em valorar o bom ou mau comportamento. A alternativa correta "c" traz uma assertiva apresentada pelos autores Winfried Hassemer e Francisco Muñoz Conde, na obra *Introdução à Criminologia*.

18. (Defensoria/SP – 2012) **Assinale a alternativa correta.**
A) A criminologia crítica defende a análise individualizada da periculosidade do agente como direito inerente ao princípio do respeito à dignidade humana.
B) A Escola positivista pregava a análise puramente objetiva do fato, deixando em segundo plano as características pessoais de seu autor.
C) A teoria retributiva dos fins da pena foi desenvolvida a partir dos estudos de Lombroso e Garofalo, em meados do século XVIII.
D) A teoria do *labelling approach* dispõe a estudar, dentre outros aspectos do sistema punitivo, os mecanismos de reação social ao delito e a influência destes na reprodução da criminalidade.
E) A teoria finalista da ação é fruto da concepção positivista de livre-arbítrio, que entende o homem como ser determinado pelas circunstâncias sociais.

GABARITO: D
Comentários: Para apresentarmos a alternativa correta devemos indicar os dados inverídicos nas demais assertivas, a saber: a) A criminologia crítica defende que não há outra solução para o problema criminal senão a construção de uma nova sociedade, mais justa, igualitária, fraterna e menos consumista e submissa às vicissitudes dos poderosos; b) A escola positiva abandonou os estudos propostos pela escola clássica voltados para a centralização na figura do crime e adotou como núcleo de suas pesquisas a pessoa do delinquente; c) Os principais defensores da teoria retributiva foram Kant e Hegel. O primeiro entende que o réu deve ser castigado simplesmente por ter delinquido e que a pena não apresenta nenhuma utilidade tanto para o criminoso como para a sociedade, retirando dela, assim, qualquer função preventiva. Hegel resume sua tese na frase: "A pena é a negação da negação do direito". O fundamento da pena para Hegel é jurídico, isto é, se destina a restabelecer a vontade da lei, negada pela vontade do delinquente; e) A teoria finalista da ação concebe que a

conduta é o comportamento humano voluntário e psiquicamente dirigido a um fim, enquanto a teoria social da ação defende que a reprovabilidade social integra o conceito de conduta, ou seja, comportamentos aceitos socialmente não seriam típicos.

19. (Defensoria/PR – 2012) Com o surgimento das Teorias Sociológicas da Criminalidade (ou Teorias Macrossociológicas da Criminalidade), houve uma repartição marcante das pesquisas criminológicas em dois grupos principais. Essa divisão leva em consideração, principalmente, a forma como os sociólogos encaram a composição da sociedade: Consensual (Teorias do consenso, funcionalistas ou da integração) ou Conflitual (Teorias do conflito social). Neste contexto, são consideradas Teorias Consensuais:

A) Escola de Chicago, Teoria da Anomia e Teoria da Associação Diferencial;
B) Teoria da Anomia, Teoria Crítica e Teoria do Etiquetamento;
C) Teoria Crítica, Teoria da Anomia e Teoria da Subcultura Delinquente;
D) Teoria do Etiquetamento, Teoria da Associação Diferencial e Escola de Chicago;
E) Teoria da Subcultura Delinquente, Teoria da Rotulação e Teoria da Anomia.

GABARITO: A
Comentários: Dentre as teorias consensuais, encontramos: Escola de Chicago, Teoria da Anomia e Teoria da Associação Diferencial. Também integra este rol, a Teoria da Subcultura Delinquente.

20. (Defensoria/PR – 2012). Paulo, executivo do mercado financeiro, após um dia estressante de trabalho, foi demitido. O mundo desabara sobre sua cabeça. Pegou seu carro e o que mais queria era chegar em casa. Mas o horário era de *rush* e o trânsito estava caótico, ainda chovia. No interior de seu carro sentiu o trauma da demissão e só pensava nas dívidas que já estavam para vencer, quando fora acometido de uma sensação terrível: uma mistura de fracasso, com frustração, impotência, medo etc. Neste instante, sem quê nem porque, apenas querendo chegar em casa, jogou seu carro para o acostamento, onde atropelou um ciclista que por ali trafegava, subiu no passeio onde atropelou um casal que ali se encontrava, andou por mais de 200 metros até bater num poste, desceu do carro meio tonto e não hesitou, agrediu um motoqueiro e subtraiu a motocicleta, evadindo-se em desabalada carreira, rumo à sua casa. Naquele dia, Paulo, um pacato cidadão, pagador de impostos, bom pai de família, representante da classe média-alta daquela metrópole, transformou-se num criminoso perigoso, uma fera que ocupara as notícias dos principais telejornais. Diante do caso narrado, identifique dentre as Teorias abaixo, a que melhor analisa (estuda/explica) o caso.

A) Escola de Chicago;
B) Teoria da associação diferencial;
C) Teoria da anomia;
D) Teoria do *labeling approach*;
E) Teoria crítica.

GABARITO: C
Comentários: A Teoria da Anomia foi apresentada por Robert King Merton, que defendia que explicações de cunho sociológico acerca da criminalidade, isto é, o comportamento desviado pode ser considerado como um sintoma de dissociação entre as aspirações socioculturais e os meios desenvolvidos para alcançar tais aspirações. O fracasso na obtenção das aspirações ou metas culturais em razão da impropriedade dos meios institucionalizados pode levar à anomia.

21. (Investigador de Polícia/SP – 2014) **A explicação acerca das causas da conduta delitiva possui fundamentos biológicos, dentre outros. Assinale a alternativa que corresponde a uma das teorias biológicas da criminalidade:**
A) Teoria das Funções;
B) Teoria Analítica;
C) Estrutural Funcionalismo;
D) Teoria dos Instintos;
E) Teoria do Consenso.

GABARITO: D
Comentários: Teoria dos Instintos. Os instintos delituosos são reprimidos, mas não destruídos, pelo superego, permanecendo sedimentados no inconsciente. Tais instintos são acompanhados, no inconsciente, por um sentimento de culpa e uma tendência a confessar. Então, mediante o comportamento criminoso, o sujeito supera o sentimento de culpa e realiza sua tendência à confissão. É a Teoria Freudiana do Delito por sentimento de culpa.

22. (Investigador de Polícia/SP – 2013) **A corrente de pensamento criminológico que critica a exibição de cenas em televisão e cinema, de abuso de drogas ilícitas, prática de roubos, sequestros, bem como outras condutas delituosas, alçando seus protagonistas a *status* de "heróis" ou "justiceiros", fomentando sua imitação pelas pessoas, principalmente jovens, é a Teoria:**
A) da Identificação Diferencial;
B) da Reação Social;
C) da Criminologia Radical;
D) da Associação Diferencial;
E) da Criminologia Crítica.

GABARITO: A
Comentários: A Teoria da Identificação Diferencial foi desenvolvida por Glaser, que defende que a aprendizagem da conduta delitiva não ocorre pela via da comunicação ou interação pessoal, senão pela da identificação. Um indivíduo inicia ou segue uma carreira criminal na medida em que se identifica com outros indivíduos reais ou fictícios, desde as perspectivas das quais sua própria conduta delitiva parece aceitável.

23. (Delegado de Polícia/PE – 2016) **Acerca dos modelos teóricos explicativos do crime, oriundos das teorias específicas que, na evolução da história, buscaram entender o comportamento humano propulsor do crime, assinale a opção correta:**
A) o modelo positivista analisa os fatores criminológicos sob a concepção do delinquente como indivíduo racional e livre, que opta pelo crime em virtude de decisão baseada em critérios subjetivos;
B) o objeto de estudo da criminologia é a culpabilidade, considerada em sentido amplo; já o Direito Penal se importa com a periculosidade na pesquisa etiológica do crime;
C) a criminologia clássica atribui o comportamento criminal a fatores biológicos, psicológicos e sociais como determinantes desse comportamento, com paradigma etiológico na análise causal-explicativa do delito;
D) entre os modelos teóricos explicativos da Criminologia, o conceito definitorial de delito afirma que, segundo a teoria do *labeling approach*, o delito carece de consistência material, sendo um processo de reação social, arbitrário e discriminatório de seleção do comportamento desviado;

E) o modelo teórico de opção racional estuda a conduta criminosa a partir das causas que impulsionaram a decisão delitiva, com ênfase na observância da relevância causal etiológica do delito.

GABARITO: D
Comentários: A teoria do *labeling approach* afirma que o crime carece de consistência material, visto que se trata de um processo de reação social, arbitrário e discriminatório de seleção do comportamento humano desviado.

24. (Delegado de Polícia/PE – 2016) **Considerando que, conforme a doutrina, a moderna sociologia criminal apresenta teorias e esquemas explicativos do crime, assinale a opção correta acerca dos modelos sociológicos explicativos do delito:**
A) para a teoria ecológica da sociologia criminal, que considera normal o comportamento delituoso para o desenvolvimento regular da ordem social, é imprescindível e, até mesmo, positiva a existência da conduta delituosa no seio da comunidade;
B) a teoria do conflito, sob o enfoque sociológico da Escola de Chicago, rechaça o papel das instâncias punitivas e fundamenta suas ideias em situações concretas, de fácil comprovação e verificação empírica das medidas adotadas para contenção do crime, sem que haja hostilidade e coerção no uso dos meios de controle;
C) a teoria da integração, ao criticar a teoria consensual na solução do conflito, rotula o criminoso quando assevera que o delito é fruto do sistema capitalista e considera o fator econômico como justificativa para o ato criminoso, de modo que, para frear a criminalidade, devem-se separar as classes sociais;
D) a Escola de Chicago, ao atentar para a mutação social das grandes cidades na análise empírica do delito, interessa-se em conhecer os mecanismos de aprendizagem e transmissão das culturas consideradas desviadas, por reconhecê-las como fatores de criminalidade;
E) a teoria estrutural-funcionalista da sociologia criminal sustenta que o delito é produto da desorganização da cidade grande, que debilita o controle social e deteriora as relações humanas, propagando-se, consequentemente, o vício e a corrupção, que são considerados anormais e nocivos à coletividade.

GABARITO: D
Comentários: A Escola de Chicago observou o estudo social das grandes cidades, no que tange ao desenvolvimento urbano de civilização industrial, interessando conhecer os mecanismos de aprendizagem e transmissão das culturas tidas como desviadas, relacionando-os à morfologia da criminalidade.

25. (Delegado de Polícia Civil/MS – 2017) **Tendo como premissa o estudo da Teoria Criminológica da Anomia, analise o problema a seguir.**

O senhor X, 55 anos, bancário desempregado, encontrou, como forma de subsistência própria e da família, trabalho na contravenção (apontador do jogo do bicho em frente à rodoviária da cidade). Por lá permaneceu vários meses, sempre assustado com a presença da polícia, mas como nunca sofreu qualquer repreensão, inclusive tendo alguns agentes como clientes dentre outras autoridades da cidade, continuou sua labuta diária. Y, delegado de polícia, recém-chegado à cidade, ao perceber a prática contravencional, a despeito da tolerância de seus colegas, prende X em flagrante. No entanto, apenas algumas horas após sua soltura, X retornou ao antigo ponto continuando a receber apostas diárias de centenas de pessoas da comunidade.
Assinale a alternativa correta correspondente a esse caso.

A) A teoria da anomia advém do funcionalismo penal, que defende a pertinência da norma enquanto reconhecida pela sociedade como necessária para a solução dos conflitos sociais, tendo sido arbitrária a conduta do delegado.
B) A anomia, no contexto do problema, dá-se pelo enfraquecimento da norma, que já não influencia o comportamento social de reprovação da conduta, quando a sociedade passa a aceitá-la como normal.
C) A atitude dos demais policiais caracteriza o poder de discricionariedade legítimo do agente de segurança pública, diante da anomia social caracterizada da norma que perde vigência pela ausência de funcionalidade.
D) A atitude do delegado expressa a representação da teoria da anomia, em que a norma não perde sua força de coerção social, pois, somente revogada por outra norma, independente do comportamento do infrator.
E) A teoria da anomia não tem aplicação no caso em análise, pois sob o aspecto criminológico é necessário que estejam presentes no estudo do fenômeno o delinquente, a vítima e a sociedade.

GABARITO: E
Comentários: Os objetos da criminologia são crime, criminoso, vítima e controle social. Logo, para aplicação da teoria da anomia é necessário o estudo destes objetos.

26. (Delegado de Polícia Civil/MA – 2018) **De acordo com a teoria de Sutherland, os crimes são cometidos:**
A) em razão do comportamento das vítimas e das condições do ambiente;
B) por pessoas de baixa renda, exatamente em razão de sua condição socioeconômica desprivilegiada;
C) em razão do comportamento delinquente herdado, ou seja, de origem biológica;
D) por pessoas que sofrem de sociopatias ou psicopatias;
E) por pessoas que convivem em grupos que realizam e legitimam ações criminosas.

GABARITO: E
Comentários: Para a teoria da associação diferencial, difundida por Sutherland, é o processo de aprender alguns tipos de comportamento desviante que requer conhecimento especializado e habilidade, bem como a inclinação de tirar proveito de oportunidades para usá-la de maneira desviante.

27. (Delegado de Polícia Civil/MA – 2018) **De acordo com a teoria das atividades rotineiras:**
A) a ideia de vítima ou de alvo adequado se refere, necessariamente, a uma pessoa;
B) o crime pode ser evitado se a autoridade tiver influência sobre a vítima;
C) para que um crime ocorra, deve haver divergência de tempo e espaço nos seguintes elementos: provável agressor; alvo adequado; ausência de um guardião capaz de impedir o crime;
D) o infrator pode estar motivado por uma patologia individual, pela maximização do lucro, pela desorganização social ou pela oportunidade;
E) a figura do guardião é semelhante à do sujeito formal que integra as forças de segurança pública estadual.

GABARITO: D
Comentários: Para a teoria das atividades rotineiras, o infrator é motivado por sua patologia individual, busca do lucro facial, desorganização social que o transforma em subproduto de um sistema social deficiente e sobretudo pela oportunidade.

28. (Delegado de Polícia Civil/MA – 2018) **O paradigma da reação social:**
A) surgiu na Europa a partir do enfoque do interacionismo simbólico;
B) afirma que os grupos sociais criam o desvio, o qual é uma qualidade do ato infracional cometido pela pessoa;
C) indica que é mais apropriado falar em criminalização e criminalizado que falar em criminalidade e criminoso;
D) afirma que a criminalidade tem natureza ontológica;
E) pode ser chamado, também, de *labeling approach*, etiquetamento ou paradigma etiológico.

GABARITO: C
Comentários: Trata-se de um processo de estigmatização, logo, devemos nos referir a ele como fruto do processo de criminalização da conduta.

29. (Delegado de Polícia Civil/RS – 2018) A partir da Modernidade, constituíram-se os movimentos e as escolas criminológicas que se concentraram no estudo da criminalidade e da criminalização dos comportamentos, levando em consideração a causa dos delitos. Fatores como a biotipologia humana e o meio ambiente são associados à prática dos delitos. Todavia, pode-se afirmar que uma teoria, em especial, rompe com esse padrão e não recai na análise causal do delito, mas, sim, na análise dos processos de criminalização e do funcionamento das agências de punitividade. Tal teoria é a:
A) do etiquetamento;
B) positivista do "homem delinquente";
C) sociológica do desvio;
D) evolucionista da espécie;
E) social da ação.

GABARITO: A
Comentários: A teoria da rotulação ou *labelling approach* ou etiquetamento refere-se aos processos de construção da delinquência e a normalidade dela. A criminalidade decorre do processo de estigmatização.

30. (Delegado de Polícia Civil/RS – 2018) Observe os seguintes casos e responda ao comando da questão:
– Amanda, adolescente negra, vive com medo e deixou de adicionar amigos em seu perfil nas redes sociais. Mesmo assim, sofre agressões de outras jovens que enviam mensagens adjetivando-a como "nojenta, nerd e lésbica".
– Pedro, 20 anos, transgênero, teve uma foto sua publicada sem autorização na internet. A imagem resultou em uma montagem depreciativa do seu corpo e acabou "viralizando" na rede. Muitas pessoas postaram mensagens dizendo que se fosse com elas, se matariam. Sob influência da grande repercussão e das mensagens enviadas até por desconhecidos, Pedro praticou suicídio. O ato foi transmitido ao vivo pelas redes sociais e, também, noticiado por outros veículos de mídia.
Uma investigação desses acontecimentos orientada pelos saberes criminológicos contemporâneos, levaria em consideração:
I. os padrões da heteronormatividade e da cultura homófica;
II. as maneiras como as pessoas transgêneros são tratadas pelo sistema de justiça criminal;
III. as diferentes ordens normativas que influenciam a vida das pessoas;
IV. o contexto global, a política e as relações de poder sobre todas as pessoas;

V. a constituição dos homens como violentos e das mulheres como vítimas.

Quais estão corretas?

A) As assertivas I, II, III, IV e V, posto que se referem às criminologias *queer* e feminista.
B) Apenas as assertivas I, II e III, porque as demais não são temáticas criminológicas.
C) Apenas as assertivas IV e V, porque as outras não são válidas na criminologia.
D) Nenhuma das assertivas, já que nenhuma se relaciona com a criminologia.
E) Apenas a assertiva III, porque a ordem normativa se relaciona com o direito penal.

GABARITO: A
Comentários: A teoria *queer* se baseou nas discussões quanto à identidade de gênero e heteronormatividade. Está associada à agressão voltada aos homossexuais e às questões homofóbicas. A teoria feminista se pauta na luta pela igualdade de gênero, a partir dos papéis sociais impostos pela sociedade machista às mulheres. A desconstrução do ideal de masculinidade que inferioriza e oprime as mulheres.

31. (Delegado de Polícia Civil/RS – 2018) **A afirmação criminológica "(...) o desvio não é uma qualidade do ato cometido pela pessoa, senão uma consequência da aplicação que os outros fazem das regras e sanções para um ofensor" tem por função indagar:**

A) Quem é definido por desviante?
B) Quem é o criminoso?
C) Por que o criminoso comete crime?
D) Quem é a vítima do criminoso?
E) Quando o desvio irá acontecer?

GABARITO: A
Comentários: O processo de criminalização proposto por Howard Becker através da teoria da rotulação ou *labelling approach* ou etiquetamento refere que "*o desvio é uma transação (uma interação) que tem lugar entre o grupo social e a pessoa apontada por esse grupo como transgressora*".

32. (Delegado de Polícia Civil/BA – 2018) **No tocante às teorias da subcultura delinquente e da anomia, assinale a alternativa correta.**

A) Uma das principais críticas às teorias da subcultura delinquente é a de que ela não consegue oferecer uma explicação generalizadora da criminalidade, havendo um apego exclusivo a determinado tipo de criminalidade, sem que se tenha uma abordagem do todo.
B) A teoria da anomia, sob a perspectiva de Durkheim, define-se a partir do sintoma do vazio produzido no momento em que os meios socioestruturais não satisfazem as expectativas culturais da sociedade, fazendo com que a falta de oportunidade leve à prática de atos irregulares para atingir os objetivos almejados.
C) A teoria da anomia, sob a perspectiva de Merton, define-se a partir do momento em que a função da pena não é cumprida, por exemplo, instaura-se uma disfunção no corpo social que desacredita o sistema normativo de condutas, fazendo surgir a anomia. Portanto, a anomia não significa ausência de normas, mas o enfraquecimento de seu poder de influenciar condutas sociais.
D) O utilitarismo da ação é um dos fatores que caracterizam a subcultura delinquencial sob a perspectiva de Albert Cohen.
E) O sentimento de impunidade vivenciado por uma sociedade é antagônico ao conceito de anomia identificado sob a ótica de Durkheim.

GABARITO: A
Comentários: As teorias da subcultura delinquente buscavam justificar a criminalidade tendo como base apenas um tipo de criminalidade e não abordavam o contexto geral desta.

33. (Investigador de Polícia/SP – 2018) É correto afirmar que Edwin H. Sutherland desenvolveu a teoria da:

A) *labelling approach*;
B) associação diferencial;
C) crítica e autocrítica;
D) escola de Chicago;
E) subcultura delinquente.

GABARITO: B
Comentários: A teoria da associação diferencial, também conhecida por teoria da aprendizagem social ou *social learning*, surgiu no final de 1924 e foi difundida pelo sociólogo Americano Edwin Sutherland (1883-1950), com base no pensamento do jurista e sociólogo francês Gabriel Tarde (1843-1904).

34. (Investigador de Polícia/SP – 2018) É considerada como teoria de consenso, criada pelo sociólogo Albert Cohen. Segundo Cohen, esta teoria se caracteriza por três fatores: não utilitarismo da ação; malícia da conduta e negativismo. Trata-se da seguinte teoria sociológica da criminalidade:

A) escola de Chicago;
B) associação diferencial;
C) *labelling approach*;
D) subcultura delinquente;
E) teoria crítica.

GABARITO: D
Comentários: Cohen afirmou que a subcultura delinquencial está caracterizada em três fatores: a) não utilitarismo da ação: revela-se no fato de que muitos crimes não possuem motivação racional; b) malícia da conduta: é o simples prazer em prejudicar o outro; c) negativismo da conduta: mostra-se como um polo oposto aos padrões da sociedade.

35. (Escrivão de Polícia/SP – 2018) Com relação às teorias sociológicas da criminalidade, é correto afirmar que:

A) a teoria do autocontrole sustenta que as falhas ou negligências na educação em casa, familiar não são causas preponderantes do crime;
B) a teoria da anomia vê o delito como um fenômeno normal da sociedade e não como algo necessariamente ruim;
C) a teoria da associação diferencial foi a primeira a refutar a existência dos crimes de colarinho branco;
D) a teoria da anomia estabelece que a conduta criminal é algo que se aprende;
E) a teoria da associação diferencial defende que os indivíduos adquirem (ou não) a capacidade de controle da impulsividade e imediatismo (autocontrole) por meio da socialização familiar.

GABARITO: B
Comentários: Robert King Merton defendia que a criminalidade tinha explicação sociológica, ou seja, o comportamento desviado pode ser considerado como um sintoma de dissociação entre as aspirações socioculturais e os meios desenvolvidos para alcançar tais anseios.

36. (Escrivão de Polícia/SP – 2018) A atuação da polícia judiciária ao investigar e prender infratores acaba por contribuir com a inserção do infrator no sistema de justiça criminal, inserindo-o em uma "espiral" que o impedirá de retornar à situação anterior sendo, para sempre, definido como criminoso.

Essa afirmação se relaciona, preponderantemente, com qual teoria sociológica da criminalidade?

A) Janelas quebradas.
B) Etiquetamento social.
C) Anomia.
D) Subcultura.
E) Ecológica do crime.

GABARITO: B
Comentários: Para a teoria da rotulação ou *labelling approach* ou etiquetamento a criminalização primária, isto é, a primeira ação delituosa do sujeito lhe produz uma etiqueta ou rótulo, que por sua vez gera a criminalização secundária – a reincidência.

37. (Agente Policial/SP – 2018) Os conceitos básicos de "desorganização social" e de "áreas de delinquência" são desenvolvidos e relacionados com o fenômeno criminal de modo preponderante, por meio da teoria sociológica da criminalidade, denominada como:

A) escola de Chicago;
B) subcultura delinquente;
C) associação diferencial;
D) anomia;
E) *labelling approach* ou "etiquetamento".

GABARITO: A
Comentários: A Escola de Chicago tem no meio urbano seu principal foco de análise, pois acredita que a influência do meio ambiente na conduta delituosa apresenta um paralelo entre o crescimento populacional das cidades e o consequente aumento da criminalidade.

38. (Agente Policial/SP – 2018) O comportamento criminal é aprendido, mediante a interação com outras pessoas, resultante de um processo de comunicação, ou seja, o crime não pode ser definido simplesmente como disfunção ou inadaptação de pessoas de classes menos favorecidas, não sendo exclusividade destas.

Trata-se, nesse texto, da ideia que é base da teoria sociológica da criminalidade surgida em um ambiente pós-primeira guerra mundial e denominada como:

A) anomia;
B) teoria ecológica do crime;
C) associação diferencial;
D) subcultura delinquente;
E) *labelling approach* ou "etiquetamento".

GABARITO: C
Comentários: A Teoria da Associação Diferencial (também denominada Teoria da Aprendizagem Social ou *Social learning*) tem como premissa que o crime não pode ser definido simplesmente como disfunção ou inadaptação das pessoas de classes menos favorecidas, eis que o delito não é exclusividade destas. A associação diferencial é o processo de aprender de alguns tipos de comportamento desviante.

39. (Agente Policial/SP – 2018) **A teoria sociológica da criminalidade que teve, entre seus principais autores, Emile Durkheim e Robert Merton é conhecidamente denominada na criminologia como:**
A) escola de Chicago;
B) teoria ecológica do crime;
C) *labelling approach* ou "etiquetamento";
D) associação diferencial;
E) anomia.

GABARITO: E
Comentários: Robert King Merton (1938) e Émile Durkheim (autor das obras: *A divisão do trabalho social, As regras do método sociológico* e *O suicídio*), em cuja doutrina se apoia, são os principais defensores da Teoria da Anomia.

40. (Agente Policial/SP – 2018) **A ausência de utilitarismo da ação, a malícia da conduta e seu respectivo negativismo são fatores associados à teoria sociológica da criminalidade denominada como:**
A) subcultura delinquente;
B) anomia;
C) teoria ecológica do crime;
D) *labelling approach* ou "etiquetamento";
E) associação diferencial.

GABARITO: A
Comentários: Cohen afirmou que a subcultura delinquencial está caracterizada em três fatores: **a)** não utilitarismo da ação: revela-se no fato de que muitos crimes não possuem motivação racional; **b)** malícia da conduta: é o simples prazer em prejudicar o outro; **c)** negativismo da conduta: mostra-se como um polo oposto aos padrões da sociedade.

41. (Papiloscopista Policial/SP – 2018) **A teoria _____ considera que o crime é um fenômeno natural da vida em sociedade; todavia, sua ocorrência deve ser tolerada, mediante estabelecimento de limites razoáveis, sob pena de subverter a ordem pública, os valores cultuados pela sociedade e o sistema normativo vigente.**
A) da associação diferencial.
B) do etiquetamento ou *labelling approach*.
C) behaviorista.
D) da anomia.
E) da subcultura delinquente.

GABARITO: D
Comentários: A anomia é uma situação de fato em que faltam coesão e ordem, especialmente no que diz respeito às normas e aos valores, isto é, ausência de lei. Esta teoria tem um cunho estrutural no determinismo sociológico, na normalidade e na funcionalidade do crime.

42. (Auxiliar de Papiloscopista Policial/SP – 2018) **Segundo a teoria sociológica da criminalidade denominada associação diferencial, é correto afirmar que:**
A) é o grau de autocontrole apresentado por um indivíduo que irá determinar sua maior ou menor propensão ao crime, autocontrole esse que é adquirido por meio da socialização familiar;
B) nos termos propostos por Sutherland, a conduta criminosa não é algo anormal, não é sinal de uma personalidade imatura, de um *deficit* de inteligência, antes é um comportamento adquirido por meio do aprendizado que resulta da socialização num determinado meio social;

C) a tensão entre as metas socioculturais recomendadas pelo sistema social e as reais condições de alcançá-las pelos meios legítimos, sobretudo para certos indivíduos, cria um rompimento por meio do qual as normas sociais entram em conflito com os valores de um indivíduo ou de uma subcultura exigindo um comportamento ilegal para alcance do fim legítimo;
D) diferentes atos criminosos são intercambiáveis, porque estes mostram as mesmas características como o imediatismo e o baixo grau de esforço. Assim, as diferenças entre crimes instrumentais e expressivos, ou entre crimes violentos e crimes não coercitivos, "são sem sentido e enganosas";
E) as diferenças de aspirações individuais e os meios disponíveis, as oportunidades bloqueadas e a privação relativa são fatores que, articulados, ocasionam a prática de crimes.

GABARITO: B
Comentários: A teoria da associação diferencial tem a premissa que o crime não pode ser definido simplesmente como disfunção ou inadaptação das pessoas de classes menos favorecidas, pois isso não é exclusividade delas. Não há "herança biológica" e sim um processo de aprendizagem que conduz o homem à prática dos atos socialmente reprováveis.

43. (Delegado de Polícia/GO – 2018) Sobre o *labelling approach* e sua influência sobre o pensamento criminológico do século XX, constata-se que:
A) a criminalidade se revela como o processo de anteposição entre ação e reação social;
B) recebeu influência decisiva de correntes de origem fenomenológica, tais como o interacionismo simbólico e o behaviorismo;
C) o sistema penal é entendido como um processo articulado e dinâmico de criminalização;
D) parte dos conceitos de conduta desviada e reação social como termos independentes para determinar que o desvio e a criminalidade não são uma qualidade intrínseca da conduta;
E) no processo de criminalização seletiva o funcionamento das agências formais de controle mostra-se autossuficiente e autorregulado.

GABARITO: C
Comentários: A teoria da rotulação se refere aos processos de construção da delinquência e a normalidade dela.

44. (Delegado de Polícia Civil/MG – 2018) "Por debaixo do problema da *legitimidade* do sistema de valores recebido pelo sistema penal como critério de orientação para o comportamento socialmente adequado e, portanto, de discriminação entre conformidade e desvio, aparece como determinante o problema da definição do delito, com as implicações político-sociais que revela, quando este problema não seja tomado por dado, mas venha tematizado como centro de uma teoria da criminalidade. Foi isto o que aconteceu com as teorias da "reação social", ou *labelling approach*, hoje no centro da discussão no âmbito da sociologia criminal".
BARATTA, Alessandro. *Criminologia crítica e crítica do direito penal.* Introdução à sociologia do direito penal. 3. ed. Rio de Janeiro: Renavan: Instituto Carioca de Criminologia. p. 86. (Coleção Pensamento Criminológico)

Com base no excerto acima, referente ao paradigma do labelling approach, analise as asserções a seguir:

I – o *labelling approach* tem se ocupado em analisar, especialmente, as reações das instâncias oficiais de controle social, ou seja, tem estudado o efeito estigmatizante da atividade da polícia, dos órgãos de acusação pública e dos juízes;

PORQUE

II – Não se pode compreender a criminalidade se não se estuda a ação do sistema penal, pois o *status* social de delinquente pressupõe o efeito da atividade das instâncias oficiais de controle social da delinquência.

Está CORRETO o que se afirma em:

A) I e II são proposições falsas;
B) I e II são proposições verdadeiras e II é uma justificativa correta da I;
C) I é uma proposição falsa e II é uma proposição verdadeira;
D) I é uma proposição verdadeira e II é uma proposição falsa.

GABARITO: B
Comentários: Para Alessandro Baratta crime e criminoso estão interligados com a própria sociedade e com a política criminal em que estão inseridos, notadamente aos seus usos, costumes, práticas e valores da sociedade e do sistema penal que a rege. Os comportamentos desviantes e as suas consequências são definidos e regrados pelo próprio ordenamento jurídico a que estão subordinados, por intermédio do controle social – formal ou informal, mas sem critérios preestabelecidos de criminalização.

45. (Defensoria Pública/RS – 2018) **A legislação penal brasileira considera típico o ato de pichação (art. 65 da Lei 9.605/98 e Lei 12.408/2011). Contudo, tal comportamento humano é percebido de formas diversas na sociedade, podendo também ser interpretado como arte de rua. Nesse sentido, tal interferência na paisagem urbana pode ser compreendida a partir de uma criminologia:**

A) iluminista, que afirma o delito como desvio não aceito pelo Rei, que na atualidade é representado pelo Estado;
B) fenomenal, que desdobra a história do direito penal e o relaciona às tendências punitivistas contemporâneas;
C) biológica, que condiciona o conhecimento do ilícito e a capacidade de autodeterminação do agente à evolução da espécie humana;
D) defensivista, que pretende justificar a criminalização do comportamento ilícito na proteção dos bens coletivos;
E) cultural, que introduz a estética e a dinâmica da vida cotidiana do século XXI na investigação criminológica.

GABARITO: E
Comentários: A criminologia cultural busca suas referências nas noções de transgressão, subcultura e desvio, e analisa a experiência criminal através de imagens, significados e interferências culturais e sociais. Imagens de comportamento ilícito e representação simbólica da aplicação da lei são inseridas na construção da cultura popular do crime e da ação penal.

46. (Delegado Federal – 2018) **Julgue o item a seguir relativo a modelos teóricos da criminologia.**

Para a teoria da reação social, o delinquente é fruto de uma construção social e a causa dos delitos é a própria lei, segundo essa teoria, o próprio sistema e sua reação às condutas desviantes por meio do exercício de controle social definem o que se entende por criminalidade.

GABARITO: CERTA
Comentários: Para os defensores desta teoria, um fato só é considerado criminoso a partir do momento em que adquire esse *status* por meio de uma norma criada de forma a selecionar certos comportamentos como desviantes no interesse de um sistema social.

47. **(Delegado Federal – 2018)** Julgue o item a seguir relativo a modelos teóricos da criminologia.

Conforme a teoria ecológica, crime é um fenômeno natural e o criminoso é um delinquente nato possuidor de uma série de estigmas comportamentais potencializados pela desorganização social.

GABARITO: ERRADA
Comentários: A teoria ecológica se opõe claramente aos preceitos propostos por Lombroso, notadamente quanto ao criminoso nato. Esta teoria afirma que a criminalidade está intimamente ligada à desorganização social, ou seja, quanto maior a desorganização social, maior será a criminalidade e vice-versa.

48. **(Delegado Federal – 2018)** Julgue o item a seguir relativo a modelos teóricos da criminologia.

De acordo com a teoria da anomia, o crime se origina da impossibilidade social do indivíduo de atingir suas metas pessoais, o que o faz negar a norma imposta e criar suas próprias regras, conforme o seu próprio interesse.

GABARITO: CERTA
Comentários: A teoria da anomia sustenta que a motivação para a delinquência decorreria da impossibilidade de o indivíduo atingir metas desejadas por ele, como sucesso econômico ou *status* social. Assim, o fracasso na obtenção das aspirações ou metas culturais em razão da impropriedade dos meios institucionalizados pode levar à anomia.

49. **(Delegado de Polícia Civil/ES – 2019)** A criminologia crítica contempla uma concepção conflitual da sociedade e do Direito. Logo, para a criminologia crítica, o conflito social:
A) se produz entre as pautas normativas dos diversos grupos sociais, cujas valorações são discrepantes;
B) é funcional porque assegura a mudança social e contribui para a integração e conservação da ordem e do sistema;
C) é um conflito de classe sendo que o sistema legal é um mero instrumento da classe dominante para oprimir a classe trabalhadora;
D) representa a própria estrutura e dinâmica da mudança social, sendo o crime produto normal das tensões sociais;
E) expressa uma realidade patológica inerente a ordem social.

GABARITO: C
Comentários: As teorias de conflito defendem a coesão e a ordem na sociedade fundadas na força e coerção, isto é, na dominação por alguns e sujeição de outros.

50. **(Delegado de Polícia Civil/ES – 2019)** Leia o texto a seguir e responda ao que é solicitado.

"Os irmãos Batista, controladores da JBS, tiveram vantagem indevida de quase R$ 73 milhões com a venda de ações da companhia antes da divulgação do acordo de delação premiada que veio a público em 17/05/2017, conforme as conclusões do inquérito da Comissão de Valores Mobiliários (CVM). O caso analisa eventual uso de informação privilegiada e manipulação de mercado por Joesley e Wesley Batista, e quebra do dever de lealdade, abuso de poder e manipulação de preços pela FB Participações". (Jornal *Valor Econômico*, 13/08/2018)

Com relação à criminalidade denominada de colarinho branco, pode-se afirmar que a teoria da associação diferencial:
A) sustenta como causa da criminalidade de colarinho branco a proposição de que o criminoso de hoje era a criança problemática de ontem;
B) entende que o delito é derivado de anomalias no indivíduo podendo ocorrer em qualquer classe social;

C) sustenta que o crime está concentrado na classe baixa, sendo associado estatisticamente com a pobreza;
D) sustenta que a aprendizagem dos valores criminais pode acontecer em qualquer cultura ou classe social;
E) enfatiza os fatores sociopáticos e psicopáticos como origem do crime da criminalidade de colarinho branco.

GABARITO: D
Comentários: A teoria da Associação Diferencial surgiu no final de 1.924 e foi amplamente difundida pelo sociólogo americano Edwin Sutherland. No final dos anos 30, Sutherland apresenta a expressão "*white-collar crime*" – crime de colarinho branco, onde identifica os autores de crimes diferenciados, que requer conhecimento técnico e habilidade, tinham pontos acentuados de semelhança com os criminosos comuns. No plano jurídico penal, esta teoria permite compreender o Direito Penal Econômico, com todas as suas especificidades, demonstrando com isso como a empresa pode ser um centro de imputação.

51. (Delegado de Polícia Civil/ES – 2019) **Os modelos sociológicos contribuíram decisivamente para um conhecimento realista do problema criminal demonstrando a pluralidade de fatores que com ele interagem. Leia as afirmativas a seguir, e marque a alternativa INCORRETA.**
A) As teorias conflituais partem da premissa de que o conflito expressa uma realidade patológica da sociedade sendo nocivo para ela na medida em que afeta o seu desenvolvimento e estabilidade.
B) As teorias ecológicas partem da premissa de que a cidade produz delinquência, valendo-se dos conceitos de desorganização e contágio social inerentes aos modernos núcleos urbanos.
C) As teorias subculturais sustentam a existência de uma sociedade pluralista com diversos sistemas de valores divergentes em torno dos quais se organizam outros tantos grupos desviados.
D) As teorias estrutural-funcionalistas consideram a normalidade e a funcionalidade do crime na ordem social, menosprezando o componente biopsicopatológico no diagnóstico do problema criminal.
E) As teorias de aprendizagem social sustentam que o comportamento delituoso se aprende do mesmo modo que o indivíduo aprende também outras atividades lícitas em sua interação com pessoas e grupos.

GABARITO: A
Comentários: As teorias conflituais afirmam que a harmonia social decorre da força e da coerção, logo, não há que se falar em voluntariedade entre os personagens para a pacificação social. Vivem uma realidade patológica nociva à sociedade, pois afeta sobremaneira o seu desenvolvimento e a sua estabilidade.

52. (Delegado de Polícia Civil/ES – 2019) **O pensamento criminológico moderno, de viés macrossociológico, é influenciado pela visão de cunho funcionalista (denominada teoria da integração, mais conhecida por teorias do consenso) e de cunho argumentativo (denominada por teorias do conflito). É correto afirmar que:**
A) São exemplos de teorias do consenso a Escola de Chicago, a teoria de associação diferencial, a teoria da subcultura do delinquente e a teoria do etiquetamento;
B) São exemplos de teorias do conflito a teoria de associação diferencial, a teoria da anomia, a teoria do etiquetamento e a teoria crítica ou radical;
C) São exemplos de teorias do consenso a Escola de Chicago, a teoria de associação diferencial, a teoria da anomia e a teoria da subcultura do delinquente;
D) São exemplos da teoria do consenso a teoria de associação diferencial, a teoria da anomia, a teoria do etiquetamento e a teoria crítica ou radical;

E) São exemplos da teoria do conflito a Escola de Chicago, a teoria de associação diferencial, a teoria da anomia e a teoria da subcultura do delinquente.

GABARITO: C
Comentários: No pensamento criminológico moderno, encontramos as teorias de conflito e as teorias de consenso. Exemplificando as teorias de consenso, temos: Escola de Chicago, Teoria da Associação Diferencial, Teoria da Anomia e Teoria da Subcultura Delinquente.

53. (Delegado de Polícia Civil/ES - 2019) **Constitui um dos objetivos metodológicos da teoria do *labellin approach* (Teoria do Etiquetamento Social) o estudo detalhado da atuação do controle social na configuração da criminalidade. Assinale a alternativa correta:**
A) Para o *labelling approach*, o controle social penal possui um caráter seletivo e discriminatório gerando a criminalidade;
B) O *labelling approach* é uma teoria da criminalidade que se aproxima do paradigma etiológico convencional para explicar a distribuição seletiva do fenômeno criminal;
C) Para o *labelling approach*, um sistemático e progressivo endurecimento do controle social penal viabilizaria o alcance de uma prevenção eficaz do crime;
D) O *labelling approach*, como explicação interacionista do fato delitivo, destaca o problema hermenêutico da interpretação da norma penal;
E) O labelling approach surge nos EUA nos anos 80, admitindo a normalidade do fenômeno delitivo e do delinquente.

GABARITO: A
Comentários: Para os defensores da Teoria do Etiquetamento Social, a criminalidade é um processo de estigmação, ou seja, são etiquetas impostas aos criminosos no âmbito do controle social. Podemos concluir que estamos diante de um mecanismo seletivo e discriminatório colocado na criminalidade.

54. (Delegado de Polícia Civil/PR - 2021) **A teoria estrutural-funcionalista do desvio e da anomia foi desenvolvida por:**
A) Howard Becker.
B) Robert Merton.
C) Edwin Sutherland.
D) John Rockefeller.
E) Albert Cohen.

GABARITO: B
Comentários: A teoria estrutural-funcionalista do desvio e da anomia foi desenvolvida por Robert Merton.

55. (Delegado de Polícia Civil/PR - 2021) **É correto afirmar que o Labelling Approach:**
A) assume que o crime decorre de um processo de construção social, ou seja, da atribuição da etiqueta de desviante a determinados indivíduos por meio da interação social.
B) ocasionou uma mudança de paradigma em criminologia, deslocando o objeto de estudo dos processos de criminalização para o estudo do sujeito delinquente.
C) mantém a etiologia do sujeito delinquente como seu principal objeto de estudo ao apresentar conceitos como os de desvio primário e de desvio secundário.
D) teve como bases teóricas o interacionismo simbólico e a filosofia penal do livre arbítrio.
E) também é conhecido como paradigma da reação social e surgiu com a Escola de Chicago, recebendo a influência da sociologia criminal europeia.

GABARITO: A
Comentários: Teoria do Labelling Approach assume que o crime decorre de um processo de construção social, ou seja, da atribuição da etiqueta de desviante a determinados indivíduos por meio da interação social.

56. (Delegado de Polícia Civil/MG – 2021) Sobre a teoria criminológica da associação diferencial, analise as assertivas abaixo:

I. O comportamento delituoso se aprende do mesmo modo que o indivíduo aprende também outras condutas e atividades lícitas, em sua interação com pessoas e grupos e mediante um complexo processo de comunicação.

II. O delito não é algo anormal nem sinal de uma personalidade imatura, senão um comportamento ou hábito adquirido, isto é, uma resposta a situações reais que o sujeito aprende.

III. A pobreza e a classe social são fatores suficientes para a explicação da tendência de alguém para o crime, no contexto das teorias da aprendizagem.

IV. O indivíduo aprende assim não só a conduta delitiva, senão também os próprios valores criminais, as técnicas comissivas e os mecanismos subjetivos de racionalização (justificação ou autojustificação) do comportamento desviado.

São CORRETAS apenas as assertivas:

A) I, II e III.
B) I, II e IV.
C) I, III e IV.
D) II, III e IV.

GABARITO: B
Comentários: O comportamento delituoso se aprende do mesmo modo que o indivíduo aprende também outras condutas e atividades lícitas, em sua interação com pessoas e grupos e mediante um complexo processo de comunicação. O delito não é algo anormal nem sinal de uma personalidade imatura, senão um comportamento ou hábito adquirido, isto é, uma resposta a situações reais que o sujeito aprende. O indivíduo aprende assim não só a conduta delitiva, senão também os próprios valores criminais, as técnicas comissivas e os mecanismos subjetivos de racionalização (justificação ou autojustificação) do comportamento desviado.

57. (Delegado de Polícia Civil/AM – 2022) "Tal pressuposto parece-me ignorar o fato central acerca do desvio: ele é criado pela sociedade. Não digo isso no sentido em que é comumente compreendido, de que as causas do desvio estão localizadas na situação social do desviante ou em 'fatores sociais' que incitam sua ação. Quero dizer, isto sim, que grupos sociais criam desvio ao fazer as regras cuja infração constitui desvio, e ao aplicar essas regras a pessoas particulares e rotulá-las como outsiders. Desse ponto de vista, o desvio não é uma qualidade do ato que a pessoa comete, mas uma consequência da aplicação por outros de regras e sanções a um 'infrator'. O desviante é alguém a quem esse rótulo foi aplicado com sucesso; o comportamento desviante é aquele que as pessoas rotulam como tal." (BECKER, Howard S. Outsiders: estudos de sociologia do desvio. Rio de Janeiro: Zahar, 2008). Considerando o excerto acima, assinale a afirmativa correta sobre a teoria da reação social (ou labeling approach).

A) Para a teoria da reação social, um grupo de indivíduos que viola uma regra específica constituiria uma categoria homogênea justamente porque praticam um mesmo tipo de desvio.
B) Assim como as primeiras perspectivas sociológicas da criminologia, o labeling approach se concentra na busca pelas causas do desvio.
C) Para Howard Becker, algumas regras impostas pela sociedade são universalmente aceitas.

D) A partir de suas observações sobre desvio e reação social, Howard Becker constrói um modelo sequencial constituído por quatro tipos teóricos: o comportamento apropriado, o desviante puro, o falsamente acusado e o desviante secreto.

E) O conceito de carreiras desviantes não é útil para compreender o desvio, uma vez que, para o labeling approach, o aprendizado não é um fator que informa o comportamento desviante.

GABARITO: D
Comentários: Howard Becker constrói um modelo sequencial constituído por quatro tipos teóricos: o comportamento apropriado, o desviante puro, o falsamente acusado e o desviante secreto.

58. (Delegado de Polícia Civil/AM – 2022) **É notória a predominância de pessoas negras nas estatísticas criminais brasileiras – mas as análises sobre racismo e sistema penal não se limitam à leitura direta dos dados. Com base nesse fato, avalie as afirmativas a seguir.**

I. O racismo da seletividade penal se manifesta apenas a nível de criminalização secundária, por meio das metarregras dos agentes de segurança e operadores do Direito.

II. Segundo a Criminologia Crítica, a realidade carcerária brasileira traduz as marcas históricas da escravidão e a permanência do positivismo racista.

III. Policiais negros também estão expostos à violência institucional exercida sobre os corpos policiais, o que denota outra faceta do racismo estrutural.

IV. A fragilidade dos procedimentos de reconhecimento fotográfico explicita práticas racistas que contaminam a investigação, mas não é indicativo de racismo estrutural.

Está correto apenas o que se afirma em

A) I e II.
B) I e IV.
C) II e III.
D) III e IV.
E) II, III e IV.

GABARITO: C
Comentários: a realidade carcerária brasileira, segundo a Criminologia Crítica, traduz as marcas históricas da escravidão e a permanência do positivismo racista

59. (Delegado de Polícia Civil/AM – 2022) **A criminologia crítica atinge o mais alto nível de maturidade analítica quando direciona sua preocupação não apenas para a crítica dos processos de criminalização ou dos mecanismos de controle social, mas para a crítica do próprio Direito Penal e do sistema de justiça criminal como um todo. Sobre esse movimento de crítica ao Direito Penal, assinale a afirmativa correta.**

A) O Direito Penal somente consegue atuar de maneira homogênea porque está submetido a um sistema de princípios que limita sua atuação e confere racionalidade à produção normativa e à técnica legislativa.

B) O funcionamento da justiça penal é altamente seletivo também a nível de criminalização primária: o Direito Penal não protege todos os bens jurídicos de maneira igualitária, nem tutela os interesses de todos os cidadãos.

C) Embora o Direito Penal seja desigual por excelência, sua aplicação está vinculada a um critério de danosidade social e de gravidade das ações que permite uma tutela efetiva dos direitos.

D) Por ser um sistema de normas estático, o Direito Penal é considerado uma técnica idônea de atuação estatal na solução de problemas sociais, mas falhas humanas e defeitos infraestruturais ou organizacionais tornam sua aplicação desigual e seletiva.

E) O sistema de justiça criminal é o mecanismo de exclusão social por excelência e opera de forma autônoma, ou seja, não se comunica com outros mecanismos de exclusão social.

GABARITO: B
Comentários: O funcionamento da justiça penal é altamente seletivo também a nível de criminalização primária: o Direito Penal não protege todos os bens jurídicos de maneira igualitária, nem tutela os interesses de todos os cidadãos

60. **(Delegado de Polícia Civil/SP – 2022)** Surgida no final dos anos 80, é baseada em textos de uma série de pesquisadores e ativistas de movimentos que promoviam discussões quanto à "identidade de gênero" e "heteronormatividade". Vem acrescentando seu discurso a uma possível explicação do posicionamento da sociedade diante das variações comportamentais, principalmente quanto à "identidade de gênero" e suas consequências no âmbito criminal. É correto afirmar que o enunciado se refere à Teoria

A) Homofóbica.
B) Feminista.
C) Queer.
D) Liberal.
E) Machista.

GABARITO: C
Comentários: A teoria Queer surgiu no final dos anos 80, sendo baseada em textos de uma série de pesquisadores e ativistas de movimentos que promoviam discussões quanto à "identidade de gênero" e "heteronormatividade". Vem acrescentando seu discurso a uma possível explicação do posicionamento da sociedade diante das variações comportamentais, principalmente quanto à "identidade de gênero" e suas consequências no âmbito criminal.

61. **(Investigador de Polícia/SP – 2022)** É considerada uma teoria de consenso, desenvolvida pelo sociólogo americano Edwin Sutherland (1883-1950), inspirado em Gabriel Tarde. Afirma que o comportamento do criminoso é aprendido, nunca herdado, criado ou desenvolvido pelo sujeito ativo. Assinale a alternativa que indica corretamente a qual teoria sociológica do crime corresponde o enunciado.

A) Anomia.
B) Teoria crítica.
C) Associação diferencial.
D) Subcultura delinquente.
E) Teoria ecológica.

GABARITO: C
Comentários: A Associação Diferencial é considerada uma teoria de consenso, desenvolvida pelo sociólogo americano Edwin Sutherland, inspirado em Gabriel Tarde e afirma que o comportamento do criminoso é aprendido, nunca herdado, criado ou desenvolvido pelo sujeito ativo.

62. **(Investigador de Polícia/SP – 2022)** É uma das mais importantes teorias de conflito. Surgida nos anos 1960, nos Estados Unidos, seus principais expoentes foram Erving Goffman e Howard Becker. Assinale a alternativa que indica corretamente a qual teoria sociológica do crime corresponde o enunciado.

A) Subculturas criminais.
B) Labelling approach.
C) Teoria anomia crítica.
D) Teoria ambientalista.
E) Criminologia radical.

GABARITO: B
Comentários: A Teoria do Labelling Approach, conhecida como Rotulação ou Etiquetamento, é uma das mais importantes teorias de conflito. Surgida nos anos 1960, nos Estados Unidos, seus principais expoentes foram Erving Goffman e Howard Becker.

63. (Escrivão de Polícia/SP – 2022) **A teoria sociológica da criminalidade denominada "Tolerância Zero" defende a ideia de que**
A) as ações policiais devem ser complacentes com os pequenos delitos, tais como pichações e perturbações de sossego.
B) as decisões por parte das autoridades policiais, diante de um ilícito, devem ser tomadas com base na discricionariedade, conveniência e oportunidade.
C) a redução dos índices criminais dar-se-á por mínima intervenção, com máximas garantias.
D) a repressão à desordem e a pequenos delitos produzirá, a médio prazo, diminuição dos índices criminais de maior impacto social, tais como crimes violentos contra a vida e dignidade sexual.
E) sua meta principal é a atribuição de punições a executivos do alto escalão da sociedade, políticos e empresários, independentemente da culpa individual do infrator ou da situação peculiar que se encontre.

GABARITO: D
Comentários: Tolerância Zero representa a repressão à desordem e a pequenos delitos produzirá, a médio prazo, diminuição dos índices criminais de maior impacto social, tais como crimes violentos contra a vida e dignidade sexual.

Capítulo 4
VITIMOLOGIA

4.1 CONSIDERAÇÕES INICIAIS

Os primeiros trabalhos sobre vítimas, segundo o professor Marlet (1995), foram de Hans Gross, em 1901.

A vitimologia se originou do sofrimento dos judeus na Segunda Guerra Mundial. Teve origem nos estudos de Benjamin Mendelsohn, considerado pai da vitimologia, que, como marco histórico, proferiu uma famosa conferência – Um horizonte novo na ciência biopsicossocial: a vitimologia, na Universidade de Bucareste, em 1947, e também com os estudos de Hans Von Hentig, em 1948, nos Estados Unidos, com a publicação do livro "The Criminal and his Victim".

Hentig defendia uma abordagem dinâmica, interacionista e desafiando a concepção de vítima como ator passivo. Destacou que algumas características das vítimas podem antecipar os fatos ou condutas delituosas, bem como a necessidade de analisar as relações existentes entre vítima e agressor.

Em 1973, em Jerusalém/Israel, ocorreu o 1º Simpósio Internacional de Vitimologia, sob a supervisão do criminólogo chileno Israel Drapkin, que impulsionou os estudos e a atenção comportamentais, buscando traçar perfis de vítimas potenciais, com a interação do Direito Penal, da Psicologia e da Psiquiatria.[1]

A importância de estudar a vitimologia está na análise biológica, psicológica e social da vítima, face à sua relação com o criminoso, para ao final aferir o dolo e a culpa deste, bem como a responsabilidade da vítima ou sua contribuição involuntária para o evento delituoso. Isso repercutirá na adequação típica e na aplicação da pena.

Também os estudos da vitimologia contribuem sobremaneira à compreensão do fenômeno da criminalidade, direcionando assim para o seu enfrentamento a partir do enfoque observado sobre a vítima atingida e os danos produzidos.

---

1. PENTEADO FILHO, Nestor Sampaio. *Manual Esquemático de Criminologia*. p. 67.

4.2 CONCEITO DE VITIMOLOGIA

Benjamin Mendelsohn define vitimologia como sendo "a ciência que se ocupa da vítima e da vitimização, cujo objeto é a existência de menos vítimas na sociedade, quando esta tiver real interesse nisso".

A vitimologia é a disciplina que estuda a vítima enquanto sujeito passivo do crime, sua participação no evento delitivo e os fatores de vulnerabilidade e vitimização, no fenômeno da criminalidade.

Em uma definição que abrange tanto a vitimologia penal quanto a geral ou vitimologia orientada à assistência, podemos defini-la como sendo o estudo científico da extensão, natureza e causas da vitimização criminal, bem como suas consequências para as pessoas envolvidas e as reações àquela pela sociedade, notadamente pela polícia e pelo sistema de justiça criminal.

4.3 FASES DAS VÍTIMAS

Na visão de García-Pablos de Molina, as vítimas ficaram sujeitas às seguintes fases:

4.3.1 Protagonismo

O protagonismo correspondeu ao período da vingança privada, onde os danos produzidos sobre uma pessoa eram reparados ou punidos pela própria pessoa. A resposta ao crime tem viés vingativo e punitivo, quase nunca reparatório.

4.3.2 Neutralização

Na neutralização da vítima, a resposta ao crime deve ser imparcial e despersonalizando a rivalidade. A punição serviria como prevenção geral e com pouca preocupação com a reparação.

4.3.3 Redescobrimento

O redescobrimento da vítima aconteceu pós segunda guerra mundial. É uma resposta ética e social ao fenômeno multitudinário da macrovitimização, que atingiu especialmente judeus, ciganos, homossexuais e outros grupos vulneráveis.

4.4 PROCESSOS DE VITIMIZAÇÃO

Edmundo de Oliveira define que o "*iter victimae* é o caminho, interno e externo, que segue um indivíduo para se converter em vítima. É o conjunto de etapas que se operam cronologicamente no desenvolvimento de vitimização"."[2]

O processo de vitimização diz respeito a relações humanas, que podem ser compreendidas como relações de poder. Podemos classificar o processo sob o seguinte enfoque:

a) **Vitimização primária:** é aquela causada pelo cometimento do crime. Provoca danos materiais, físicos e psicológicos, e ocasiona mudanças de hábitos e alterações de conduta. Exemplos: a ofensa contra a honra, a subtração da coisa.

b) **Vitimização secundária:** também conhecida por sobrevitimização. É decorrente do tratamento dado pelas ações ou omissões das instâncias formais de controle social (polícia, judiciário etc.). Isto é, o sofrimento adicional causado à vítima por órgãos oficiais do Estado, pelo poder midiático e pelo meio social em que está inserida. A vitimização secundária pode apresentar-se mais grave que a primária, uma vez que, além dos danos causados à vítima, ocasiona a perda de credibilidade nas instâncias formais de controle.

c) **Vitimização Terciária:** decorre da falta de amparo dos órgãos públicos e da ausência de receptividade social em relação à vítima. Isto é, a vitimização advinda dos familiares e do grupo social da vítima, os quais a segregam, excluem e humilham em virtude do crime contra si praticado, hostilizando-a sem remorso. Tal atitude incentiva a não denunciar o delito, ocorrendo a chamada cifra negra.

d) **Vitimização indireta:** é o sofrimento de pessoas intimamente ligadas à vítima de um crime. Aquela que, embora não tenha sido vitimizada diretamente pelo criminoso, sofre com o sofrimento do ente querido.

e) **Heterovitimização:** é a autorrecriminação da vítima pela ocorrência do crime através da busca por motivos que, provavelmente, a tornaram responsável pela infração penal. Exemplos: deixar a porta do veículo destravada, assinar uma folha de cheque em branco.

4.5 REVITIMIZAÇÃO

As vítimas também podem sofrer um processo emocional que se chama revitimização, ou seja, tornar-se vítima novamente. Divide-se em dois tipos:

---

2. OLIVEIRA, Edmundo. *Vitimologia e direito penal: o crime precipitado pela vítima*, p. 103-104.

a) heterovitimização secundária, que decorre da relação com outras pessoas ou instituições;

b) autovitimização secundária, que decorre de sentimentos autoimpositivos, decorrentes de sentimentos de culpa inconscientes.

Após o evento de vitimização, a vítima, necessariamente passa a conviver com delegados de polícia, policiais em geral, promotores de justiça, juízes de direito, advogados, médicos, assistentes sociais, funcionários em geral, e caso esta relação não seja bem conduzida, não acolhendo a vítima de maneira adequada, pode acontecer o processo de vitimização secundária.

Cada vez que a vítima é atendida por uma nova autoridade, ela necessita relatar novamente tudo o que aconteceu com ela. Quando isto acontece, podem surgir novas versões, munidas pelo sentimento de vergonha, medo, insegurança, culpa. Com isso podem surgir relatos onde ela se posiciona como autora do delito.

A autovitimização secundária ocorre quando a própria vítima se vitimiza novamente, mas recriminando-se pelo ocorrido, acreditando ser corresponsável pelo fato que aconteceu.

Pode acontecer uma tendência de "criminalização da vítima", ou seja, recaindo sobre ela acusações como se estivesse sentada no banco dos réus. Tal atitude é um artifício utilizado pelo próprio réu no processo, que busca sugerir a ideia que a vítima contribuiu para o delito ou acidente.

4.6 REVITIMIZAÇÃO E A LEI 13.431/2017

A Lei 13.431, de 04 de abril de 2017, foi criada com o escopo de estabelecer garantia de direitos à criança e adolescente vítima ou testemunha em inquérito policial e processo criminal. Segue as diretrizes da Constituição Federal, que estabelece em seu art. 227 ser dever do Estado assegurar com absoluta prioridade seus direitos, e da Convenção sobre Direitos da Criança (promulgada pelo Decreto 99.710/90) cujo art. 19 prevê a proteção integral contra todas as formas de violência.

A lei em comento normatizou o atendimento da criança e do adolescente no tocante às ocorrências policiais, ou seja, com sua vigência, a criança e o adolescente devem ser ouvidos sobre a situação de violência por meio de escuta especializada e depoimento especial, devendo os órgãos de saúde, assistência social, educação, segurança pública e Justiça adotar os procedimentos necessários por ocasião da revelação espontânea da violência.

Após, a edição da Lei 13.431/2017, passamos a ter: **a) escuta especializada** – procedimento de entrevista sobre situação de violência com criança ou adolescente perante órgão da rede de proteção, limitado o relato estritamente ao necessário para o cumprimento de sua finalidade; **b) depoimento especial** – procedimento de oitiva de criança ou adolescente vítima ou testemunha de violência perante autoridade policial ou judiciária.

O legislador se preocupou em proteger a criança e o adolescente de uma possível revitimização em virtude da sua condição peculiar de pessoa em desenvolvimento.

Neste contexto, a criança e o adolescente, em sede de oitiva deverão:

- **receber** tratamento digno e abrangente;
- **ter** a intimidade e as condições pessoais protegidas quando vítimas ou testemunhas de violência;
- **ser** protegidos contra qualquer tipo de discriminação, independentemente de classe, sexo, raça, etnia, renda, cultura, nível educacional, idade, religião, nacionalidade, procedência regional, regularidade migratória, deficiência ou qualquer outra condição sua, de seus pais ou de seus representantes legais;
- **receber** informação adequada à sua etapa de desenvolvimento sobre direitos, inclusive sociais, serviços disponíveis, representação jurídica, medidas de proteção, reparação de danos e qualquer procedimento a que sejam submetidos;
- **ser** ouvidos e expressar seus desejos e opiniões, assim como permanecer em silêncio;
- **receber** assistência qualificada jurídica e psicossocial especializada, que facilite a sua participação e os resguarde contra comportamento inadequado adotado pelos demais órgãos atuantes no processo;
- **ser** resguardados e protegidos de sofrimento, com direito a apoio, planejamento de sua participação, prioridade na tramitação do processo, celeridade processual, idoneidade do atendimento e limitação das intervenções;
- **ser** ouvidos em horário que lhes for mais adequado e conveniente, sempre que possível;
- **ter** segurança, com avaliação contínua sobre possibilidades de intimidação, ameaça e outras formas de violência;
- **ser** assistidos por profissional capacitado e conhecer os profissionais que participam dos procedimentos de escuta especializada e depoimento especial;

- **ser** reparados quando seus direitos forem violados;
- **conviver** em família e em comunidade;
- **ter** as informações prestadas tratadas confidencialmente, sendo vedada a utilização ou o repasse a terceiro das declarações feitas pela criança e pelo adolescente vítima, salvo para os fins de assistência à saúde e de persecução penal;
- **prestar** declarações em formato adaptado à criança e ao adolescente com deficiência ou em idioma diverso do português.

4.7 CONCEITOS DE VÍTIMA

Vítima é a pessoa que sofre danos de ordem física, mental e econômica, bem como a que perde direitos fundamentais, através de atos ou omissões que consistem em violação a normas penais, incluindo aquelas que prescrevem abuso de poder.

A Declaração dos Princípios Fundamentais de Justiça Relativos às Vítimas da Criminalidade e de Abuso de Poder, das Nações Unidas – ONU, de 1985, definiu vítimas como sendo as

> "pessoas que, individual ou coletivamente, tenham sofrido um prejuízo, nomeadamente um atentado à sua integridade física ou mental, um sofrimento de ordem moral, uma perda material, ou um grave atentado aos seus direitos fundamentais, como consequência de atos ou de omissões violadores das leis penais em vigor num Estado membro, incluindo as que proíbem o abuso de poder."

Vítima é quem sofreu ou foi agredido de alguma forma em virtude de uma ação delituosa, praticada por um agente.

Também, podem ser consideradas vítimas não apenas o homem individualmente, mas entidades coletivas como o Estado, corporações, comunidades e grupos familiares.

4.8 CLASSIFICAÇÕES DAS VÍTIMAS

Para a classificação das vítimas é levada em consideração a participação ou provocação da vítima no evento delituoso. Podemos classificá-las como:

a) Vítima nata: indivíduo que apresenta, desde o nascimento, predisposição para ser vítima e tudo fazendo, consciente ou inconscientemente, para figurar como vítima de crimes.

b) Vítima potencial: é aquela que apresenta comportamento, temperamento ou estilo de vida que atrai o criminoso, uma vez que facilita ou prepara o desfecho do crime. Essa vítima padece de um impulso fatal e irresistível para ser vítima dos mesmos delitos.

c) Vítima eventual ou real: aquela que é verdadeiramente vítima, não tendo em nada contribuído para a ocorrência do crime.

d) Vítima falsa ou simuladora: é aquela que está consciente de que não foi vítima de nenhum delito, mas, agindo por vingança ou interesse pessoal, imputa a alguém a prática de um crime contra si.

e) Vítima voluntária: é aquela que consente com o crime, inclusive, exerce papel participativo na prática delituosa. Exemplificando, no caso da "roleta russa", onde ocorre o suicídio por adesão da vítima que sofre de enfermidade incurável e que pede que a matem, por não mais suportar a dor.

f) Vítima acidental: é aquela que é vítima de si mesma, que dá causa ao fato geralmente por negligência ou imprudência.

g) Vítima ilhada: é aquela que se afasta das relações sociais e se torna solitária.

h) Vítima indefesa: é aquela que se vê privada do auxílio do Estado, ou seja, que tem que tolerar a lesão sofrida, pois a perseguição do autor da agressão seria muito mais danosa. Exemplo: vítimas de corrupção policial.

i) Vítima imune: é aquela que o criminoso evita agredir em virtude da imensa repercussão social que o evento delituoso pode vir a causar. Exemplo: sacerdotes, celebridades, jornalistas e etc..

Benjamim Mendelsohn classifica as vítimas de acordo com sua contribuição ou participação na infração penal em:

a) vítima inocente;

b) vítima menos culpada que o criminoso;

c) vítima tão culpada quanto o criminoso. Exemplo: a vítima do conto do "bilhete premiado" é tão culpada quanto o criminoso, em decorrência da torpeza bilateral, presente no delito de estelionato.

d) vítima mais culpada que o criminoso;

e) vítima exclusivamente culpada.

Dessa forma, Benjamim Mendelsohn sintetiza a sua classificação em três grupos:

a) Vítima inocente ou ideal: é a vítima inconsciente, isto é, que não concorre de forma alguma para desencadear o delito, mas sim puramente vítima.

b) Vítima provocadora que induz o criminoso à prática do crime, originando ou provocando o fato delituoso. Por sua própria conduta incita ou colabora na ação delituosa e existe uma culpabilidade recíproca, pela qual a pena deve ser reduzida ao agente do delito.

c) Vítima agressora, simuladora ou imaginária: que, em decorrência de anomalia psíquica ou mental, acredita ser vítima da ação criminosa, o que acaba justificando a legítima defesa de seu agressor.

Por seu turno, Hans von Hentig apresentou a classificação de vítimas em grupos:

- 1º grupo: criminoso – vítima – criminoso, de forma sucessiva. O reincidente que é hostilizado no sistema penitenciário, vindo a delinquir novamente pela repulsa social que encontra na sociedade.

- 2º grupo: criminoso – vítima – criminoso, de forma simultânea. É o caso das vítimas de drogas que deixam de ser usuárias e migram para o tráfico.

- 3º grupo: criminoso – vítima, de forma imprevisível. É o caso do criminoso que é linchado por populares.

CLASSIFICAÇÕES DAS VÍTIMAS		
GERAL	**POR BENJAMIM MENDELSOHN**	**POR HANS von HENTIG**
– Vítima nata. – Vítima potencial. – Vítima eventual ou real. – Vítima falsa ou simuladora. – Vítima voluntária. – Vítima acidental. – Vítima ilhada.	– Vítima inocente. – Vítima menos culpada que o criminoso. – Vítima tão culpada quanto o criminoso. – Vítima mais culpada que o criminoso. – Vítima exclusivamente culpada.	**1º grupo:** criminoso, vítima, criminoso – de forma sucessiva. **2º grupo:** criminoso, vítima, criminoso – de forma simultânea. **3º grupo:** criminoso, vítima – de forma imprevisível.

4.9 SÍNDROME DE ESTOCOLMO

Síndrome de Estocolmo é um estado psicológico particular desenvolvido por algumas pessoas que são vítimas de sequestro ou detidas contra sua vontade, criando laços afetivos com o seu raptor.

A síndrome se desenvolve a partir de tentativas da vítima de se identificar com seu raptor ou de conquistar a simpatia do sequestrador, ou seja, a princípio como meio de defesa, por medo de retaliação ou violência.

Recebeu este nome em decorrência do assalto do Kreditbanken em Normalmstorg, Estocolmo, no ano de 1973. O crime ocorreu entre os dias 23 a 28 de agosto de 1973 e, mesmo após o término do sequestro, as vítimas continuavam a defender seus raptores, bem como se mostravam reticentes nos processos judiciais.

O termo foi cunhado pelo criminólogo e psicólogo Nils Bejerot, que auxiliou a polícia durante o evento delituoso.

4.10 SÍNDROME DE LONDRES

A Síndrome de Londres tem sua origem ocorrido em 1980, na Embaixada Iraniana, situada na cidade de Londres, onde seis terroristas árabes iranianos fizeram como reféns 16 diplomatas e funcionários iranianos, 3 cidadãos britânicos e 1 libanês. Neste grupo de reféns, o funcionário iraniano chamado Abbas Lavasani discutia frequentemente com os terroristas e afirmava a todo momento que jamais se curvaria ao Aiatolá, pois seu compromisso era com a justiça da revolução islâmica. Num dado momento do sequestro, os terroristas deciram que um dos reféns deveria ser morto para que acreditassem nas suas ameaças. Lavasini foi escolhido e executado.

Na Síndrome de Londres, os reféns passam a discutir e discordar do comportamento dos sequestradores, gerando assim uma antipatia que, não raras vezes, poderá ser fatal.

4.11 SÍNDROME DA MULHER DE POTIFAR

Síndrome da mulher de Potifar corresponde à figura criminológica da mulher que, sendo rejeitada, imputa falsamente a quem a rejeitou uma conduta criminosa ofensiva à dignidade sexual.

A síndrome da mulher de Potifar tem origem bíblica. O livro de Gênesis, no capítulo 39, narra a história de José, décimo primeiro filho de Jacó. Seus irmãos nutriam ciúmes e inveja dele com o pai. Num dado dia, ao avistarem a aproximação de uma caravana que se dirigia ao Egito, resolveram vendê-lo aos ismaelitas, que o revenderam a um egípcio chamado Potifar, um oficial que era o capitão da guarda do palácio real. José ganhou a confiança de Potifar e passou a ser o administrador de sua casa, tomando conta de tudo o que lhe pertencia. Porém, a mulher de Potifar, sentindo forte atração por José, quis com ele ter relações sexuais, mas foi rejeitada, quando, então, inventou para seu marido a história: *"[...] esse escravo hebreu, que você trouxe para casa, entrou no meu quarto e quis abusar de mim. Mas eu gritei bem alto, e ele correu para fora deixando a sua capa no meu quarto[...]. O dono de José ficou com muita raiva. Ele agarrou José e o pôs na cadeia onde ficavam os presos do rei".*[3]

---

3. Síntese da história narrada na Bíblia, em Gênesis, capítulo 39, versículos 6 a 20.

O julgador dos delitos ofensivos à dignidade sexual, que na maioria das vezes são despidos de testemunhas, deve se valer da *síndrome da mulher de Potifar* e deverá ter a sensibilidade necessária para apurar se os fatos relatados pela vítima são verdadeiros, ou seja, comprovar a verossimilhança de sua palavra, haja vista que se contradiz com a negativa do agente.[4]

4.12 SÍNDROME DA BARBIE

A Síndrome da Barbie demonstra a visão social da mulher, ou seja, a ideia de coisificação da mulher. Trata-se de um objeto de desejo nos mesmos moldes de uma boneca, daí o nome – Barbie.

Para esta síndrome, a mulher, na sua infância, é incentivada às atividades domésticas e a cultuar seu corpo, através de produtos de beleza, roupas etc. gerando a expectativa de ser objeto e não sujeito de direitos.

Neste contexto, a mulher deixa de pleitear sua independência financeira e autoescolha sobre o seu corpo, tornando-se presa fácil dos criminosos de delitos sexuais. Não raras vezes, as mulheres vítimas de crimes sexuais deixam de denunciar às autoridades competentes, em virtude da sua educação que, ainda de forma inconsciente, gerou o senso de "objeto de desejo".

4.13 SÍNDROME DA MULHER MALTRATADA

Diariamente nos deparamos com notícias de violência doméstica contra a mulher. Esse tipo de violência é consequência explícita de demarcação de papéis numa sociedade machista, que por via transversa, fomenta a hierarquização do poder do homem e a subordinação da mulher nas relações conjugais.

A *Síndrome da mulher maltratada* consiste numa série de situações ofensivas suportadas pelas mulheres no âmbito conjugal, isto é, ofensas à integridade física, à honra, à dignidade sexual, à saúde psicológica e emocional, mas mesmo diante destes fatos a mulher-vítima continua mantendo sua relação conjugal, demonstrando sua incapacidade de abandoná-la.

Neste cenário onde a mulher-vítima se vê impotente, sem alternativas e auxílio externos para solucionar sua questão acaba por ceifar a vida do seu agressor. Importante, destacar, que se trata de homicídio peculiar, pois a mulher vítima de sucessivos maus-tratos recorre a este ato extremado, em virtude do grande abalo físico e/ou psicológico que sofre há anos.

---

4. GRECO, Rogério. *Curso de direito penal*: parte especial. v. III, p. 38.

4.14 FENÔMENO DE ESCOTOMA

Escotoma, palavra que se origina do grego *scotoma* – escuridão. Trata-se de uma região do campo visual que apresenta perda total ou parcial da acuidade, ladeada de outra região em que a visão normal está preservada.

O fenômeno de *Escotoma* ou *cegueira momentânea* consiste basicamente nos próprios procedimentos interesseiros e fraudulentos que têm como resultado que quem quer estafar o outro, acaba por ser estafado. Seria uma inversão do processo de projeção freudiano, pois, no caso deste fenômeno, pelo contrário, não se vê no outro as condições que ele possui e que trata de dissimular.

O fenômeno de *Escotoma* é claramente visualizado no crime de estelionato, senão vejamos: um indivíduo adquire algo supostamente de um valor muito alto, abaixo do preço de mercado, e em seguida descobre que o objeto em questão não tem nenhum valor.

4.15 VITIMODOGMÁTICA

Na análise da vítima dentro do campo criminológico, encontramos a presença da vitimodogmática, que é um estudo baseado no princípio da autorresponsabilidade que pode redundar na atenuação da sanção ou até mesmo na isenção da responsabilidade penal do autor.

A vitimodogmática consiste no estudo da contribuição da vítima na ocorrência de um crime e a influência de sua participação na dosimetria da pena.

4.16 VITIMOLOGIA CORPORATIVA

Sutherland, indignado com o senso moral nas relações empresariais, passou a investigar cientificamente a criminalidade no âmbito das corporações.

No mesmo sentido, William Laufer passou a desenvolver a vitimologia corporativa, isto é, a ideia das relações entre culpabilidade corporativa, dano e processos de vitimização.

Para Lélio Braga Calhau, a vitimologia corporativa busca investigar as dinâmicas no mundo corporativo e como os diversos personagens que atuam naquele meio (diretores, executivos, presidentes etc.) se relacionam e como são afetados, pelas "regras" do ambiente de trabalho.[5]

A vitimologia corporativa foi apresentada no Brasil por Eduardo Saad-Diniz.

---

5. CALHAU, Lélio Braga. *Princípio de criminologia*, p. 94.

No âmbito empresarial, temos os presidentes, executivos e diretores, que atuam no cenário corporativo e, não raras vezes são expostos a vários escândalos que envolvem as atividades das empresas. Estes personagens, na empresa, recebem tratamentos diferenciados como altos salários e elevadas bonificações, para serem compensados por eventuais responsabilidades administrativa, civil e criminal. Trata-se claramente de um processo de vitimização corporativa.

A vitimologia corporativa é um enfoque dentro da criminologia corporativa, eis que abarca o estudo da vítima, controle social, os processos de vitimização no campo corporativo e as formas de amenizar esse tipo de comportamento.[6]

4.17 CONSIDERAÇÕES FINAIS

No Brasil, as ações afirmativas de tutela de vítimas da violência são ainda tímidas, na medida em que se vive uma crise de valores morais, culturais e da própria autoridade constituída, com escândalos de corrupção nos três Poderes da República.

Entretanto, devemos destacar a Lei 11.340/2006 – denominada "Lei Maria da Penha" – que foi editada em razão de uma recomendação da Comissão Interamericana por violação de direitos humanos da vítima Maria da Penha, basicamente pela delonga do Tribunal de Justiça do Ceará em aplicar a lei penal em prazo razoável, refletiu a preocupação da sociedade brasileira com a violência doméstica contra a mulher. Ainda é necessário frisar que o Código de Processo Penal apresentou mudanças pontuais no tocante à vítima, quando introduziu nova redação ao seu art. 201. Hoje o ofendido será comunicado dos atos processuais relativos ao ingresso e à saída do acusado da prisão, à designação de data para audiência e à sentença e respectivos acórdãos que a mantenham ou modifiquem, sendo que as comunicações deverão ser feitas no endereço por ele indicado, admitindo-se, por opção do ofendido, o uso de meio eletrônico. Ainda, se a autoridade judiciária entender necessário, poderá encaminhá-lo para atendimento multidisciplinar, especialmente nas áreas psicossocial, de assistência jurídica e de saúde, a expensas do ofensor ou do Estado, podendo também adotar providências necessárias à preservação da intimidade, vida privada, honra e imagem, podendo, inclusive, determinar o segredo de justiça em relação aos dados, depoimentos e outras informações constantes dos autos a seu respeito para evitar sua exposição aos meios de comunicação.

---

6. GONZAGA, Christiano. *Manual de criminologia*, p. 192.

4.18 SÍNTESE

Conceito de vitimologia	É a disciplina que estuda a vítima enquanto sujeito passivo do crime, sua participação no evento delitivo e os fatores de vulnerabilidade e vitimização, no fenômeno da criminalidade.
Fases das vítimas	Na ótica de García-Pablos, as vítimas estão sujeitas as seguintes fases: – **Protagonismo:** os danos causados sobre uma pessoa eram reparados ou punidos pela própria pessoa (vingança privada). – **Neutralização:** a resposta ao crime deve ser imparcial e despersonalizando a rivalidade. – **Redescobrimento:** corresponde a uma resposta ética e social ao fenômeno multidinário da macrovitimização.
Processo de vitimização	– **Vitimização primária:** é aquela causada pelo cometimento do crime. Provoca danos materiais, físicos e psicológicos. – **Vitimização secundária:** é decorrente do tratamento dado pelas ações ou omissões das instâncias formais de controle social (polícia, judiciário etc.). É o sofrimento adicional causado à vítima por órgãos do Estado.
Processo de vitimização	– **Vitimização terciária:** é aquela advinda dos familiares e do grupo social da vítima, os quais a segregam, excluem e humilham em virtude do crime contra si praticado. – **Vitimização indireta:** é o sofrimento de pessoas intimamente ligadas à vítima de um crime. – **Heterovitimização:** é a autorrecriminação da vítima pela ocorrência do crime através da busca por motivos que, provavelmente, a tornaram responsável pela infração penal. Exemplos: deixar a porta do veículo destravada, assinar uma folha de cheque em branco.
Revitimização	As vítimas também podem sofrer um processo emocional que se chama revitimização, ou seja, tornar-se vítima novamente. Divide-se em dois tipos: – Heterovitimização secundária, que decorre da relação com outras pessoas ou instituições; – Autovitimização secundária, que decorre de sentimentos autoimpositivos, em razão de sentimentos de culpa inconscientes.
Conceito de vítima	É a pessoa que sofre danos de orem física, mental e econômica, bem como a que perde os direitos fundamentais, através de atos ou omissões que consistem em violação a normas penais.
Classificação de vítimas	– **Vítima nata:** é aquela que se apresenta desde do seu nascimento com predisposição para ser vítima. – **Vítima potencial:** é aquela que apresenta comportamento, temperamento ou estilo de vida que atrai o criminoso, uma vez que facilita ou prepara o desfecho do crime. – **Vítima eventual ou real:** é aquela que é verdadeiramente vítima. Não contribuiu em nada para a ocorrência do crime. – **Vítima falsa ou simuladora:** é aquela que está consciente de que não foi vítima de delito, mas age por vingança ou interesse pessoal, imputando a alguém a prática de crime contra si. – **Vítima voluntária:** é aquela que consente com o crime, inclusive, exerce papel participativo na prática delituosa. – **Vítima acidental:** é aquela que é vítima de si mesma. Geralmente dá causa ao fato por sua negligência ou imprudência. – **Vítima ilhada:** é aquela que se afasta das relações sociais e se torna solitária. – **Vítima indefesa:** é aquela que se vê privada do auxílio do Estado. Tem que tolerar a lesão sofrida, pois a perseguição do autor é muito mais danosa. – **Vítima imune:** é aquela que o criminoso evita agredir em virtude da imensa repercussão social que o evento delituoso pode vir a causar.

Classificação de vítimas por Benjamim Mendelsohn	– vítima inocente. – vítima menos culpada que o criminoso. – vítima tão culpada quanto o criminoso. – vítima mais culpada que o criminoso. – vítima exclusivamente culpada
Classificação de vítimas por Benjamim Mendelsohn	Sintetiza a sua classificação em três grupos: – **Vítima inocente:** é a vítima inconsciente. Não concorre de forma alguma para desencadear o delito. – **Vítima provocadora:** é aquela que induz o criminoso à prática do crime, originando ou provocando o fato delituoso. – **Vítima agressora ou imaginária:** é aquela que, em decorrência de anomalia psíquica ou mental, acredita ser vítima de crime.
Classificação de vítimas por Hans von Heting	Em três grupos: – **1º grupo:** criminoso – vítima – criminoso, de forma sucessiva. – **2º grupo:** criminoso – vítima – criminoso, de forma simultânea. – **3º grupo:** criminoso – vítima, de forma imprevisível.
Síndrome de Estocolmo	É um estado psicológico particular desenvolvido por algumas pessoas que são vítimas de sequestro ou detidas contra sua vontade, criando laços afetivos com o seu raptor.
Síndrome de Londres	Ocorre quando os reféns passam a discutir e discordar do comportamento dos sequestradores, gerando assim uma antipatia que, não raras vezes, poderá ser fatal.
Síndrome da mulher de Potifar	É a figura criminológica da mulher que, sendo rejeitada, imputa falsamente a quem a rejeitou uma conduta criminosa ofensiva à dignidade sexual.
Síndrome da Barbie	– Para esta síndrome, a mulher, na sua infância, é incentivada às atividades domésticas e a cultuar seu corpo. – Tem a expectativa de ser objeto e não sujeito de direitos.
Síndrome da mulher maltratada	– Consiste numa série de situações ofensivas suportadas pelas mulheres no âmbito conjugal, isto é, ofensas à integridade física, à honra, à dignidade sexual, à saúde psicológica e emocional, mas mesmo diante destes fatos a mulher-vítima continua mantendo sua relação conjugal, demonstrando sua incapacidade de abandoná-la. – Diante deste cenário a mulher-vítima se vê impotente, sem alternativas e auxílio externos para solucionar sua questão e acaba por ceifar a vida do seu agressor.
Fenômeno de *Escotoma*	Também conhecido por *cegueira momentânea*. Consiste basicamente nos próprios procedimentos interesseiros e fraudulentos que têm como resultado que quem quer estafar o outro, acaba por ser estafado.
Vitimodogmática	Consiste no estudo da contribuição da vítima na ocorrência de um crime e a influência de sua participação na dosimetria da pena.
Vitimologia Corporativa	– A vitimologia corporativa consiste nas relações entre culpabilidade corporativa, dano e processos de vitimização. – Foi apresentada no Brasil por Eduardo Saad-Diniz. – A vitimologia corporativa é um enfoque dentro da criminologia corporativa, eis que abarca o estudo da vítima, controle social, os processos de vitimização no campo corporativo e as formas de amenizar esse tipo de comportamento.

QUESTÕES DE PROVAS

1. (Delegado de Polícia/CE – 2015) **Quando a vítima, em decorrência do crime sofrido, não encontra amparo adequado por parte dos órgãos oficiais do Estado, durante o processo de registro e apuração do crime, como, por exemplo, o mau atendimento por um policial, levando a vítima a se sentir como um "objeto" do direito e não como sujeito de direitos, caracteriza:**

A) vitimização estatal ou oficial;
B) vitimização secundária;
C) vitimização terciária;
D) vitimização quartenária;
E) vitimização primária.

GABARITO: B
Comentários: Vitimização secundária, também conhecida por sobrevitimização, é decorrente do tratamento dado pelas ações ou omissões das instâncias formais de controle social (polícia, judiciária etc.). É o sofrimento adicional causado à vítima por órgãos oficiais do Estado, pelo poder midiático e pelo meio social em que está inserida.

2. (Investigador de Polícia/SP – 2014) **Uma das primeiras classificações, de forma sintética, da vítima em grupos, quanto à sua participação ou provocação no crime foi vítima inocente, vítima provocadora e vítima agressora, simuladora ou imaginária. Essa classificação é atribuída a:**

A) Cesare Lombroso;
B) Hans von Hentig;
C) Benjamim Mendelsohn;
D) Kurt Schneider;
E) Hans Gross.

GABARITO: C
Comentários: A classificação das vítimas foi sintetizada por Benjamim Mendelson em três grupos: a) vítima inocente ou ideal – é a vítima inconsciente, isto é, que não concorre de forma alguma para desencadear o delito, é, puramente, vítima; b) vítima provocadora – a que induz o criminoso à prática do crime, originando ou provocando o fato delituoso. Por sua própria conduta incita ou colabora na ação delituosa e existe uma culpabilidade recíproca, pela qual a pena deve ser reduzida para o agente do delito; c) vítima agressora, simuladora ou imaginária – a que, em decorrência de anomalia psíquica ou mental, acredita ser vítima da ação criminosa, o que acaba justificando a legítima defesa de seu agressor.

3. (Investigador de Polícia/SP – 2014) **Nos crimes de extorsão mediante sequestro, por exemplo, pode ocorrer a chamada Síndrome de Estocolmo que consiste:**

A) na doença que os sequestradores sofrem;
B) na identificação afetiva da vítima com o criminoso, pelo próprio instinto de sobrevivência;
C) em uma teoria que os órgãos públicos utilizam para reduzir a criminalidade;
D) no arrependimento do criminoso em razão do descontrole emocional;
E) no trauma que a vítima adquire em razão do sofrimento.

GABARITO: B
Comentários: *Síndrome de Estocolmo* é um estado psicológico particular desenvolvido por algumas pessoas que são vítimas de sequestro ou detidas contra sua vontade, criando laços afetivos com o seu ou os seus raptores. A

síndrome se desenvolve a partir de tentativas da vítima de se identificar com seu raptor ou de conquistar a simpatia do sequestrador, ou seja, a princípio como meio de defesa, por medo de retaliação ou violência. A síndrome recebeu este nome em decorrência do assalto de Normalmstorg do Kreditbanken em Normalmstorg, Estocolmo, no ano de 1973. O crime ocorreu entre os dias 23 e 28 de agosto de 1973 e, mesmo após o término do sequestro, as vítimas continuavam a defender seus raptores, bem como se mostravam reticentes nos processos judiciais. O termo foi cunhado pelo criminólogo e psicólogo Nils Bejerot, que auxiliou a polícia durante o evento delituoso.

4. (Investigador de Polícia/SP – 2014) **Quando ocorre a falta de amparo da família, dos colegas de trabalho e dos amigos, e a própria sociedade não acolhe a vítima, incentivando-a a não denunciar o delito às autoridades, ocorrendo o que se chama de cifra negra, está-se diante da vitimização:**

A) caracterizada;
B) secundária;
C) descaracterizada;
D) primária;
E) terciária.

GABARITO: E
Comentários: Vitimização Terciária – decorre da falta de amparo dos órgãos públicos e da ausência de receptividade social em relação à vítima. Isto é, a vitimização advinda dos familiares e do grupo social da vítima, os quais a segregam, excluem e humilham em virtude do crime contra si praticado, hostilizando-a sem remorso. Tal atitude incentiva a vítima a não denunciar o delito, ocorrendo a chamada cifra negra.

5. (Investigador de Polícia/SP – 2014) **A reparação dos danos e a indenização dos prejuízos à vítima são vistas pela doutrina como:**

A) uma importante tendência político-criminal observada na Lei 9.099/95;
B) um problema que cabe apenas ao Direito Civil tratar;
C) uma teoria que vê a vítima como uma parte autossuficiente no crime;
D) algo obsoleto, que não cabe mais discussão;
E) um fato que serve exclusivamente como base para cálculo da pena do criminoso.

GABARITO: A
Comentários: A Lei 9.099/95 instaurou um novo modelo de justiça criminal e conferiu à vítima papel de destaque na resolução do caso. O art. 62 da lei em comento dispõe sobre os seus principais objetivos: a reparação dos danos sofridos pela vítima e a aplicação de pena não privativa de liberdade.

6. (Investigador de Polícia/SP – 2014) **A autorrecriminação da vítima pela ocorrência de um crime, por meio da busca por causas que, eventualmente, tornaram-na responsável pelo delito, é denominada:**

A) homovitimização;
B) heterovitimização;
C) vitimização primária;
D) vitimização secundária;
E) vitimização terciária.

GABARITO: B
Comentários: A heterovitimização consiste na autorrecriminação da vítima pela ocorrência de um crime através da busca por razões que provavelmente a tornaram responsável pelo crime. Exemplos: não trancar o veículo; deixar uma folha de cheque assinada em branco.

7. **(Investigador de Polícia/SP – 2014)** O indivíduo que é lesado por estelionatário, o qual aplica-lhe o clássico "golpe do bilhete premiado", é considerado, de acordo com a classificação proposta por Mendelsohn, vítima:
A) exclusivamente culpada;
B) inocente;
C) tão culpada quanto o criminoso;
D) menos culpada que o criminoso;
E) mais culpada que o criminoso.

GABARITO: C
Comentários: Benjamim Mendelsohn classifica as vítimas de acordo com sua contribuição ou participação na infração penal em: vítima inocente, vítima menos culpada que o criminoso, vítima tão culpada quanto o criminoso, vítima mais culpada que o criminoso e vítima exclusivamente culpada. A vítima do conto do "bilhete premiado" é tão culpada quanto o criminoso, em decorrência da torpeza bilateral, presente no delito de estelionato.

8. **(Investigador de Polícia/SP – 2014)** O estudo da contribuição da vítima na ocorrência de um crime, e a influência dessa participação na dosimetria da pena, é denominado:
A) vitimodogmática;
B) perigosidade criminal;
C) infortunística;
D) círculo restaurativo;
E) *iter victimae*.

GABARITO: A
Comentários: A vitimodogmática é um estudo baseado no princípio da autorresponsabilidade que pode redundar na atenuação da sanção ou até mesmo na isenção da responsabilidade penal do autor. A vitimodogmática consiste no estudo da contribuição da vítima na ocorrência de um crime e a influência de sua participação na dosimetria da pena.

9. **(Delegado de Polícia/SP – 2014)** Um dos primeiros autores a classificar as vítimas de um crime foi Benjamin Mendelsohn, que levou em conta a participação das vítimas no delito. Segundo esse autor, as vítimas classificam-se em _____; vítimas menos culpadas que os criminosos; _____; vítimas mais culpadas que os criminosos e _____.
   Assinale a alternativa que preenche, correta e respectivamente, as lacunas do texto:
A) vítimas inocentes ... vítimas inimputáveis ... vítimas culpadas;
B) vítimas primárias ... vítimas secundárias ... vítimas terciárias;
C) vítimas ideais ... vítimas tão culpadas quanto o criminoso ... vítimas como únicas culpadas;
D) vítimas tão participativas quanto os criminosos ... vítimas passivas ... vítimas colaborativas quanto aos criminosos;
E) vítimas passivas em relação ao criminoso .... vítimas prestativas ... vítimas ativas em relação aos criminosos.

GABARITO: C
Comentários: Benjamim Mendelsohn classifica as vítimas de acordo com sua contribuição ou participação na infração penal em: vítimas ideais, vítimas menos culpadas que os criminosos, vítimas tão culpadas quanto o criminoso, vítimas mais culpadas que os criminosos e vítimas como únicas culpadas.

10. **(Médico Legista. Polícia Civil/SP – 2014)** Os estudos de vitimologia são relativamente recentes em matéria criminológica. Embora seja possível citar referências históricas, tiveram grande impulso e ganharam corpo somente após:

A) o extermínio de judeus na Segunda Grande Guerra;
B) abolição da escravatura na América do Sul;
C) a independência tardia dos países africanos, ex-colônias europeias;
D) a grande depressão iniciada nos Estados Unidos da América após a crise de 1929;
E) a exposição das fragilidades humanitárias da Europa Oriental após a queda do Muro de Berlim.

GABARITO: A
Comentários: A vitimologia nasceu do sofrimento dos judeus na Segunda Guerra Mundial.

11. (Escrivão de Polícia/SP – 2014) **Uma vítima que, ao querer registrar uma ocorrência, encontra resistência ou desamparo da família, dos colegas de trabalho e dos amigos, resultando um desestímulo para a formalização do registro, ocasiona o que é chamado "cifra negra". Neste caso, estamos diante da vitimização:**

A) primária;
B) secundária;
C) quartenária;
D) quintenária;
E) terciária.

GABARITO: E
Comentários: O processo de vitimização pode ser classificado sob o seguinte enfoque: vitimização primária – aquela causada pelo cometimento do crime; vitimização secundária – aquela decorrente do tratamento dado pelas ações ou omissões das instâncias formais de controle social (polícia, Judiciário etc.); vitimização terciária – aquela que decorre da falta de amparo dos órgãos públicos e da ausência de receptividade social em relação à vítima. Isto é, a vitimização advinda dos familiares e do grupo social da vítima, os quais a segregam, excluem e humilham em virtude do crime contra si praticado, hostilizando-a sem remorso. Tal atitude incentiva a não denunciar o delito, ocorrendo a chamada "cifra negra".

12. (Escrivão de Polícia/SP – 2014) **"Vítima inocente, vítima provocadora e vítima agressora, simuladora ou imaginária". Essa foi uma das primeiras classificações, de forma sintetizada, que levou em conta a participação ou provocação das vítimas nos crimes. O autor dessa classificação foi:**

A) Francesco Carrara;
B) Giovanni Carmignani;
C) Cesare Lombroso;
D) Benjamim Mendelsohn;
E) Cesare Beccaria.

GABARITO: D
Comentários: Benjamim Mendelsohn sintetiza a classificação das vítimas em três grupos: a) vítima inocente ou ideal: é aquela que não concorre de forma alguma para desencadear o delito, é puramente vítima; b) vítima provocadora: é aquela que induz o criminoso à prática do crime, originando ou provocando o fato delituoso; c) vítima agressora, simuladora ou imaginária: é aquela que, em decorrência de anomalia psíquica ou mental, acredita ser vítima da ação criminosa, o que acaba justificando a legítima defesa de seu agressor.

13. (Perito. Polícia Civil/SP – 2014) **Entende-se por vitimização secundária ou sobrevitimização aquela:**

A) provocada pelo cometimento do crime e pela conduta violadora dos direitos da vítima, proporcionando danos materiais e morais, por ocasião do delito;

B) que não concorreu, de forma alguma, para ocorrência do crime;
C) que, de modo voluntário ou imprudente, colabora com o ânimo criminoso do agente;
D) que ocorre no meio social em que vive a vítima e é causada pela família, por grupos de amigos etc.;
E) causada pelos órgãos formais de controle social, ao longo do processo do registro e apuração do delito, mediante o sofrimento adicional gerado pelo funcionamento do sistema de persecução criminal.

GABARITO: E
Comentários: Vitimização secundária, também conhecida como sobrevitimização. É decorrente do tratamento dado pelas ações ou omissões das instâncias formais de controle social (polícia, Judiciário etc.). Isto é, o sofrimento adicional causado à vítima por órgãos oficiais do Estado, pelo poder midiático e pelo meio social em que está inserida. A vitimização secundária pode apresentar-se mais grave do que a primária, uma vez que, além dos danos causados à vítima, ocasiona a perda da credibilidade nas instâncias formais de controle.

14. (Investigador de Polícia/SP – 2013) **É considerado pai da Vitimologia:**
A) Cesare Lombroso;
B) Raffaele Garofalo;
C) Émile Durkheim;
D) Benjamin Mendelsohn;
E) Cesare Bonesana.

GABARITO: D
Comentários: A vitimologia teve origem nos estudos de Benjamin Mendelsohn, considerado pai da vitimologia, que, como marco histórico, proferiu a conferência Um horizonte novo na ciência biopsicossocial: a vitimologia, na Universidade de Bucareste, em 1947.

15. (Investigador de Polícia/SP – 2013) **Entende(m)-se por vitimização(ções) terciária(s):**
A) os danos materiais e morais diretamente causados pelo delito, em face da vítima;
B) a conduta de terceiros ou de eventos oriundos da natureza;
C) o aborrecimento e o temor causados pela necessidade de comparecer aos órgãos encarregados de persecução criminal para o formal registro da ocorrência, bem como para a indicação de seu algoz;
D) a discriminação que a vítima recebe de seus familiares, amigos e colegas de trabalho, em forma de segregação e humilhação, por conta do delito por ela sofrido;
E) a sobrevitimização, como o suicídio ou a autolesão.

GABARITO: D
Comentários: A vitimização terciária decorre da falta de amparo dos órgãos públicos e da ausência da receptividade social em relação à vítima. É aquela advinda dos familiares e do grupo social da vítima, os quais as segregam, excluem e humilham em virtude do crime contra si praticado, hostilizando-a sem remorso.

16. (Investigador de Polícia/SP – 2013) – **Um indivíduo que, ao abrir a porta de seu veículo automotor, a fim de sair do estacionamento de um *shopping center*, é surpreendido por bandido armado que estava homiziado em local próximo, aguardando a primeira pessoa a quem pudesse roubar, é:**
A) tão culpado quanto o criminoso;
B) vítima ideal;
C) mais culpado que o criminoso;

D) exclusivamente culpado;
E) vítima de culpabilidade menor.

GABARITO: B
Comentários: Vítima ideal, também chamada de vítima inocente, é aquela que não concorre de forma alguma para desencadear o delito.

17. (Fotógrafo Pericial. Polícia Civil/SP – 2014) Ao longo dos anos, verificou-se, por meio dos estudos da criminologia, que a vítima sempre foi deixada em um segundo plano, a contar do momento em que o Estado monopolizou a distribuição da justiça, a vítima foi esquecida. Como contraponto desses estudos, o Brasil elaborou algumas leis que priorizam a vítima, dentre elas, pode-se citar:

A) a Lei 11.923/09, que criou a figura do sequestro relâmpago (§ 3º do art. 158 do CP);
B) a Lei 11.690/08, que vedou a utilização de provas ilícitas no processo penal (art. 157 do CPP);
C) a Lei 11.343/06, que instituiu o Sistema Nacional de Políticas Públicas sobre Drogas;
D) a Lei 9.503/97, que instituiu o Código de Trânsito Brasileiro;
E) a Lei 9.099/95, que instituiu os juizados especiais civis e criminais.

GABARITO: E
Comentários: A Lei 9.099/95, que instituiu os juizados especiais civis e criminais, teve inspiração esse modelo político-criminal "consensuado". Busca-se sempre a conciliação ou a transação. Esta lei impôs uma nova filosofia político-criminal, ou seja, não se limita apenas à pretensão punitiva estatal, mas também aos interesses da vítima.

18. (Fotógrafo Pericial. Polícia Civil/SP – 2014) Os primeiros estudos sobre a vitimologia datam de 1901, tendo como estudioso do assunto:

A) Hans Gross;
B) Enrico Ferri;
C) Francesco Carrara;
D) Adolphe Quetelet;
E) Cesare Bonesana.

GABARITO: A
Comentários: Os primeiros trabalhos e estudos sobre vítimas, segundo o professor Marlet, foram de Hans Gross.

19. (Fotógrafo Pericial. Polícia Civil/SP – 2014) Em 1973, houve o 1º Simpósio Internacional de Vitimologia, em Jerusalém/Israel, sob a supervisão do famoso criminólogo chileno _____.
Os estudos impulsionaram a atenção comportamental, buscando traçar perfis de vítimas potenciais, com a interação do Direito Penal, da Psicologia e da Psiquiatria.

A alternativa que completa corretamente a lacuna é:
A) Osvaldo Loro;
B) Diego Ventura;
C) Cláudio Mensura;
D) Israel Drapkin;
E) Ibrain Neto.

GABARITO: D
Comentários: O criminólogo chileno Israel Drapkin foi o responsável pelo 1º Simpósio Internacional de Vitimologia, ocorrido em Jerusalém/Israel, em 1973.

20. **(Delegado de Polícia Civil/MS - 2017)** Dentro da criminologia, tem-se a vertente da vitimologia, que estuda de forma ampla os aspectos da vítima na criminalidade, e é dividida em primária, secundária e terciária. Da análise dessa divisão, pode-se afirmar que a vitimização terciária ocorre, quando:

A) a vítima tem três ou mais antecedentes;
B) a vítima é parente em terceiro grau do ofensor;
C) um terceiro participa da ação criminosa;
D) a vítima é abandonada pelo estado e estigmatizada pela sociedade;
E) duas ou mais pessoas cometem o crime.

GABARITO: D
Comentários: A vitimização terciária consiste na falta de amparo dos órgãos públicos (Estado) e da ausência de receptividade social em relação à vítima. O grupo social segrega a vítima, hostilizando-a.

21. **(Delegado de Polícia Civil/MA - 2018)** João nutria grande desejo por sua colega de turma, Estela, mas não era correspondido. Esse desejo transformou-se em ódio e fez com que João planejasse o estupro e o homicídio da colega. Para isso, ele passou a observar a rotina de Estela, que trabalhava durante o dia e estudava com João à noite. Determinado dia, após a aula, em uma rua escura no caminho de Estela para casa, João realizou seus intentos criminosos, certo de que ficaria impune, mas acabou sendo descoberto e preso.

Conforme a criminologia crítica, o crime praticado contra Estela descrito no texto, pode ser explicado:

A) por traumas de infância desenvolvidos por João, o que tornou difícil a sua relação com as mulheres;
B) pela pouca iluminação da rua que Estela elegeu para voltar para casa depois da aula;
C) pelo comportamento imprudente de Estela, que, no período noturno, andava sozinha em rua mal iluminada;
D) pela existência de alguma característica inata de João, que fatalmente o levaria a cometer os crimes de estupro e homicídio;
E) por multifatores, como uma cultura misógina que desvaloriza as mulheres e que legitima a sua punição quando não atendidos os interesses e os desejos masculinos.

GABARITO: E
Comentários: A vitimização da mulher no contexto atual, marcada por vários fatores, que acabam retirando a sua liberdade de "querer ou não querer" atender aos anseios machistas. Trata-se da cultura misógina – relacionada à desvalorização do sexo feminino na forma mais radical, ou seja, ódio, desprezo ou humilhação da mulher na sociedade moderna.

22. **(Delegado de Polícia Civil/PI - 2018)** Sobre a Vitimologia, assinale a alternativa CORRETA.

A) De acordo com a classificação das vítimas formulada por Mendelsohn, a vítima simuladora é aquela que voluntária ou imprudentemente, colabora com o ânimo criminoso do agente.
B) É denominada terciária a vitimização que corresponde aos danos causados à vítima em decorrência do crime.
C) De acordo com a ONU, apenas são consideradas vítimas as pessoas que, individual ou coletivamente, tenham sofrido lesões físicas ou mentais, por atos ou omissões que representem violações às leis penais, incluídas as leis referentes ao abuso criminoso do poder.
D) O surgimento da Vitimologia ocorreu no início do século XVIII, com os estudos pioneiros de Hans Von Hentig, seguido por Mendelsohn.

E) É denominada secundária a vitimização causada pelas instâncias formais de controle social, no decorrer do processo de registro e apuração do crime.

GABARITO: E
Comentários: A vitimização secundária, também conhecida por sobrevitimização, decorre do tratamento dado pelas ações ou omissões das instâncias formais de controle social, tais como: Polícia, Judiciário etc.

23. (Delegado de Polícia Civil/BA – 2018) **No que diz respeito aos estudos desenvolvidos no âmbito da vitimologia, assinale a alternativa correta.**
A) O linchamento do autor de um crime por populares em uma rua pode ser classificado como uma vitimização secundária e terciária.
B) A chamada da vítima na fase processual de persecução penal para ser ouvida sobre o crime, por inúmeras vezes, é denominada vitimização secundária.
C) A longa espera da vítima de um crime em uma delegacia de polícia para o registro do crime é denominada vitimização terciária;
D) A vítima só passa a ter um contorno sistemático em sua abordagem criminológica a partir do fim da Primeira Guerra Mundial, na segunda década do século XX.
E) As pesquisas de vitimização têm por objetivo principal mensurar a vitimização secundária.

GABARITO: B
Comentários: A vitimização secundária decorre do tratamento dado pelas ações ou omissões das instâncias formais de controle social, tais como: da Polícia, Judiciário etc. É o sofrimento adicional causado à vítima por órgãos oficiais do Estado.

24. (Investigador de Polícia/SP – 2018) **As vítimas podem ser classificadas da seguinte maneira: vítima completamente inocente ou vítima ideal; vítima de culpabilidade menor ou por ignorância; vítima voluntária ou tão culpada quanto o infrator; vítima mais culpada que o infrator e vítima unicamente culpada. No estudo da vitimologia, essa classificação é atribuída a:**
A) Benjamin Mendelsohn;
B) Enrico Ferri;
C) Cesare Bonesana;
D) Cesare Lombroso;
E) Raffaele Garofalo.

GABARITO: A
Comentários: Benjamim Mendelsohn classifica as vítimas de acordo com sua contribuição ou participação na infração penal em: a) vítima inocente; b) vítima menos culpada que o criminoso; c) vítima tão culpada quanto o criminoso. Exemplo: a vítima do conto do "bilhete premiado" é tão culpada quanto o criminoso, em decorrência da torpeza bilateral, presente no delito de estelionato; d) vítima mais culpada que o criminoso; e) vítima exclusivamente culpada.

25. (Agente Telecomunicações/SP – 2018) **Na classificação de Benjamin Mendelsohn, a vítima imaginária é considerada uma vítima:**
A) mais culpada que o infrator;
B) voluntária ou tão culpada quanto o infrator;
C) completamente inocente ou ideal;
D) unicamente culpada;
E) de culpabilidade menor ou por ignorância.

GABARITO: D
Comentários: Vítima exclusivamente culpada – quando a vítima é imaginária, simuladora ou agressora. Trata-se de uma vítima possuidora de anomalia psíquica ou mental, que acredita ser vítima de ação criminosa, o que acaba por justificar a legítima defesa do agressor.

26. (Escrivão de Polícia/SP – 2018) **Com relação às classificações de vítimas, apresentadas por Benjamim Mendelsohn, em relação aos estudos de vitimologia:**
A) vítima resistente é aquela que concorre para a produção do resultado;
B) vítima ideal é aquela que contribui, de alguma forma, para o resultado danoso;
C) vítima como única culpada pode ser exemplificada pelo indivíduo embriagado que atravessa avenida movimentada vindo a falecer atropelado;
D) vítima por ignorância é aquela que não tem nenhuma participação no evento criminoso;
E) vítima completamente inocente é aquela cuja participação ativa é imprescindível para a caracterização do crime.

GABARITO: C
Comentários: Benjamim Mendelsohn ao classificar as vítimas de acordo com sua contribuição para a infração penal, apresenta a vítima exclusivamente culpada, sendo a única responsável pela ação delituosa. Exemplo: o indivíduo embriagado que atravessa uma avenida movimentada e acaba por ser atropelado.

27. (Agente Policial/SP – 2018) **Assinale a alternativa correta no que diz respeito aos estudos desenvolvidos no âmbito da vitimologia.**
A) Os estudos, as teorias e as classificações desenvolvidos no âmbito da vitimologia demonstram que a conduta da vítima não pode ser indicada como fator que, de algum modo, contribui para a prática do crime.
B) Uma das grandes contribuições do atual estágio de desenvolvimento da vitimologia foi demonstrar que o fenômeno da subnotificação é um mito e praticamente insignificante em termos quantitativos.
C) O aumento do número de crimes investigados e processados pode ocasionar uma maior vitimização secundária.
D) O preconceito posterior à prática do crime que recai sobre a vítima, em crimes sexuais, por parte da sociedade em geral e que contribui para a subnotificação deste tipo de crime é denominado vitimização primária.
E) Pesquisas de vitimização devem, paulatinamente, substituir os indicadores criminais baseados em registros de crimes.

GABARITO: C
Comentários: A vitimização secundária ocorre quando a vítima não é atendida de forma correta pelos órgãos estatais, ou seja, o tratamento a ela dispensado pela equipe da Polícia, do Ministério Público e do Judiciária acaba lhe impondo um sofrimento a mais. Com o aumento da criminalidade aumento também a possibilidade da ocorrência da vitimização secundária.

28. (Agente Policial/SP – 2018) **Assinale a alternativa que apresenta corretamente tipos ou definições de vítimas, nos termos propostos por Benjamin Mendelsohn.**
A) Vítima depressiva; Vítima indefesa; Vítima falsa; Vítima imune; e Vítima reincidente.
B) Vítima isolada; Vítima por proximidade; Vítima com ânimo de lucro; Vítima com ânsia de viver; e Vítima agressiva.
C) Vítima sem valor; Vítima pelo estado emocional; Vítima perversa; Vítima alcoólatra; e Vítima por mudança da fase de existência.

D) Vítima que se converte em autor; Vítima propensa; Vítima da natureza; Vítima resistente; e Vítima reincidente.

E) Vítima completamente inocente ou vítima ideal; Vítima de culpabilidade menor ou por ignorância; Vítima voluntária ou tão culpada quanto o infrator; Vítima mais culpada que o infrator; e Vítima unicamente culpada.

GABARITO: E
Comentários: Benjamim Mendelsohn classifica as vítimas de acordo com sua contribuição ou participação na infração penal em: a) vítima inocente; b) vítima menos culpada que o criminoso; c) vítima tão culpada quanto o criminoso; d) vítima mais culpada que o criminoso; e) vítima exclusivamente culpada.

29. (Papiloscopista Policial/SP – 2018) A _____ é a autorrecriminação da vítima pela ocorrência do crime contra si, buscando razões que, possivelmente, tornaram-na responsável pelo delito.

A) sobrevitimização.
B) vitimização primária.
C) vitimização secundária.
D) vitimização terciária.
E) heterovitimização.

GABARITO: E
Comentários: A heterovitimização é a autorrecriminação da vítima pela ocorrência do crime através da busca por motivos que, provavelmente, a tornaram responsável pela infração penal. Exemplo: deixar a porta do veículo destravada.

30. (Auxiliar de Papiloscopista Policial/SP – 2018) Assinale a alternativa correta no que diz respeito à classificação dos tipos de vítimas segundo Hans Von Henting.

A) Vítima com ânsia de viver – denomina-se assim aquela que, sob o pretexto de que a perseguição judicial lhe causaria maiores danos do que o próprio sofrimento resultante da ação criminosa, acaba deixando de processar o autor do delito. São vistos tais comportamentos geralmente nos roubos ocorridos nas ruas, nos crimes sexuais e nas chantagens.

B) Vítima imune – é considerada dessa forma a pessoa que, em decorrência de seu cargo, função, ou algum tipo de prestígio na sociedade em que vive, acredita que não está sujeita a qualquer tipo de ação delituosa que possa transformá-la em vítima. Um exemplo é o padre.

C) Vítima falsa – é taxada dessa forma a vítima que, pela cobiça, pelo anseio de se enriquecer de maneira rápida ou fácil, acaba sendo ludibriada por estelionatários ou vigaristas.

D) Vítima que se converte em autor – denomina-se assim a vítima que, por não aceitar ser agredida pelo autor, reage e passa a agredi-lo da mesma forma, sempre em sua defesa ou em defesa de outrem, ou também no caso de cumprimento do dever. Nessa situação, há sempre a disposição da vítima em lutar com o autor.

E) Vítima da natureza – denomina-se assim a pessoa que possui uma tendência natural de se tornar vítima. Isso pode decorrer da personalidade deprimida, desenfreada, libertina ou aflita da pessoa, sendo que esses tipos de personalidade podem de algum modo contribuir com o criminoso.

GABARITO: B
Comentários: Vítima imune – é aquela que o criminoso evita agredir em virtude da imensa repercussão social que o evento delituoso pode vir a causar. Exemplos: sacerdotes, celebridades, jornalistas etc.

31. (Escrivão de Polícia/SP – 2018) **Assinale a alternativa correta no que diz respeito à vitimologia.**
A) Na década de 80 do século XX, a ONU promulgou um dos principais diplomas internacionais no que diz respeito aos direitos das vítimas.
B) Vitimização terciária é definida como o resultado dos obstáculos e sofrimentos vivenciados pela vítima, em decorrência dos procedimentos legais da persecução penal desenvolvida pelo Estado.
C) No Brasil, a vitimologia é sistematizada por autores nacionais a partir da década de 30 do século XX, ajudando a nortear a elaboração do Código Penal de 1940.
D) Vitimização secundária é definida como o resultado da agressão infligida à vítima pelo autor do crime.
E) O termo "vitimologia" foi cunhado na década de 20 do século XX, ao término da Primeira Guerra Mundial.

GABARITO: A
Comentários: É a Declaração dos Princípios Fundamentais de Justiça Relativos às vítimas da Criminalidade e de Abuso de Poder, das Nações Unidas – ONU, em 1985.

32. (Delegado de Polícia Civil/ES – 2019) **A dor causada à vítima, ao ter que reviver a cena do crime, ao ter que declarar ao juiz o sentimento de humilhação experimentado, quando os advogados do acusado culpam a vítima, argumentando que foi ela própria que, com sua conduta, provocou o delito. Os traumas que podem ser causados pelo exame médico-forense, pelo interrogatório policial ou pelo reencontro com o agressor em juízo, e outros, são exemplos da chamada vitimização:**
A) indireta;
B) secundária;
C) primária;
D) terciária;
E) direta.

GABARITO: B
Comentários: A vitimização secundária (sobrevitimização) representa o tratamento oferecido às vítimas pelas instâncias formais de controle social (polícia, Judiciário etc.). Nada mais é que o sofrimento adicional imposto à vítima pelos órgãos estatais, pelo poder midiático e pelo meio social em que está inserida.

33. (Delegado de Polícia Civil/ES – 2019) **"A vítima do delito experimentou um secular e deliberado abando. Desfrutou do máximo protagonismo [...] durante a época da justiça privada, sendo depois drasticamente "neutralizada" pelo sistema legal moderno [...]" (MOLINA, Antonio Garcia-Pablos de; GOMES, Luiz Flávio, 2008, p. 73). A vitimologia impulsionou um processo de revisão científica do papel da vítima no fenômeno delitivo. Leia as afirmativas a seguir e assinale a alternativa INCORRETA sobre o tema.**
A) A vitimologia ocupa-se, sobretudo, do estudo sobre os riscos de vitimização, dos danos que sofrem as vítimas como consequência do delito assim como da posterior intervenção do sistema legal, dentre outros temas.
B) A criminologia tradicional desconsiderou o estudo da vítima por considerá-la mero objeto neutro e passivo, tendo polarizado em torno do delinquente as investigações sobre o delito, sua etiologia e prevenção.
C) Os pioneiros da vitimologia compartilhavam uma análise etiológica e interacionista, sendo que suas tipologias ponderavam sobre o maior ou menor grau de contribuição da vítima para sua própria vitimização.

D) A Psicologia Social destacou-se como marco referencial teórico às investigações vitimológicas, fornecendo modelos teóricos adequados à interpretação e explicação dos dados.
E) O redescobrimento da vítima e os estudos científicos decorrentes se deram a partir da 1ª (Primeira) Guerra Mundial em atendimento daqueles que sofreram com os efeitos dos conflitos e combates.

GABARITO: E
Comentários: O redescobrimento da vítima aconteceu pós-Segunda Guerra Mundial.

34. (Investigador de Polícia/SP – 2022) **No que se refere à vitimologia, leva em conta a participação ou provocação da vítima: a) vítimas ideais; b) vítimas menos culpadas que os criminosos; c) vítimas tão culpadas quanto os criminosos; d) vítimas mais culpadas que os criminosos e e) vítimas como únicas culpadas. É correto afirmar que a classificação contida no enunciado é atribuída a**

A) Howard Becker.
B) Israel Drapkin.
C) Edwin Lemert.
D) Robert Merton.
E) Benjamin Mendelsohn.

GABARITO: E
Comentários: Benjamin Mendelsohn classificou as vítimas como sendo a) vítimas ideais; b) vítimas menos culpadas que os criminosos; c) vítimas tão culpadas quanto os criminosos; d) vítimas mais culpadas que os criminosos e e) vítimas como únicas culpadas.

35. (Investigador de Polícia/SP – 2022) **Elaborou a seguinte classificação: 1º grupo – criminoso – vítima – criminoso (sucessivamente), reincidente que é hostilizado no cárcere, vindo a delinquir novamente pela repulsa social que encontra fora da cadeia; 2º grupo – criminoso – vítima – criminoso (simultaneamente), caso das vítimas de drogas que de usuárias passam a ser traficantes; 3º grupo – vítima (imprevisível), por exemplo, linchamento, saques e epilepsia, alcoolismo etc. É correto afirmar que a classificação contida no enunciado é atribuída a**

A) Hans Von Hentig.
B) Benjamin Mendelsohn.
C) Israel Drapkin.
D) Hans Gross.
E) Kurt Schneider.

GABARITO: A
Comentários: Hans Von Hentig elaborou a seguinte classificação: 1º grupo – criminoso – vítima – criminoso (sucessivamente), reincidente que é hostilizado no cárcere, vindo a delinquir novamente pela repulsa social que encontra fora da cadeia; 2º grupo – criminoso – vítima – criminoso (simultaneamente), caso das vítimas de drogas que de usuárias passam a ser traficantes; 3º grupo – vítima (imprevisível), por exemplo, linchamento, saques e epilepsia, alcoolismo.

36. (Investigador de Polícia/SP – 2022) **A própria sociedade não acolhe a vítima e muitas vezes a incentiva a não denunciar o delito às autoridades, ocorrendo o que se chama de cifra negra. É correto afirmar que o enunciado refere-se à**

A) Escola positiva.
B) Escola clássica.

C) Vitimização secundária.
D) Vitimização terciária.
E) Vitimização inocente.

GABARITO: D
Comentários: Vitimização Terciária ocorre quando a própria sociedade não acolhe a vítima e muitas vezes a incentiva a não denunciar o delito às autoridades, ocorrendo o que se chama de cifra negra.

37. (Escrivão de Polícia Civil/SP – 2022) **Assinale a alternativa correta.**
A) A Criminalística é o conjunto sistemático de princípios e estratégias utilizados pelo Estado na prevenção do delito.
B) A Infortunística é a ciência que estuda o sistema penitenciário.
C) A Penologia é um segmento da medicina legal que estuda as doenças e os acidentes do trabalho.
D) A Etiologia Criminal é a ciência que estuda o comportamento da vítima perante o seu agressor, sob o ponto de vista do controle social.
E) A Vitimologia é o estudo do ofendido, de sua personalidade e de seu grau de vulnerabilidade no evento criminoso.

GABARITO: E
Comentários: A Vitimologia é o estudo do ofendido, de sua personalidade e de seu grau de vulnerabilidade no evento criminoso.

Capítulo 5
CIFRA NEGRA, VIOLÊNCIA, IMPUNIDADE E PROGNÓSTICO CRIMINOLÓGICO

5.1 CONSIDERAÇÕES INICIAIS

Após o século XIX, as ciências criminais alcançaram projeção, daí por que passaram a se preocupar com o estudo do fenômeno da criminalidade, levando em consideração suas causas.

Os estudiosos da criminologia acreditam que por meio das estatísticas criminais pode-se identificar o liame causal entre os fatores de criminalidade e os ilícitos criminais praticados.

Entretanto, é necessário ter cautela na análise desses dados oficiais, pois muitas das infrações penais não são comunicadas aos órgãos do Poder Público, ora por inércia ou desinteresse das vítimas, ora por outras causas.

Nesse raciocínio é que nos deparamos com a criminalidade real, a criminalidade revelada e a cifra negra. A primeira é a quantidade efetiva de crimes praticados pelos criminosos, a segunda é o percentual dos crimes que chegam ao conhecimento do Estado e a terceira representa a porcentagem dos delitos que não foram comunicados ou elucidados. Estamos diante do **processo de atrição,** que consiste no distanciamento progressivo entre as cifras nominais e as cifras negras da criminalidade, em que o subproduto é a constatação da diferença existente entre a criminalidade real e a apurada em estatísticas oficiais.

5.2 CONCEITO DE CIFRA NEGRA

Cifra negra, também denominada por cifra ou zona escura, *dark number* ou *ciffre noir*, representa a diferença existente entre a criminalidade real e a criminalidade registrada pelos órgãos públicos.

Cifra negra é o número de delitos que por alguma razão, não são levados ao conhecimento das autoridades públicas, contribuindo para uma estatística distorcida da realidade fenomênica.

Muñoz Conde, ao discorrer sobre cifra negra, em sua obra "Introducción a la criminologia y al derecho penal", esclarece que nem todo delito cometido é tipificado; nem todo delito tipificado é registrado; nem todo delito registrado é investigado pela Polícia; nem todo delito investigado é denunciado; a denúncia nem sempre termina em julgamento; e o julgamento nem sempre termina em condenação.[1]

5.3 CIFRA NEGRA E OS CRIMES DO COLARINHO AZUL

Crimes do colarinho azul ou *blue collar crime* são os praticados, via de regra, por indivíduos economicamente menos favorecidos. Estão relacionados à criminalidade dos pobres, à criminalidade de rua, tais como: crimes patrimoniais, crimes contra a vida etc.

A origem do termo "colarinho azul" está na cor da gola do macacão dos operários e trabalhadores de fábricas, os quais eram chamados de *blue-collar*, em virtude da cor dos uniformes.

Em se tratando de crimes de colarinho azul, emprega-se a cifra negra para se referir às infrações penais desconhecidas oficialmente pelo sistema de justiça criminal e que, por consequência, não são investigadas e nem punidas.

5.4 DESTAQUES DA CIFRA NEGRA

Podemos apresentar os seguintes destaques da cifra negra:

a) A criminalidade real é muito maior que aquela registrada oficialmente.

b) No âmbito da criminalidade menos grave, a cifra negra é maior que no âmbito da criminalidade mais grave.

c) A magnitude da cifra negra varia consideravelmente segundo o tipo de delito.

d) Na delinquência juvenil ocorre a maior porcentagem de crimes com a menor quantidade de pena.

e) A possibilidade de ser enquadrado na cifra negra depende da classe social a que pertence o delinquente.

5.5 FILTROS PROPOSTOS POR ARNO PILGRAN

Arno Pilgran afirma que a ocorrência da cifra negra e da impunidade resulta de um mecanismo de filtragem que envolve o legislador, as vítimas, as testemu-

---

1. CONDE, Muñoz. *Introducción a la criminologia y al derecho penal*, p. 47.

nhas, a polícia, o ministério público e os tribunais, que elegem as ocorrências que devem ser definidas como crimes e as pessoas que devem ser identificadas como delinquentes e fazem com que o sistema penal se movimente apenas em determinados casos.

Para tanto, elaborou, de forma esquematizada, em filtros, a cifra negra, que apresentamos a seguir:

5.5.1 Filtro da criminalização primária

Encontramos nesse contexto as falhas na legislação, a saber:

a) Ausência de criminalização: Muitas condutas que ferem a paz social não são criminalizadas por lei, ou ocorre uma demora no seu processo legislativo. Ex.: Delitos informáticos próprios ou puros, que foram criminalizados no nosso país apenas no final de 2012 com a edição da Lei 12.737 de 30/11/2012, criando *novatio legis* no Código Penal.

b) Criminalização dúbia, confusa ou lacunosa: Legislação que não define com taxatividade conceitos para facilitar sua aplicação pelo operador do direito. Ex.: A Lei 9.034, de 03 de maio de 1995 – que dispõe sobre a utilização de meios operacionais para a prevenção e repressão de ações praticadas por organizações criminosas não apresentou uma definição sobre crime organizado. Entretanto, tais conceitos precisam ser captados de outras legislações, sendo que a Lei 12.694 de 24/07/2012 trouxe a recente definição de organização criminosa.

c) Criminalização excessiva: Encontramos legislação com penas desproporcionais às condutas praticadas pelos agentes. Ex.: Crime de falsificação, corrupção, adulteração ou alteração de produto destinado a fins terapêuticos ou medicinais (art. 273, *caput* e § 1º-A e § 1º-B do Código Penal), tornando hediondo e com pena de reclusão de 10 a 15 anos e multa quem falsifica cosméticos ou medicamentos, não ocorrendo uma proporcionalidade na dosagem da pena.

5.5.2 Filtro da *notitia criminis*

Neste filtro nos deparamos com a ausência de registro de ocorrências. A descrença na Justiça, alto risco da vitimização secundária, falta de expectativas reais, desestímulo e risco de perder dias de trabalho levam a vítima a não denunciar o delito às autoridades públicas. Assim sendo, a própria vítima contribui para a impunidade.

5.5.3 Filtro da abertura da investigação

Este filtro observa a ausência de instauração de inquérito policial para apuração da materialidade e autoria do delito. Isso se dá pelos motivos a seguir:

a) Falta de estrutura material: da Polícia e do Ministério Público.

b) Falta de estrutura humana: nos órgãos públicos responsáveis pela investigação criminal.

c) Falta de conhecimentos técnicos: ausência de profissionais habilitados sobre algumas áreas: contabilidade, operações nas bolsas de valores, informática, lavagem de capitais.

d) Notícia de corrupção generalizada na estrutura estatal.

e) Desestímulo dos agentes públicos.

f) Infiltração "criminosa" de agentes públicos no crime organizado.

g) Omissão do Ministério Público no seu dever constitucional de controle externo da atividade policial.

5.5.4 Filtro da investigação

Este filtro apresenta as deficiências no processo de apuração da autoria e da materialidade, a saber:

a) As vítimas e as testemunhas, muitas vezes, não colaboram para elucidação do delito.

b) Falta de recursos técnicos.

c) Morosidade, cartorialização e burocratização do inquérito policial.

d) Vítimas e testemunhas são ameaçadas pelos integrantes de organização criminosa ou no caso de crimes envolvendo agentes públicos.

e) Nos crimes funcionais, as investigações são corporativistas.

f) Nos crimes financeiros, a investigação é manipulada, isto é, a maioria dos delitos dessa ordem são arquivados.

5.5.5 Filtro da abertura do processo

Este filtro se depara com os casos que não são denunciados pelos seguintes motivos:

a) Falta de requisitos formais: com denúncias genéricas ou ineptas, isto é, contrariando os requisitos legais dispostos no art. 41 do Código de Processo Penal.

b) Com as propostas de arquivamento de procedimentos feito pelo Ministério Público.

c) Com as imunidades de parlamentares, do Presidente da República e etc.

d) Com a suspensão do processo e do curso prescricional, como, por exemplo, o art. 366 do Código de Processo Penal.

5.5.6 Filtro da comprovação legal e judicial do delito

Este filtro apresenta as seguintes falhas na instrução do processo:

a) Provas ilícitas.

b) Provas não jurisdicionalizadas.

c) Vítimas e testemunhas que têm medo, ou seja, demonstrando que os programas de proteção às vítimas e testemunhas apresentam falhas.

d) Vítimas e testemunhas que desaparecem com o tempo por conta da morosidade da Justiça brasileira.

e) Atraso tecnológico da Justiça, notadamente, com as cartas precatórias e rogatórias que são morosas.

5.5.7 Filtro da "Justiça territorializada *versus* criminalidade globalizada"

Neste filtro encontramos:

a) A globalização de vários delitos, tais como: narcotráfico, tráfico de mulheres, de crianças, de órgãos humanos, de armas, de animais e a corrupção internacional.

b) A internacionalização do criminoso, que se tornou mais poderoso.

c) A globalização das vítimas. Ex.: Nos crimes cibernéticos.

d) A globalização dos bens jurídicos. Ex.: Os crimes contra o meio ambiente.

e) A falta de cooperação internacional.

f) O despreparo tecnológico da justiça criminal.

5.5.8 Filtro da condenação

O filtro da condenação demonstra que nem todos os casos processados culminam em condenação. Podemos elencá-los:

a) No momento da prolação da sentença penal, na dúvida, aplica-se o princípio da presunção da inocência. Também, para condenação de um indivíduo, é necessária a produção de provas válidas e lícitas que comprovem a sua autoria delituosa.

b) A irracionalidade do sistema jurídico no que diz respeito ao julgamento dos crimes dolosos contra a vida. Ex.: O Tribunal do Júri.

5.5.9 Filtro da prescrição

Neste filtro nos deparamos com a morosidade da Justiça deparando com a multiplicidade de prescrições, tais como: prescrição da pretensão punitiva, prescrição da pretensão executória, prescrição intercorrente e prescrição retroativa.

5.5.10 Filtro da execução efetiva

Este filtro demonstra as falhas no nosso sistema com relação à execução da pena.

Quanto às penas de prisão:

a) Mandados de prisão não compridos: ora por razões seletivas, ora por corrupção.

b) A indústria das fugas do sistema penitenciário.

c) A inexistência de estabelecimentos prisionais adequados aos regimes fechado, semiaberto e aberto.

Quanto às penas alternativas:

a) A inexistência de uma política de fiscalização.

b) O descumprimento da transação penal.

c) A individualização inadequada da pena.

5.6 TÉCNICAS DE INVESTIGAÇÃO DA CIFRA NEGRA

Raúl Cernini apresenta as seguintes técnicas de investigação da cifra negra:[2]

a) Investigação em face dos autores ou técnica de autodenúncia: é feita através do interrogatório de pessoas em geral acerca dos fatos criminosos cometidos, resultando deles ou não o processo penal.

b) Investigação em face de vítimas: são ouvidas pessoas em geral que tenham suportado algum tipo de crime. Também busca-se a causa da não comunicação ou não indiciação dos envolvidos, variando do tipo penal

---

2. CERVINI, Raúl. *Os processos de descriminalização*, p. 189.

(estupro) à participação da vítima (jogos de azar) e mesmo à cumplicidade (favorecimento pessoal), o que pode levar o investigador a equívocos.

c) Investigação em face de informantes criminais: nos quais são criminosos que sobrevivem da delação alheia, alimentados pelo sistema. Representa uma amostragem de terceiras pessoas de forma muito desinibida e confiável.

d) Sistema de variáveis heterogêneas: estabelece níveis de controle informático, a saber: a análise da cifra negra das infrações penais leves, que é maior em razão dos crimes graves; a tendência à autocomposição das vítimas nos delitos de menor potencial ofensivos; a variação dos métodos de análise de país para país.

e) Técnica do segmento operativo destinado aos agentes de controle formal – polícia e tribunais: direciona os estudos no intuito de pesquisar as causas reais de vulnerabilidade e de disfunções do sistema criminal.

5.7 CIFRA DOURADA

A cifra dourada, subtipo da cifra negra, está relacionada às infrações penais da elite, não reveladas ou apuradas pelo Estado. Por exemplo, os crimes de sonegação fiscal, falências fraudulentas, lavagem de dinheiro, crimes eleitorais e ambientais.

A doutrina criminológica utiliza-se do termo cifra dourada para designar o índice de crimes praticados por criminosos diferenciados, ou seja, indivíduos das altas classes da sociedade que se valem de seus conhecimentos técnicos, da habilidade profissional e da influência pessoal ou política para consumarem intentos delituosos, que, via de regra, consistem exclusivamente em violações ao sistema financeiro, econômico e fiscal.

Eduardo Luiz Santos Cabette sustenta a existência da cifra dourada que representa a criminalidade de 'colarinho branco', definida como práticas antissociais impunes do poder político e econômico, a nível nacional e internacional, em prejuízo da coletividade e dos cidadãos e em proveito das oligarquias econômico-financeiras.[3]

A expressão "crime do colarinho branco" ou *white collar crime* foi difundida pelo americano Edwin Sutherland ao se referir ao crime cometido por um indivíduo de respeitável e elevado *status* social em relação às suas ocupações.

---

3. CABETTE, Eduardo Luiz Santos. *A criminologia no século XXI*. Disponível em <www.atualidadesdodireito.com.br/eduardocabette/2012/08/01>.

Douglas Fischer apresenta três fatores essenciais elencados por Edwin Sutherland pela implementação diferenciada da lei em relação aos criminosos do colarinho branco:

a) o *status* do "homem de negócios", que lhe concede um grau de respeitabilidade na sociedade de modo a afastá-lo do rótulo de criminoso;

b) a tendência de não castigar esse tipo de infração na esfera criminal;

c) a ausência de crítica e de compreensão dos efeitos dos crimes de colarinho branco pela sociedade.[4]

5.8 CIFRA CINZA

Cifra cinza consiste nas ocorrências policiais registradas nos órgãos públicos competentes, mas que encontram nas próprias delegacias de polícia a solução do conflito. Exemplos: o não oferecimento de representação nos crimes de ação penal pública condicionada à representação; o pagamento da fiança.

5.9 CIFRA AMARELA

A cifra amarela consiste no número de ocorrências praticadas com violência policial contra indivíduo da sociedade que, por temor da represália pelas instituições integrantes da segurança pública, deixa de denunciar os agressores aos órgãos públicos de fiscalização como ouvidorias e corregedorias.

5.10 CIFRA VERDE

Cifra verde consiste nas ocorrências que não chegam ao conhecimento dos órgãos policiais tendo como vítima o meio ambiente, e, como exemplos: pichações de muros; ferir ou mutilar animais silvestres; as "rinhas de galo".

5.11 PROGNÓSTICO CRIMINOLÓGICO E ESTATÍSTICO

Prognóstico criminológico ou prognose criminológica é um parecer médico acerca das chances de cura de um criminoso em decorrência do cumprimento de pena.

É a possibilidade de verificar se um criminoso é passível de se tornar um reincidente, analisando dados estatísticos coletados. Tal análise é dividida em dois grupos: clínica e estatística.

---

4. FISCHER, Douglas. *Delinquência econômica e estado social e democrático de direito*, p. 113.

5.11.1 Prognóstico Clínico

O prognóstico clínico é aquele em que se faz um detalhamento do criminoso, por meio da interdisciplinaridade, ou seja, utilizando a ciência da medicina, psicologia, dentre outras. Resume-se em um parecer médico acerca das chances de cura de um criminoso no cumprimento de pena. É realizado por uma equipe multidisciplinar de profissionais, denominada Comissão Técnica de Classificação, recebendo a classificação de exame criminológico.

5.11.1.1 Exame Criminológico

No Brasil, o exame criminológico tornou-se facultativo após a alteração promovida pela Lei 10.792/2.003 no art. 112 da Lei de Execuções Penais. Entretanto, pode ser requisitado pelo Juiz de Direito da Vara das Execuções Criminais em pedido fundamentado.

O exame criminológico consiste em uma espécie de exame pericial realizado por psicólogos, psiquiatras e assistentes sociais do Sistema Prisional no condenado penalmente, com vista a avaliar o seu comportamento, a sua personalidade, eventual arrependimento pela prática do delito, dentre outros fatores.

Necessário observar que existe uma distinção entre o exame criminológico e o exame da personalidade ou exame de classificação. Enquanto no exame da personalidade a análise dos fatores não são associados ao crime em concreto, no exame criminológico há um estudo que os relacionam com o delito praticado. Guilherme de Souza Nucci esclarece que "a diferença entre o exame de classificação e o exame criminológico é a seguinte: o primeiro é mais amplo e genérico, envolvendo aspectos relacionados à personalidade do condenado, seus antecedentes, sua vida familiar e social, sua capacidade laborativa, entre outros fatores, aptos a influenciar o modo pelo qual deve cumprir a sua pena no estabelecimento penitenciário (regime fechado ou semiaberto); o segundo é mais específico, envolvendo a parte psicológica e psiquiátrica do exame de classificação."[5]

Até 2003, exigia-se como requisito para a progressão de regime não só o cumprimento de pelo menos 1/6 da pena – requisito objetivo – e o mérito do sentenciado, mas também um parecer da Comissão Técnica de Classificação e o exame criminológico – requisito subjetivo. Depois da alteração sofrida pelo art. 112, não há mais previsão expressa sobre a exigência do exame criminológico.

Atualmente, para progressão de regime, além do requisito temporal, há apenas a exigência de bom comportamento carcerário, o qual será comprovado

---

5. NUCCI, Guilherme de Souza. *Manual de Processo Penal e Execução Penal*. p. 1.013-1.014.

pelo diretor do estabelecimento. Com isso, encontramos decisões em todos os sentidos no que se refere à exigência ou mesmo possibilidade de se submeter o executando a exame criminológico.

O Supremo Tribunal Federal deliberou sobre o assunto editando a Súmula Vinculante 26 que dispõe: "Para efeito de progressão de regime no cumprimento de pena por crime hediondo, ou equiparado, o juízo da execução observará a inconstitucionalidade do art. 2º da Lei 8.072, de 25 de julho de 1990, sem prejuízo de avaliar se o condenado preenche, ou não, os requisitos objetivos e subjetivos do benefício, podendo determinar, para tal fim, de modo fundamentado, a realização de exame criminológico."

Da mesma forma, o Superior Tribunal de Justiça uniformizou a orientação por meio da Súmula 439: "Admite-se o exame criminológico pelas peculiaridades do caso, desde que em decisão motivada."

Sendo assim, o exame criminológico ainda pode ser determinado, de maneira fundamentada pelo juiz, de modo excepcional.

5.11.2 Prognóstico Estatístico

Já o prognóstico estatístico é aquele baseado em índices de criminalidade, utilizando as tabelas de predição, que é a pesquisa que visa a prever o avanço da delinquência ou da reincidência, partindo de critérios determinados. Não consideram alguns fatores internos e servem apenas para orientar a análise de tipos penais específicos. Ocorre a chamada tábua de prognóstico, que são as medidas feitas estaticamente por profissionais das carreiras psicológicas com o escopo de verificar a condição e a evolução do recluso no decorrer do cumprimento da pena, avaliando as probabilidades de vir a delinquir. Nesta análise, são considerados vários fatores como o psicoevolutivo, jurídico-penal e penitenciário.

O fator psicoevolutivo considera a evolução da personalidade do agente, como existência de doenças graves infantojuvenis com repercussão somático-psíquica, desagregação familiar, interrupção escolar, automanutenção precoce, instabilidade na profissão, fuga de casa ou escola, internação em estabelecimento de tratamento para menores, perturbações psíquicas, dentre outras.

Por outro lado, o fator jurídico-penal traça a vida delitiva do indivíduo, compreendendo a sua vida pregressa como o início da criminalidade antes dos dezoito anos, passagens policiais, reincidência rápida, tipos de crimes cometidos e a criminalidade interlocal.

Temos também o fator penitenciário ou ressocializante que diz respeito ao aproveitamento positivo das medidas repressivas do Estado. Considerando as lamentáveis condições expostas pelo Brasil na tentativa de ressocializar o delinquente, notamos um péssimo aproveitamento escolar e profissional nos regimes fechado e semiaberto com a permanência exaustiva de condenados no regime inicial da pena, não ocorrendo uma devida progressão da pena.

5.12 CONSIDERAÇÕES FINAIS

O aumento acelerado da violência em nossa sociedade é resultado da ineficiência do poder público frente aos problemas da nossa sociedade, notadamente, a falta de estrutura de planejamento familiar, educacional e social.

A sociedade clamando por justiça e sem ter a mínima ideia da quantidade de fatores que contribuem à impunidade e ainda sem ter condições de como combatê-los, pede o irracional – pena de morte – o inconstitucional – prisão perpétua – o absurdo – agravamento de penas, mais rigor na execução e o aberrante – diminuição da maioridade penal. Percebe a anomia e pede mais leis! Percebe que o direito penal não funciona, mas crê que o problema está na pena anterior fixada, que foi insuficiente. O Poder Público, muitas vezes demagogicamente, por seu turno atende (Lei dos Crimes Hediondos, por exemplo) ou faz gestos de que vai atender a todos ou a alguns desses atávicos reclamos.[6]

Logo, os órgãos públicos integrantes do sistema criminal intervêm num processo de filtração de etapas, eis que grande parcela de vítimas deixa de denunciar os crimes que sofreram à polícia, a qual por sua vez não realiza todas as investigações necessárias à elucidação da infração penal, deixando assim de transmitir ao juízo tudo o que apurou; e os tribunais, por sua vez, arquivam um número elevado das investigações sob o manto do garantismo penal.

Para tanto devemos sempre entender a prognose intuitiva que compete analisar a probabilidade de reincidência e a possibilidade de reeducação do criminoso, sendo verificadas as causas de inadaptação social e as carências fisiopsíquicas, bem como as dificuldades em sua ressocialização para indicação das medidas adequadas no tratamento reeducativo.

---

6. GOMES, Luiz Flávio. *A impunidade no Brasil: de quem é a culpa?* Disponível em: <www.direitocriminal.com.br, acessado em 10.02.2013>.

5.13 SÍNTESE

Dark number* ou *ciffre noir	– Representa a diferença existente entre a criminalidade real e a criminalidade registrada pelos órgãos públicos. – Corresponde ao número de delitos que por alguma razão não são levados ao conhecimento das autoridades públicas, contribuindo para uma estatística distorcida da realidade fenomênica.
Cifra negra e os crimes do colarinho azul	– Crimes do colarinho azul ou *blue collar crime* são os praticados, via de regra, por indivíduos economicamente menos favorecidos. Estão relacionados à criminalidade dos pobres, à criminalidade de rua.
Destaques da cifra negra	– A criminalidade real é muito maior que aquela registrada oficialmente. – No âmbito da criminalidade menos grave, a cifra negra é maior que no âmbito da criminalidade mais grave. – A magnitude da cifra negra varia segundo o tipo de delito. – Na delinquência juvenil ocorre a maior porcentagem de crimes com a menor quantidade de pena. – A possibilidade de ser enquadrado na cifra negra depende da classe social a que pertence o delinquente.
Filtros propostos por Arno Pilgran	– **Filtro da criminalização primária: a)** Ausência de criminalização. **b)** Criminalização dúbia, confusa ou lacunosa. **c)** Criminalização excessiva: – **Filtro da *notitia criminis:*** ausência de registro de ocorrência. – **Filtro da abertura da investigação:** ausência de instauração de inquérito policial para apuração da materialidade e autoria do delito. – **Filtro da investigação:** apresenta as deficiências no processo de apuração da autoria e da materialidade. – **Filtro da abertura do processo:** Depara com os casos que não são denunciados, pelos seguintes motivos: **a)** falta de requisitos formais; **b)** propostas de arquivamento de procedimento feito pelo Ministério Público; **c)** as imunidades de parlamentares, do Presidente da República e etc.; **d)** suspensão do processo e do curso prescricional. – **Filtro da comprovação legal e judicial do delito:** apresenta as falhas na instrução do processo: **a)** provas ilícitas; **b)** provas não jurisdicionalizadas; **c)** Vítimas e testemunhas que tem medo; **d)** Vítimas e testemunhas que desaparecem com o tempo por conta da morosidade da Justiça brasileira; **e)** Atraso tecnológico da Justiça. – **Filtro da "Justiça territorializada *versus* criminalidade globalizada": a)** A globalização de vários delitos, tais como: narcotráfico, tráfico de mulheres, de crianças, de órgãos humanos, de armas, de animais e a corrupção internacional; **b)** A internacionalização do criminoso, que se tornou mais poderoso; **c)** A globalização das vítimas; **d)** A globalização dos bens jurídicos; **e)** A falta de cooperação internacional; **f)** O despreparo tecnológico da justiça criminal. – **Filtro da condenação:** demonstra que nem todos os casos processados culminam em condenação. – **Filtro da prescrição:** A morosidade da Justiça que leva à multiplicidade de prescrições. – **Filtro da execução efetiva:** demonstra as falhas no nosso sistema com relação à execução da pena. – **Filtro da execução efetiva:** demonstra as falhas no nosso sistema com relação à execução da pena.

Cifra dourada	Corresponde ao índice de crimes praticados por criminosos diferenciados, isto é, indivíduos das altas classes da sociedade que se valem de seus conhecimentos técnicos, da habilidade profissional e da influência pessoal ou política para consumarem intentos delituosos. Representa a criminalidade de "colarinho branco".
Cifra cinza	Consiste nas ocorrências policiais registradas nos órgãos policiais competentes, mas que encontram nas próprias delegacias de polícia a solução do conflito.
Cifra amarela	Consiste no número de ocorrências praticadas com violência policial contra indivíduo da sociedade, que, por temor da represália pelas instituições integrantes da segurança pública, deixa de denunciar os agressores aos órgãos públicos de fiscalização.
Cifra verde	Consiste nas ocorrências que não chegam ao conhecimento dos órgãos policiais tendo como vítima o meio ambiente, e, como exemplos: pichações de muros; ferir ou mutilar animais silvestres; "rinhas de galo".
Prognóstico Criminológico e Estatístico	Prognóstico criminológico ou prognose criminológica é um parecer médico acerca das chances de cura de um criminoso em decorrência do cumprimento de pena. Pode ser realizado através de: – Prognóstico clínico – é aquele em que se faz um detalhamento do criminoso, por meio da interdisciplinaridade, ou seja, utilizando a ciência da Medicina, Psicologia, dentre outras. Resume-se em um parecer médico acerca das chances de cura de um criminoso no cumprimento de pena. – Prognóstico estatístico – é aquele baseado em índices de criminalidade, utilizando tabelas de predição, que é a pesquisa que visa a prever o avanço da delinquência ou da reincidência, partindo de critérios determinados. No prognóstico clínico encontramos o exame criminológico, que consiste em uma espécie de exame pericial realizado por psicólogos, psiquiatras e assistentes sociais do sistema prisional, no condenado penalmente, com vista a avaliar o seu comportamento, a sua personalidade, eventual arrependimento pela prática do delito, dentre outros fatores.

QUESTÕES DE PROVAS

1. (Fotógrafo Pericial. Polícia Civil/SP – 2014) **Os estudos vitimológicos permitem estudar a criminalidade real, por meio dos registros efetuados pela própria vítima. A falta desses registros gera a(o) chamada(o):**
A) gráfico incompleto;
B) estatística branca;
C) cifra negra;
D) ponto obscuro;
E) incongruência estatística.

GABARITO: C
Comentários: Cifra negra consiste no número de delitos que, por alguma razão, não são levados ao conhecimento das autoridades públicas, contribuindo para uma estatística distorcida da realidade fenomênica. Isto é, representa a diferença existente entre a criminalidade real e a criminalidade registrada pelos órgãos públicos.

2. (Investigador de Polícia/SP – 2014) **Sobre o prognóstico criminológico estatístico, é correto afirmar que consiste em uma:**
A) certeza de um indivíduo delinquir, em razão de dados estatísticos coletados;
B) probabilidade de um indivíduo delinquir, em razão de dados estatísticos coletados;

C) certeza de um criminoso reincidir, em razão de dados estatísticos coletados;
D) probabilidade de um criminoso reincidir em razão de dados estatísticos coletados;
E) avaliação médica imediata e preliminar acerca de uma enfermidade ou estado psicológico, com base na observação momentânea do criminoso.

GABARITO: D
Comentários: A possibilidade de o criminoso se tornar um reincidente, analisando dados estatísticos coletados, caracteriza o chamado prognóstico criminológico ou prognose criminológica. Pode ser realizado em dois grupos: clínico (aquele em que se faz um detalhamento do criminoso, por meio da interdisciplinaridade, ou seja, utilizando a ciência da Medicina, Psicologia, dentre outras) e estatístico (é aquele baseado em índices de criminalidade, utilizando as tabelas de predição, que é a pesquisa que visa a prever o avanço da delinquência ou da reincidência, partindo de critérios determinados).

3. (Médico Legista. Polícia Civil/SP – 2014) **A expressão "cifra negra" é, em Criminologia, corresponde ao número de:**
A) erros judiciais (decisões judiciais incompatíveis com a realidade dos fatos);
B) crimes ocorridos e não reportados à autoridade;
C) criminosos reincidentes;
D) prisões efetuadas injustamente;
E) crimes ocorridos em ambientes públicos, mas cuja autoria permanece ignorada.

GABARITO: B
Comentários: Cifra negra é o número de delitos que, por alguma razão, não são levados ao conhecimento das autoridades públicas, contribuindo para uma estatística distorcida da realidade fenomênica.

4. (Escrivão de Polícia/SP – 2014) **A criminologia moderna estuda o fenômeno da criminalidade por meio da estatística criminal. Nessa seara, a expressão "cifra dourada" designa:**
A) o total de delitos registrados e de conhecimento do poder público que são elucidados;
B) as infrações penais praticadas pela elite, não reveladas ou apuradas; trata-se de um subtipo da "cifra negra", a exemplo do crime de sonegação fiscal;
C) as infrações penais de maior gravidade, como, por exemplo, o homicídio, que, ao ser elucidado, permite ao poder público planejar melhor suas ações e alterar a legislação;
D) as infrações penais de menor potencial ofensivo, por enquadrar-se na Lei 9.099/95, a exemplo do delito de perturbação do sossego alheio;
E) o percentual de delitos praticados pela sociedade de baixa renda que não chega ao conhecimento do poder público por falta de registro, e, portanto, não são elucidados.

GABARITO: B
Comentários: A cifra dourada, subtipo da cifra negra, está relacionada às infrações penais da elite, não reveladas ou apuradas pelo Estado. Por exemplo, os crimes de sonegação fiscal, falências fraudulentas, lavagem de dinheiro, crimes eleitorais e ambientais.

5. (Polícia Civil/SP – 2009) **Considera-se cifra negra a criminalidade:**
A) registrada, mas não investigada pela Polícia;
B) registrada, investigada pela Polícia, mas não elucidada;
C) registrada, investigada pela Polícia, elucidada, mas não punida pelo Judiciário;
D) não registrada pela Polícia, desconhecida, não elucidada, nem punida;
E) não registrada pela Polícia, porém conhecida e denunciada diretamente pelo Ministério Público.

GABARITO: D
Comentários: A cifra negra é a criminalidade não registrada pela Polícia, desconhecida, não elucidada e nem punida. Isto é, o número de delitos que, por alguma razão, não são levados ao conhecimento das autoridades públicas, contribuindo assim para uma estatística distorcida da realidade fenomênica.

6. (Polícia Civil/SP – 2010) **O termo cifra dourada é indicativo:**
   A) dos crimes praticados por membros da realeza;
   B) da violência doméstica ocorrida nas classes altas e não relatadas à polícia;
   C) dos crimes esclarecidos mediante a oferta de uma recompensa;
   D) do número de jovens de alto poder aquisitivo envolvidos com o narcotráfico;
   E) dos crimes denominados de "colarinho branco".

GABARITO: E
Comentários: O termo cifra dourada é utilizado para referenciar os delitos de elite, denominados "colarinho branco". São os crimes praticados por criminosos diferenciados, ou seja, indivíduos das altas classes da sociedade que se valem de seus conhecimentos técnicos, da habilidade profissional e da influência pessoal ou política para consumarem intentos delituosos, que, via de regra, consistem exclusivamente em violações ao sistema financeiro, econômico e fiscal.

7. (Defensoria/SP – 2009) **A expressão "cifra negra" ou oculta, refere-se:**
   A) às descriminantes putativas, nos casos em que não há tipo culposo do crime cometido;
   B) ao fracasso do autor na empreitada em que a maioria tem êxito;
   C) à porcentagem de presos que não voltam da saída temporária do semiaberto;
   D) à porcentagem de crimes não solucionados ou punidos porque, num sistema seletivo, não caíram sob a égide da polícia ou da justiça ou da administração carcerária, porque nos presídios "não estão todos os que são".
   E) à porcentagem de criminalização da pobreza e à globalização, pelas quais o centro exerce seu controle sobre a periferia, cominando penas e criando fatos típicos de acordo com seus interesses econômicos, determinando estigmatização das minorias.

GABARITO: D
Comentários: A cifra negra corresponde à porcentagem de crimes não registrados pela Polícia, desconhecida, não elucidada e nem punida. Isto é, o número de delitos que, por alguma razão, não são levados ao conhecimento das autoridades públicas, contribuindo assim para uma estatística distorcida da realidade fenomênica.

8. (Delegado de Polícia Civil/ES – 2019) **Uma informação confiável e contrastada sobre a criminalidade real que existe em uma sociedade é imprescindível, tanto para formular um diagnóstico científico, como para desenhar os oportunos programas de prevenção. Assinale a alternativa correta.**
   A) A criminalidade real corresponde à totalidade de delitos perpetrados pelos delinquentes. A criminalidade revelada corresponde à quantidade de delitos que chegou ao conhecimento do Estado. A cifra negra corresponde à ausência de registro de práticas antissociais do poder político e econômico.
   B) A criminalidade real corresponde à quantidade de delitos que chegou ao conhecimento do Estado. A criminalidade revelada corresponde à totalidade de delitos perpetrados pelos delinquentes. A cifra negra corresponde à ausência de registro de práticas antissociais do poder político e econômico.
   C) A criminalidade real corresponde à quantidade de delitos que chegou ao conhecimento do Estado. A criminalidade revelada corresponde à totalidade de delitos perpetrados pelos

delinquentes. A cifra negra corresponde à quantidade de delitos não comunicados ou não elucidados dos crimes de rua.

D) A criminalidade real corresponde à quantidade de delitos que chegou ao conhecimento do Estado. A criminalidade revelada corresponde à totalidade de delitos perpetrados pelos delinquentes. A cifra negra corresponde à violência policial, cujos índices não são levados ao conhecimento das corregedorias.

E) A criminalidade real corresponde à totalidade de delitos perpetrados pelos delinquentes. A criminalidade revelada corresponde à quantidade de delitos que chegou ao conhecimento do Estado. A cifra negra corresponde à quantidade de delitos não comunicados ou não elucidados dos crimes de rua.

GABARITO: E
Comentários: Criminalidade real – é a quantidade efetiva de crimes praticados pelos criminosos. Criminalidade revelada – é o percentual dos crimes que chega ao conhecimento do Estado. Cifra negra – representa a porcentagem dos delitos que não foram comunicados ou elucidados.

9. (Delegado de Polícia Civil/SP – 2022) **No julgamento da Ação Penal no 470 no Supremo Tribunal Federal, que ficou popularmente conhecido como "Caso do Mensalão", o Ministro Luiz Fux valeu-se destas expressões em seu voto: "[...] o desafio na seara dos crimes do colarinho branco é alcançar a plena efetividade da tutela penal dos bens jurídicos não individuais. Tendo em conta que se trata de delitos cometidos sem violência, incruentos, não atraem para si a mesma repulsa social dos crimes do colarinho azul." Diante do exposto, no que tange aos "crimes de colarinho branco", para representar a situação de impunidade provocada por omissão ou falta de comunicação e registro de condutas criminosas, nas quais o poder político e econômico pode vir a fomentar elevado grau de impunidade, as expressões do Ministro Luiz Fux se referem à**

A) Subnotificação privilegiada.
B) Cifra dourada.
C) Subnotificação azul.
D) Cifra azul.
E) Subnotificação do colarinho prateado.

GABARITO: B
Comentários: Cifra Dourada representa os crimes do colarinho branco.

Capítulo 6
CLASSIFICAÇÃO DOS CRIMINOSOS

6.1 CONSIDERAÇÕES INICIAIS

A classificação dos delinquentes torna-se um fator de grande importância na criminologia, sobretudo na análise de um diagnóstico correto e prognóstico do delito, assumindo um papel significativamente preponderante na função de ressocializar o criminoso.

6.2 CLASSIFICAÇÃO DOS CRIMINOSOS PROPOSTA POR HILÁRIO VEIGA DE CARVALHO

Hilário Veiga de Carvalho classifica os criminosos de forma etiológica, conforme a prevalência de fatores biológicos ou mesológicos:

6.2.1 Biocriminosos puros (pseudocriminosos)

Os biocriminosos puros são aqueles que apresentam apenas fatores biológicos. São submetidos a tratamento médico psiquiátrico em manicômio judiciário. Nesta classificação estão os psicopatas ou epilépticos, os quais durante a crise são capazes de efetuar disparos de arma de fogo.

6.2.2 Biocriminosos preponderantes

Biocriminosos preponderantes são os criminosos de difícil correção. São aqueles que apresentam fatores mesológicos, porém em menor quantidade: portadores de alguma anomalia biológica insuficiente para desencadear a ofensiva criminosa, que cedem ao estímulo externo e a ele respondem facilmente. Enquadram-se no dito popular "a ocasião faz o ladrão".

6.2.3 Biomesocriminosos

Os biomesocriminosos são aqueles que sofrem influências biológicas e do meio, mas é impossível decidir que fatores mais pesam na conduta delituosa.

Reincidência ocasional. São os criminosos em que a correção é possível. Ex.: Filho quer um carro. Pai não tem condição de comprar um carro. Filho rouba um carro a mão armada e mata a vítima.

6.2.4 Mesocriminosos preponderantes

Os mesocriminosos preponderantes têm correção esperada. São aqueles fracos de caráter e de personalidade. Para Hilário Veiga de Carvalho são os chamados "Maria vai com as outras". A reincidência é excepcional.

6.2.5 Mesocriminosos puros

Os mesocriminosos puros são aqueles que praticam condutas reprováveis numa determinada sociedade, mas aceitas no seu meio social. Não são considerados criminosos. São vítimas das circunstâncias exteriores, como é o caso do brasileiro que está vivendo no Oriente, é surpreendido bebendo bebida alcoólica após o trabalho e sofre a sanção de receber algumas chibatadas, pois naquela sociedade este fato é considerado ilícito, o que é normal no Brasil.

6.3 CLASSIFICAÇÃO DOS CRIMINOSOS PROPOSTA POR ODON RAMOS MARANHÃO

Odon Ramos Maranhão define ato criminoso como sendo "a soma de tendências criminais de um indivíduo com sua situação global, dividida pelo acervo de suas resistências".[1]

Nesta linha de raciocínio, Odon classificou os criminosos da seguinte maneira:

6.3.1 Criminoso Ocasional

O criminoso ocasional apresenta personalidade normal, poderoso fator desencadeante e ato consequente do rompimento transitório dos meios contensores dos impulsos.

6.3.2 Criminoso Sintomático

O criminoso sintomático apresenta personalidade com perturbação transitória ou permanente: mínimo ou nulo fator desencadeante.

---
1. MARANHÃO, Odon Ramos. *Psicologia do crime*, p. 28.

6.3.3 Criminoso Caracterológico

O criminoso caracterológico apresenta personalidade com defeito constitucional ou formativo de caráter: mínimo ou eventual fator desencadeante e ato ligado à natureza do caráter do agente.

6.4 CLASSIFICAÇÃO DOS CRIMINOSOS PROPOSTA POR GUIDO ARTURO PALOMBA

O psiquiatra forense Guido Arturo Palomba, seguindo os caminhos trilhados por Cândido Motta, apresenta cinco tipos de criminosos, a saber:

6.4.1 Impetuosos

Os criminosos impetuosos agem em curto-circuito, por amor à honra, sem premeditação, fruto de uma anestesia momentânea do senso crítico. Dentre os delitos que praticam relacionam-se principalmente o crime passional e alguns tipos de homicídios e de lesões corporais.

6.4.2 Ocasionais

Os criminosos ocasionais são os levados pelas condições pessoais e influências do meio, sobrepondo, assim, os fatores. Os delitos mais praticados são os crimes patrimoniais, notadamente, furto e estelionato.

6.4.3 Habituais

Os criminosos habituais são aqueles incapazes de readquirir uma existência honesta. A emenda é a exceção. Praticam todo tipo de delitos como: roubos, tráfico de drogas e homicídios em série. Em razão destes últimos, são conhecidos como "assassinos de aluguel ou justiceiros". Este tipo de criminoso tem como profissão o crime, isto é, deixa sua casa para "trabalhar" na atividade ilícita.

6.4.4 Fronteiriços

Os criminosos fronteiriços não são propriamente doentes mentais e nem normais. Na realidade, são semi-imputáveis, pois se encontram na zona limítrofe entre higidez e insanidade mental. Apresentam permanentes deformidades do senso ético-moral, distúrbio de afeto e da sensibilidade, cujas alterações psíquicas os levam à prática delituosa.

Estes, quando violentos, são os que praticam os atos mais perversos e hediondos dentre todos os tipos de criminosos.

A característica principal dos criminosos fronteiriços é a extrema frieza e insensibilidade moral com que tratam as vítimas.

6.4.5 Loucos criminosos

Os delitos praticados pelos loucos criminosos podem ser divididos em dois grupos:

a) Aqueles que agem graças a um processo lento e reflexivo, isto é, a ideia nasce do inesperado. É a obsessão doentia e invencível.

b) Aqueles que agem por impulso momentâneo: a deliberação do crime é fruto de uma impulsão momentânea e sua execução é imediata. O ato é uma reação primitiva, ou seja, sem motivo algum que possa justificar a atitude.

6.5 CLASSIFICAÇÃO DOS CRIMINOSOS PROPOSTA POR CESARE LOMBROSO

Cesare Lombroso, expoente da escola positiva, propôs a teoria do criminoso nato e, a partir desta, classificou os criminosos da seguinte maneira:

6.5.1 Criminoso nato

O criminoso nato tem influência biológica, estigmas, instinto criminoso, tornando-se um selvagem na sociedade. Tem cabeça pequena, deformada, fronte fugidia, sobrancelhas salientes, maçãs afastadas, orelhas malformadas, braços compridos, face enorme, tatuado, impulsivo e mentiroso.

O conceito de epilepsia também foi agregado ao criminoso nato.

Lombroso ainda propôs em seu livro, *O Homem Delinquente*, o delito como um ente natural, determinado por causas biológicas de natureza principalmente hereditária, apresentando o "tríptico lombrosiando", que consistia na somatória do atavismo, epilepsia e loucura moral.

6.5.2 Criminoso louco

O criminoso louco se apresenta como perverso, louco moral, alienado mental que deve permanecer internado em manicômio.

6.5.3 Criminoso de ocasião

O criminoso de ocasião apresenta predisposição hereditária. Assume hábitos criminosos influenciado por circunstância. É o caso da "ocasião faz o ladrão".

6.5.4 Criminoso por paixão

O criminoso por paixão usa da violência para solucionar questões passionais. É nervoso, irrefletido e exaltado.

6.6 CLASSIFICAÇÃO DOS CRIMINOSOS PROPOSTA POR ENRICO FERRI

Enrico Ferri também expoente da escola positiva e, sob a influência da teoria do criminoso nato proposta por Cesare Lombroso, apresentou a sua classificação de criminosos.

6.6.1 Criminoso nato

O criminoso nato é um indivíduo degenerado e com atrofia do senso moral, seguindo assim os estigmas apresentados por Lombroso.

6.6.2 Criminoso louco

O criminoso louco é um indivíduo alienado, e também semilouco ou fronteiriço.

6.6.3 Criminoso ocasional

O criminoso ocasional eventualmente pratica crimes. Para Ferri, o delito é que procura o indivíduo.

6.6.4 Criminoso habitual

O criminoso habitual é reincidente na ação criminosa, isto é, faz da prática delituosa o seu meio de vida.

6.6.5 Criminoso passional

O criminoso passional age pelo ímpeto, ou seja, durante uma "tempestade psíquica".

6.7 CLASSIFICAÇÃO DOS CRIMINOSOS PROPOSTA POR RAFAEL GARÓFALO

Rafael Garófalo, expoente da escola positiva, propôs a pena de morte sem piedade aos criminosos natos ou sua expulsão do país. Classificou os criminosos da seguinte maneira:

6.7.1 Criminoso assassino

O criminoso assassino é o delinquente típico e egoísta. Apresenta sinais externos e se aproxima da mentalidade de uma criança.

6.7.2 Criminoso enérgico ou violento

Ao criminoso violento, falta-lhe a compaixão. Tem falso preconceito. Não existe a falta do senso moral.

6.7.3 Ladrão ou neurastênico

O ladrão não tem probidade e nem o senso moral. Apresenta o biotipo com face móvel, olhos vivazes e nariz achatado.

6.8 SÍNTESE

Classificação dos criminosos por Hilário Veiga de Carvalho	**1. Biocriminosos puros (pseudocriminosos):** são aqueles que apresentam apenas fatores biológicos. São submetidos a tratamento médico psiquiátrico em manicômio judiciário. Ex.: Psicopatas ou epilépticos. **2. Biocriminosos preponderantes:** são os criminosos de difícil correção. São aqueles que apresentam fatores mesológicos, porém em menor quantidade: portadores de alguma anomalia biológica, insuficiente para desencadear a ofensiva criminosa, cedem ao estímulo externo e a eles respondem facilmente. **3. Biomesocriminosos:** são aqueles que sofrem influências biológicas e do meio, mas é impossível decidir que fatores mais pesam na conduta delituosa. Ex: Filho quer um carro. Pai não tem condição de comprar um carro. Filho rouba um carro a mão armada e mata a vítima. **4. Mesocriminosos preponderantes:** são aqueles fracos de caráter e de personalidade. São os chamados "Maria vai com as outras". **5. Mesocriminosos puros:** são aqueles que praticam condutas reprováveis numa determinada sociedade, mas aceitas no seu meio social. Não são considerados criminosos.
Classificação dos criminosos por Odon Ramos Maranhão	**1. Criminoso Ocasional:** apresenta personalidade normal, poderoso fator desencadeante e ato consequente do rompimento transitório dos meios contensores dos impulsos. **2. Criminoso Sintomático:** apresenta personalidade com perturbação transitória ou permanente: mínimo ou nulo fator desencadeante. **3. Criminoso Caracterológico:** apresenta personalidade com defeito constitucional ou formativo de caráter: mínimo ou eventual fator desencadeante e ato ligado à natureza do caráter do agente.

Classificação dos criminosos por Guido Arturo Palomba	**1. Impetuosos:** agem em curto-circuito, por amor à honra, sem premeditação, fruto de uma anestesia momentânea do senso crítico. **2. Ocasionais:** são os levados pelas condições pessoais e influências do meio, sobrepondo assim os fatores. **3. Habituais:** são aqueles incapazes de readquirir uma existência honesta. Têm como profissão o crime. **4. Fronteiriços:** apresentam permanentes deformidades do senso ético-moral, distúrbio de afeto e da sensibilidade, cujas alterações psíquicas os levam à prática delituosa. **5. Loucos criminosos: a)** Aqueles que agem graças a um processo lento e reflexivo, isto é, a ideia nasce do inesperado. **b)** Aqueles que agem por impulso momentâneo: a deliberação do crime é fruto de uma impulsão momentânea e sua execução é imediata.
Classificação dos criminosos por Cesare Lombroso	**1. Criminoso nato:** tem influência biológica, estigmas, instinto criminoso, tornando-se um selvagem na sociedade. Tem cabeça pequena, deformada, fronte fugidia, sobrancelhas salientes, maçãs afastadas, orelhas malformadas, braços compridos, face enorme, tatuado, impulsivo e mentiroso. **2. Criminoso louco:** apresenta-se como perverso, louco moral, alienado mental, que deve permanecer internado em manicômio. **3. Criminoso de ocasião:** apresenta predisposição hereditária. Assume hábitos criminosos influenciado por circunstância. **4. Criminoso por paixão:** usa da violência para solucionar questões passionais. É nervoso, irrefletido e exaltado.
Classificação dos criminosos por Enrico Ferri	**1. Criminoso nato:** é um indivíduo degenerado e com atrofia do senso moral. **2. Criminoso louco:** é um indivíduo alienado e também semilouco ou fronteiriço. **3. Criminoso ocasional:** eventualmente pratica crimes. O delito é que procura o indivíduo. **4. Criminoso habitual:** é reincidente na ação criminosa, isto é, faz da prática delituosa o seu meio de vida. **6.6.5. Criminoso passional:** age pelo ímpeto, ou seja, durante uma "tempestade psíquica".
Classificação dos criminosos por Rafael Garófalo	**1. Criminoso assassino:** é o delinquente típico e egoísta. Apresenta sinais externos e aproxima-se da mentalidade de uma criança. **2. Criminoso enérgico ou violento:** não tem compaixão e tem falso preconceito. Não existe a falta do senso moral. **3. Ladrão ou neurastênico:** O ladrão não tem probidade e nem o senso moral. Apresenta o biotipo com face móvel, olhos vivazes e nariz achatado.

QUESTÕES DE PROVAS

1. (Investigador de Polícia/SP – 2014) **Do ponto de vista criminológico, o criminoso fronteiriço é aquele que é considerado:**
A) inimputável pela lei penal, pois seu estado psicológico situa-se na zona limítrofe entre a higidez e a insanidade mental;
B) semi-imputavel pela lei penal, também conhecido doutrinariamente por idiota;
C) imputável pela lei penal, tendo sua conduta caracterizada pelo transporte de produtos controlados, tais como armas de fogo ou drogas ilícitas, do exterior para o Brasil ou vice-versa;
D) inimputável pela lei penal, também conhecido, doutrinariamente, como oligofrênico;
E) semi-imputável pela lei penal, pois seu estado psicológico situa-se na zona limítrofe entre higidez e a insanidade mental.

GABARITO: E
Comentários: Os criminosos fronteiriços não são propriamente doentes mentais e nem normais. O seu estado psicológico situa-se na zona limítrofe entre higidez e insanidade mental. Apresentam permanentes deformidades do senso ético-moral, distúrbio de afeto e da sensibilidade, cujas alterações psíquicas os levam à prática delituosa.

2. (Polícia Civil/SP – 2008) **Representam fatores somáticos condicionantes da personalidade, próprios do período pré-delitivo:**

A) mimetismo, enfermidades, miséria;
B) idade, sexo, ritmo cerebral;
C) religião, ego fraco, desejo de lucro imediato;
D) necessidade de *status*, escolaridade, promiscuidade;
E) carência afetiva, herança, cor.

GABARITO: B
Comentários: Os fatores somáticos, físicos ou endógenos, condicionantes da personalidade, próprios do período pré-delitivo, são: idade, sexo e ritmo cerebral, enquanto as demais alternativas apresentam os fatores sociais e psicológicos.

3. (Polícia Civil/SP – 2008) **Trata-se do autor da teoria do "delinquente nato", formulada após a realização de centenas de autópsias em delinquentes mortos e milhares de exames em delinquente presos:**

A) Pinel;
B) Ferri;
C) Lombroso;
D) Garófalo;
E) Bentham.

GABARITO: C
Comentários: O autor da teoria do "delinquente nato" é Cesare Lombroso, que a defendeu em sua obra *O Homem Delinquente*. Médico psiquiatra, desenvolveu esta teoria após a realização de centenas de autópsias e concluiu ser o criminoso um indivíduo geneticamente inclinado ao crime, isto é, delinquente nato.

4. (Ministério Público/SC – 2008) **Estão corretas:**

I. o Código de Hamurabi, concebido na Babilônia entre 2067 a 2025 a.C. e na atualidade pertencente ao acervo do museu do Louvre, em Paris, não continha disposições penais em sua composição;

II. segundo a "Lei térmica da criminalidade", de Quetelet, fatores físicos, climáticos e geográficos podem influenciar no comportamento criminoso;

III. entende-se por "cifra negra" da criminalidade o conjunto de crimes cuja violência produz elevada repercussão social;

IV. seguidor da antropologia criminal, Lombroso entendia que havia um tipo humano irresistivelmente levado ao crime, por sua própria constituição, de um verdadeiro criminoso nato;

V. em sua obra *Dos Delitos e das Penas*, escrita por volta de 1765, Cesare Bonesana – o Marquês de Beccaria – defendeu uma legislação penal rigorosa, aprovando a prática da tortura e da pena de morte.

A) Apenas I, III e V estão corretas.
B) Apenas II e IV estão corretas.
C) Apenas IV e V estão corretas.
D) Apenas II e III estão corretas.
E) Apenas III, IV e V estão corretas.

GABARITO: B
Comentários: Para apresentarmos a alternativa correta devemos indicar os dados inverídicos nos itens: I – o Código de Hamurabi pregava a filosofia "olho por olho, dente por dente", autorizando a justiça pelas próprias mãos, baseando-se, assim, na Lei do Talião; III – cifra negra é o fenômeno da criminalidade oculta, isto é, aquela que não chega ao conhecimento das autoridades competentes para o seu registro; V – Cesare Bonesana, na obra *Dos delitos e das penas*, se declarou contrário à prática da tortura e à pena de morte. As assertivas constantes nos itens II e IV estão corretas.

5. (Polícia Civil/SP – 2010) **A associação entre hereditariedade/delito e anomalias cromossômicas/comportamento criminal inserem-se no modelo da:**
A) Biologia criminal;
B) Sociologia criminal;
C) Psicologia criminal;
D) Psiquiatria criminal;
E) Frenologia criminal.

GABARITO: A
Comentários: A influência da genética criminal como fator biológico da criminalidade foi um estudo realizado por Lombroso.

6. (Investipol. Polícia Civil/SP – 2014) **Atração sexual por estátuas, manequins ou bonecos, que poderá redundar em prática de simulação de carícias ou de atos libidinosos com tais objetos em locais públicos, é denominada:**
A) necrofilia ou necromancia;
B) agalmatofilia ou pigmalionismo;
C) zoofilia ou zooerastia;
D) cleptomania ou exibicionismo;
E) complexo de Édipo ou bestialismo.

GABARITO: B
Comentários: Agalmatofilia ou pigmalionismo é a atração sexual por estátuas, manequins ou bonecos infláveis, que poderá redundar em prática de simulação de carícias ou de atos libidinosos nestes objetos em locais públicos.

7. (Delegado de Polícia/PI – 2018) **Marque a alternativa CORRETA, no que diz respeito à classificação do criminoso, segundo Lombroso:**
A) Criminoso louco: é o tipo de criminoso que tem instinto para a prática de delitos, é uma espécie de selvagem para a sociedade;
B) Criminoso nato: é a quele tipo de criminoso malvado, perverso, que deve sobreviver em manicômios;
C) Criminoso por paixão: aquele que utiliza de violência para resolver problemas passionais, geralmente é nervoso, irritado e leviano;
D) Criminoso por paixão: este aponta uma tendência hereditária, possui hábitos criminosos influenciados pela ocasião.
E) Criminoso louco: é o criminoso sórdido com deficiência do senso moral e com hábitos criminosos influenciados pela situação.

GABARITO: C
Comentários: Cesare Lombroso classificou os criminosos em: nato, louco, de ocasião e por paixão. Criminoso por paixão é aquele que usa da violência para solucionar questões passionais. É nervoso, irrefletido e exaltado.

Capítulo 7
PREVENÇÃO DO DELITO

7.1 CONSIDERAÇÕES INICIAIS

A prevenção do delito é um dos objetivos do Estado de Direito, pois, realizada com êxito, alcança-se a manutenção da paz social e da ordem pública.

Newton Fernandes e Valter Fernandes aduzem que a prevenção "é a orientação lógica a ser adotada quando se procura evitar o acontecimento delinquencial. Compreendendo toda uma gama de relações sociais, o ato criminoso é muito mais do que mero acometimento ilícito de um indivíduo. Cuidando-se do indivíduo em suas relações sociais, evidente que estar-se-á colaborando para prevenir o delito. É dogma da Medicina que a prevenção é sempre melhor que a cura."[1]

No Estado Democrático de Direito, o saber criminológico prima pela prevenção, é melhor prevenir o crime do que reprimi-lo. Ressocializar o delinquente, reparar o dano e prevenir o crime são objetos de primeira magnitude, isto é, trata-se do conteúdo científico mais adequado às exigências do atual Estado Democrático de Direito.

A noção moderna de prevenção aparece de forma tímida na escola clássica, segundo a qual a pena exerce uma importante função de intimidação geral; entretanto, tem sua verdadeira origem na escola positiva, no final do século XIX.

7.2 CRIMINOLOGIA PREVENCIONISTA E SEUS PRINCÍPIOS BÁSICOS

A criminologia prevencionista é uma ciência humana e social que tem como objeto de estudo o homem criminoso e as causas que contribuem para a formação de seu caráter perigoso ou antissocial, bem como a criminalidade, tratando-a como um conjunto de criminosos e seus respectivos crimes praticados numa determinada região e num determinado tempo.

Os princípios básicos da criminologia prevencionista são:

a) Existencialismo absoluto da relação causa-efeito: nada existe sem uma causa geradora.

---
1. FERNANDES, Newton; FERNANDES, Valter. *Criminologia integrada*. p. 340.

b) A prevenção é a única responsável pela neutralização das causas criminógenas: evitada, minimizada ou eliminada a causa, não há que se falar em efeito.

c) A solução para o problema criminal está na transformação do mau caráter em bom caráter: a vontade está vinculada ao caráter, o qual empresta à vontade a disposição para os atos. A vontade não age por si só, mas de acordo com o caráter. Logo, se o caráter é o bom, a vontade não agirá para a consecução de maus fins.

7.3 ABORDAGENS DA PREVENÇÃO DO DELITO NO ESTADO DEMOCRÁTICO DE DIREITO

A criminologia clássica aborda a prevenção criminal da seguinte maneira:

a) O crime como um enfrentamento da sociedade pelo criminoso, numa forma minimalista do problema.

b) A pena como resultado do enfretamento do Estado em face ao infrator.

c) A satisfação da pretensão punitiva do Estado como objetivo principal, senão o único.

d) Ausência de preocupação com a reparação do dano, a ressocialização do infrator e a prevenção do delito.

A abordagem feita pela criminologia moderna da prevenção do delito é a seguinte:

a) O delito assume papel mais complexo, de acordo com a dinâmica de seus personagens (autor, vítima e sociedade), assim como pelos fatores de convergência social.

b) Destaca o lado humano e conflitivo do problema criminal.

c) O castigo não esgota as expectativas em torno do fato delituoso.

d) A pena como intervenção positiva no infrator.

e) Os objetivos essenciais são ressocialização do delinquente, reparação dano e a prevenção do crime.

7.4 PARADIGMAS CRIMINOLÓGICOS

A criminologia moderna apresenta novos paradigmas, a saber:

a) A repressão do crime foi substituída pela prevenção, visto o fracasso do modelo repressivo clássico.

b) Os custos elevados na execução da pena.

c) A intervenção tardia do Estado.

d) A falta de efetividade real.

e) O avanço da criminologia, atualmente vista como ciência.

f) Os estudos e pesquisas do crime.

g) A compreensão do fenômeno criminal com todas as suas variáveis.

7.5 PREVENÇÃO DO DELITO SOB A ÓTICA DA CRIMINOLOGIA MODERNA

7.5.1 Prevenção primária

A prevenção primária se caracteriza pelo trabalho de conscientização social, por meio de prestações sociais e intervenção comunitária, capacitando e fortalecendo socialmente os cidadãos para que saibam superar eventuais tentações que possam levá-los a uma vida desregrada.

A prevenção primária está ligada a programas político-sociais que se orientem para a valorização da cidadania, dando atendimento às necessidades básicas dos indivíduos, garantindo com isso a educação, saúde, trabalho, segurança e qualidade de vida do povo, instrumentos preventivos de médio e longo prazo. Tem como objetivo primário a qualidade de vida do cidadão e, no plano secundário, proporciona ao cidadão a capacidade social de efetivo enfrentamento aos eventuais conflitos. Busca atacar as origens da criminalidade, isto é, neutralizando o delito antes de sua ocorrência. Resolve as situações carenciais criminógenas. Reclama por efetivas prestações sociais e intervenção comunitária. Destaca, ainda, a necessidade do Estado de implementar os direitos sociais e a conscientização da sociedade.

Atua na base da origem criminosa. Fazendo uma breve comparação com a medicina, seria o conjunto de ações que visam a evitar a doença na população, removendo os fatores causais, ou seja, visam à diminuição da incidência da doença. Tem por objetivo a promoção de saúde e proteção específica. Como exemplos, podemos citar a vacinação, o tratamento de água para consumo humano, a educação sobre os problemas decorrentes da postura inadequada, as ações para prevenir a infecção por HIV (como ações de educação para a saúde e/ou distribuição gratuita de preservativos, ou de seringas descartáveis aos toxicodependentes).

Nestor Sampaio Penteado Filho entende que a prevenção primária

> "ataca a raiz do conflito (educação, emprego, moradia, segurança etc.); aqui desponta a inelutável necessidade do Estado, de forma célere, implantar os direitos sociais progressiva e unilateralmente, atribuindo a fatores exógenos a etiologia delitiva; a prevenção primária

liga-se à garantia de educação, saúde, trabalho, segurança e qualidade de vida do povo, instrumentos preventivos de médio e longo prazo."[2]

7.5.2 Prevenção secundária

A prevenção secundária age em um momento posterior ao crime ou na sua iminência. Consiste no conjunto de ações policiais e políticas legislativas dirigidas aos setores específicos da sociedade que podem vir a sofrer com o problema da criminalidade, e não de maneira específica ao indivíduo. Atua na exteriorização do conflito criminal. Instituindo-se, em curto e médio prazo, uma política legislativa penal e de ação policial, programas de apoio, controle dos meios de comunicação e políticas de segurança pública.

A prevenção secundária pode ser exemplificada com a moderna política implementada na cidade de São Paulo, ou seja, a instalação de câmeras de videomonitoramento com a finalidade de leitura de placas dos veículos automotores e o posterior cruzamento de informações acostadas nos bancos de dados criminais e, desta feita, viabilizando a identificação de veículos utilizados em prática delituosa ou produto de crime.

Tem como característica ações policiais, pelo controle dos meios de comunicação, implementando a ordem social e se destina a atuar sobre os grupos e subgrupos que apresentam maior risco de protagonizar algum problema criminal. Está conectada com a política legislativa penal, assim como o foco da ação policial.

Para Nestor Sampaio Penteado Filho,

"destina-se a setores da sociedade que podem vir a padecer do problema criminal e não ao indivíduo, manifestando-se a curto e médio prazo de maneira seletiva, ligando-se à ação policial, programas de apoio, controle de comunicações etc."[3]

7.5.3 Prevenção terciária

A prevenção terciária está voltada à população carcerária, com caráter punitivo e busca a recuperação do recluso, tendo como objetivo evitar a sua reincidência através da ressocialização, adotando assim medidas alternativas, tais como: prestação de serviços à comunidade, liberdade assistida, laborterapia etc.

A prevenção terciária se destina única e exclusivamente ao condenado. Tem como objetivo evitar a reincidência. Aqui, a ressocialização do criminoso é voltada apenas para o infrator no ambiente carcerário. De todas as modalidades de

---

2. PENTEADO FILHO, *Nestor Sampaio. Manual esquemático de criminologia*. p. 85
3. Op Cit, p. 85

prevenção do delito, a terciária é a que possui o mais acentuado caráter punitivo. Como ela só surge após o cometimento do crime, agindo apenas na condenação, é insuficiente e parcial, pois não neutraliza as causas do problema criminal, além de que a plena determinação da população carcerária, assim como os altos índices de reincidência, não compensa o déficit da prevenção terciária e suas carências.

7.6 MODELOS TEÓRICOS DE PREVENÇÃO DO DELITO

A problemática da prevenção do delito pode ser saneada através de dois modelos de prevenção: o clássico e o neoclássico.

7.6.1 Modelo clássico

O modelo clássico fixa-se em torno da pena, ou seja, a suposta eficácia preventiva do caráter intimidatório imposto ao infrator.

O Direito Penal simboliza a resposta primária e natural ao delito. Pena e delito constituem os dois elementos de uma equação linear. Muitas políticas criminais atuais identificam-se com este modelo falido e simplificado que manipula o medo do delito e que trata de esconder o fracasso da política preventiva, apelando assim às leis.[4]

O modelo clássico é merecedor de várias críticas, senão, vejamos:

- a capacidade preventiva de um determinado meio não depende de sua natureza (penal ou não penal), mas sim dos efeitos que propriamente produz;
- a intervenção penal possui elevadíssimos custos à sociedade;
- a pena, na verdade, não tem caráter intimidatório, mas sim reflete o fracasso do Estado de enfrentar efetivamente os problemas sociais;
- demonstra, ainda, uma análise demasiadamente primitiva e simplória do processo motivacional e do próprio mecanismo dissuasório da pena.[5]

7.6.2 Modelo neoclássico

O modelo neoclássico prima mais pela efetividade do funcionamento do ordenamento jurídico, notadamente, como ele é percebido pelo *pseudo* infrator, do que pela severidade das penas abstratamente impostas.

---

4. MOLINA, Antonio García-Pablos, GOMES, Luiz Flávio. *Criminologia*. p. 404.
5. *Idem*. p. 404-405.

Os defensores deste modelo afirmam que melhorias nas condições de trabalho e na dotação orçamentária do sistema legal seriam a mais adequada e eficaz estratégia para prevenir a criminalidade: mais e melhores policiais, mais e melhores juízes, mais e melhores prisões.[6]

O modelo neoclássico também foi criticado, senão vejamos:

– a prevenção do crime não está na efetividade do sistema legal, pois não enfrenta efetivamente as causas do crime;

– não é razoável atribuir os aumentos da criminalidade à efetividade ou não do sistema legal e, muito menos à sua fragilidade. O problema é muito mais complexo e obriga à análise de outras variáveis.[7]

7.7 PREVENÇÃO SITUACIONAL

A prevenção situacional foi elaborada sob o pressuposto da seletividade do crime. Trata-se de um método de prevenção do delito que cuida da diminuição das oportunidades que influenciam decisivamente na concretização da vontade delitiva. Pretende-se impedir a prática bem-sucedida do delito, alterando o cenário criminal, dificultando o acesso do criminoso. Exemplos: colocação de *ofendículos*, utilização de prestadores de serviços, tais como: porteiros, vigilantes, recepcionistas etc.

Antonio García-Pablos Molina e Luiz Flávio Gomes afirmam que a prevenção situacional "persegue uma redução eficaz das oportunidades delitivas por meio de uma incidência e modificação do ambiente ou cenário do crime que incremente os riscos ou dificuldades (custos) e diminua correlativamente as expectativas e lucros associados à prática do mesmo."[8]

Teorias clássicas centram suas atenções no decisivo papel que desempenha a oportunidade para o delito, ou seja, demandam esforços teóricos e investigadores na prevenção do delito precisamente minimizando as oportunidades para a prática de delitos. Resume-se em medidas simples que costumam enquadrar-se na denominada prevenção situacional.[9]

7.7.1 Prevenção situacional da recompensa

A prevenção situacional da recompensa busca demonstrar ao criminoso a redução dos ganhos ou das recompensas em decorrência das práticas delituosas,

---

6. *Idem*. p. 408.
7. *Idem*. p. 408.
8. Ibidem, p. 423.
9. MAÍLLO, Alfonso Serrano; PRADO, Luiz Regis. *Curso de Criminologia*. p. 241.

minimizando assim os estímulos para permanecer na vida criminosa. Exemplificando, a substituição da cédula em dinheiro por cartões de débito, tinta antifurto lançada em cédulas subtraídas em caixas eletrônicos etc.

7.7.2 Prevenção situacional do sentimento de culpa do infrator

A prevenção situacional do sentimento de culpa do infrator é eficaz pela conscientização deste, reforçando a condenação moral de sua conduta por meio de campanhas educativas, tais como: a proibição da condução de veículo embriagado, o desarmamento, "diga não as drogas" etc. Isto é, a utilização de medidas que influenciem positivamente o comportamento nos moldes das regras e das normas de conduta, propiciando o comportamento pró-social do indivíduo.

7.8 MODELOS DE REAÇÃO DO DELITO

A ação criminosa obriga o Estado a reagir visando a manter a ordem e a paz social. Encontramos três modelos de reação ao crime, a saber:

1) modelo dissuasório clássico, fundado na implacabilidade da resposta punitiva estatal, que seria suficiente para a reprovação e prevenção de futuros delitos. A pena contaria, portanto, com finalidade puramente retributiva. Neste Direito Penal punitivista-retributivista não haveria espaço para nenhuma outra finalidade à pena, como a ressocialização ou reparação dos danos. Ao mal do crime, o mal da pena. Nenhum delito pode escapar da inderrogabilidade da sanção e do castigo. Justificam seus seguidores que razões de justiça exigem um Direito Penal inflexível, duro, inafastável, porque somente ele seria capaz de deter a criminalidade, por meio do contraestímulo da pena;

2) modelo ressocializador, que atribui à pena a finalidade (utilitária ou relativa) de ressocialização do infrator. É a chamada prevenção especial positiva. Acreditou-se que o Direito Penal poderia intervir com total eficácia na pessoa do infrator, sobretudo quando ele estivesse preso, para melhorá-lo e reintegrá-lo à sociedade;

3) modelo integrador, ou consensual de Justiça penal, fundado no acordo, no consenso, na transação, na conciliação, na mediação ou negociação, o qual distinguimos em dois submodelos, sendo:

(a) modelo pacificador ou restaurativo, em que encontramos a Justiça restaurativa, que visa à pacificação interpessoal e social do conflito, à reparação dos danos à vítima, à satisfação das expectativas de paz social da comunidade; e

b) modelo da Justiça criminal negociada, que tem por base a confissão do delito, a assunção de culpabilidade, o acordo sobre a quantidade da pena, incluindo a prisional, a perda de bens, a reparação dos danos e a forma de execução da pena.

7.9 PRINCIPAIS PROGRAMAS DE PREVENÇÃO DO DELITO

7.9.1 Programas de Prevenção Espacial ou Geográfica

Os programas de prevenção espacial foram inspirados na teoria ecológica ou da desorganização social.

Baseiam-se na existência de áreas de maior concentração da criminalidade, isto é, áreas deterioradas, sem infraestrutura, com significativos níveis de desorganização social e residência compulsória de grupos humanos mais conflitivos.

O crime é visto como um produto social do urbanismo, baseando-se na perspectiva de vida coletiva como um processo adaptativo consistente de uma interação entre meio ambiente, população e organização. O comportamento humano é moldado por vetores socioambientais, portanto, o crime não é considerado um fenômeno individual, mas ambiental, no sentido de que o ambiente compreende os aspectos físico, social e cultural da atividade humana.

Propõem resolver o problema da criminalidade através de maior intervenção dos poderes públicos nas áreas de saneamento urbano, com programas de reordenação urbana e melhorias nas infraestruturas.

7.9.2 Programas de Remodelação da Convivência Urbana

Os programas de remodelação da convivência urbana correlacionam-se aos fatores urbanísticos e arquitetônicos com a criminalidade.

Propõem intervir nos cenários criminógenos, a fim de prevenir a ocorrência de crimes com interposição de barreiras que incrementam o risco para o infrator, com desenvolvimento de um "senso de comunidade", responsabilidade e solidariedade entre habitantes de determinadas áreas, viabilizando assim um controle social informal.

7.9.3 Programas de Orientação Comunitária

Os programas de orientação comunitária veem o crime como problema da comunidade, atribuindo a esta o controle social. Rejeitam o castigo em prol da adoção de alternativas reconciliatórias e de reforma social. Propõem à comunidade uma postura de comprometimento e de responsabilidade com o problema comum.

7.9.4 Programas de Prevenção Vitimária

Os programas de prevenção vitimária indicam a existência de grupos especialmente propensos a serem vitimados, por diversos motivos, tais como condição social, física, idade, sexo ou origem.

Luiz Flávio Gomes e Antônio García-Pablos Molina observam que

> "o crime é um fenômeno altamente seletivo, não causal, nem fortuito ou aleatório: busca o lugar oportuno, o momento adequado, e a vítima certa também. A condição da vítima – ou risco de chegar a sê-lo – tampouco depende do azar ou da fatalidade, senão de certas circunstâncias concretas, suscetíveis de verificação".[10]

Propõem campanhas voltadas à conscientização das vítimas potenciais quanto aos riscos que assumem com suas atitudes e a sua necessária mudança de mentalidade.

7.9.5 Programas político-sociais de prevenção

Os programas político-sociais de prevenção representam na essência a prevenção primária, isto é, voltados as origens de criminalidade. Propõem políticas sociais progressivas e inclusivas. Igualdade de oportunidades, de qualidade de vida e de bem-estar social. Buscam maior efetividade na prevenção com menor custo social.

7.9.6 Programas de Prevenção da Reincidência

Os programas de prevenção da reincidência são dirigidos aos infratores, isto é, voltados à prevenção terciária, na busca de evitar a reincidência. Promovem a substituição da intervenção do sistema legal por outros mecanismos mais leves. Atuam no tratamento do condenado, promovendo a modificação de conduta.

7.10 PREVENÇÃO E A PENALOGIA

O professor de direito penal Franz Von Liszt (1851-1919) foi o criador do termo "penalogia", que é responsável pelo estudo das causas e os efeitos da pena.

A Penalogia é a disciplina integrante da Criminologia que cuida do conhecimento geral das penas, isto é, das sanções impostas aos infratores da lei. A pena é uma espécie de retribuição, de privação de seus bens jurídicos, aplicada ao criminoso em decorrência do delito cometido.

---

10. GOMES, Luiz Flávio; MOLINA, Antônio García-Pablos de. *Criminologia*, p. 75.

Temos três teorias a respeito da pena, a saber:

Teorias absolutas: difundidas por Kant e Hegel, que defendiam que a pena é um imperativo de justiça, ou seja, pune-se porque cometeu o delito. Tem o propósito de retribuir o mal a seu autor: *"pune-se porque pecou"*. Negam o caráter utilitário da pena.

Teorias relativas: sustentam que o crime não é causa de pena, mas momento para que seja aplicada. Afirmam o caráter utilitário da pena. Os fins da pena são: a) prevenção geral – finalidade intimidatória a todos; b) prevenção particular – a intimidação individual, ou seja, impedir que o criminoso pratique novos crimes, *"pune-se para que não se peque"*.

Teorias mistas: sustentam o caráter retributivo da pena e os fins de reeducação do criminoso através da intimidação. Conjugando, assim, os postulados das teorias absolutas e das teorias relativas.

A pena tem um papel de destaque no meio social, pois sua eficácia está interligada aos instrumentos de reação ao delito. É sabido, que a pena não é o único meio de controle da criminalidade, mas sua aplicação deverá ocorrer somente nos casos em que os demais ramos do Direito não foram suficientes e eficazes na pacificação do conflito social.

7.11 PREVENÇÃO GERAL E PREVENÇÃO ESPECIAL

Na prevenção geral, a pena imposta ao delinquente condenado tem a finalidade de intimidação, isto é, busca-se intimidar outros indivíduos propensos a delinquir.

A prevenção especial deseja alcançar a reeducação do delinquente e sua recuperação, atentando assim ao fato de que o delito é permeado por fatores endógenos e exógenos.

Fatores criminógenos de natureza endógena são aqueles oriundos do corpo físico do indivíduo, os quais se manifestam de dentro para fora, isto é, influenciam sua conduta e seu comportamento, levando a pessoa à delinquência.

Fatores criminógenos de natureza exógena são aqueles de caráter social, oriundos do entorno físico que circunda o indivíduo, ou seja, o meio social, profissional e a família.

7.11.1 Prevenção geral negativa e prevenção geral positiva

A prevenção geral da pena pode ser analisada sob dois enfoques:

a) Prevenção geral negativa: a pena aplicada ao condenado repercute na sociedade, isto é, conscientizando outros indivíduos das consequências da prática de uma ação delituosa.

b) **Prevenção geral positiva:** voltada à conscientização geral, ou seja, incutindo a necessidade de respeito aos valores e princípios mais importantes da sociedade.

7.11.2 Prevenção especial negativa e prevenção especial positiva

A prevenção especial também pode ser analisada sob dois enfoques:

a) **Prevenção especial negativa:** consiste na retirada provisória do autor do crime do convívio social e, com isso, inibindo que cometa novos delitos. Trata-se de uma espécie de neutralização do delinquente, materializada no seu recolhimento ao cárcere.

b) **Prevenção especial positiva:** consiste em fazer com que o autor, por meio da pena, desista de cometer novas infrações, assumindo caráter ressocializador e pedagógico.

7.12 SÍNTESE

Princípios da criminologia prevencionista	– Existencialismo absoluto da relação causa-efeito: nada existe sem uma causa geradora. – A prevenção é a única responsável pela neutralização das causas criminógenas. – A solução para o problema criminal está na transformação do mau caráter em bom caráter.
Prevenção Primária	Caracteriza-se pelo trabalho de conscientização social por meio de prestações sociais e intervenção comunitária, capacitando e fortalecendo socialmente os cidadãos para que saibam superar eventuais tentações que possam levá-lo a uma vida desregrada. Tem relação com os programas político-sociais – que valorizam a cidadania, dando atendimento às necessidades básicas dos indivíduos. Ataca as origens da criminalidade, isto é, neutralizando o delito antes de sua ocorrência.
Prevenção secundária	Consiste no conjunto de ações policiais e políticas legislativas dirigidas aos setores específicos da sociedade que podem vir a sofrer do problema da criminalidade e não de maneira específica ao indivíduo. Atua no momento posterior ao crime ou na sua iminência.
Prevenção terciária	Está voltada à população carcerária, com caráter punitivo e busca a recuperação do recluso, tendo como objetivo evitar a sua reincidência através da ressocialização.
Modelos teóricos de prevenção do delito	**1) modelo clássico:** fixa-se em torno da pena, ou seja, a suposta eficácia preventiva do caráter intimidatório imposto ao infrator. **2) modelo neoclássico:** prima mais pela efetividade do funcionamento do ordenamento jurídico, notadamente, como ele é percebido pelo *pseudo* infrator, do que pela severidade das penas abstratamente impostas.
Prevenção situacional	– Elaborada sob o pressuposto da seletividade do crime. – Trata-se de um método de prevenção do delito que cuida da diminuição das oportunidades que influenciam decisivamente na concretização da vontade delitiva. Prevenção situacional da recompensa – busca demonstrar ao criminoso a redução dos ganhos ou das recompensas em decorrência das práticas delituosas, minimizando assim os estímulos para permanecer na vida criminosa. Prevenção situacional do sentimento de culpa do infrator – é eficaz pela conscientização deste, reforça a condenação moral de sua conduta por meio de campanhas educativas.

Modelos de reação do delito	1) **modelo dissuasório clássico**, fundado na implacabilidade da resposta punitiva estatal, que seria suficiente para a reprovação e prevenção de futuros delitos. A pena contaria, portanto, com finalidade puramente retributiva. Neste Direito Penal punitivista-retributivista não haveria espaço para nenhuma outra finalidade à pena, como a ressocialização ou reparação dos danos. Nenhum delito pode escapar da inderrogabilidade da sanção e do castigo. 2) **modelo ressocializador**, que atribui à pena a finalidade (utilitária ou relativa) de ressocialização do infrator. É a chamada prevenção especial positiva. 3) **modelo integrador**, ou consensual de Justiça penal, fundado no acordo, no consenso, na transação, na conciliação, na mediação ou negociação, o qual distinguimos em dois submodelos, sendo: (a) **modelo pacificador ou restaurativo**, em que encontramos a Justiça restaurativa, que visa à pacificação interpessoal e social do conflito, à reparação dos danos à vítima, à satisfação das expectativas de paz social da comunidade; (b) **modelo da Justiça criminal negociada**, que tem por base a confissão do delito, a assunção de culpabilidade, o acordo sobre a quantidade da pena, incluindo a prisional, a perda de bens, a reparação dos danos e a forma de execução da pena.
Programas de prevenção espacial ou geográfica	– Inspirados na teoria ecológica ou da desorganização social. – O crime é visto como um produto social do urbanismo. Baseando-se na perspectiva de vida coletiva como um processo adaptativo consistente de uma interação entre meio ambiente, população e organização. O comportamento humano é moldado por vetores socioambientais, portanto, o crime não é considerado um fenômeno ambiental. – Proposta: para solucionar o problema da criminalidade é necessária maior intervenção dos poderes públicos nas áreas de saneamento urbano, com programas de reordenação urbana e melhorias nas infraestruturas.
Programas de remodelação da convivência urbana	– Estão relacionados aos fatores urbanísticos e arquitetônicos com a criminalidade. – Proposta: intervenção no cenário criminógeno, buscando a prevenção à ocorrência de crimes com interposição de barreiras que incrementam o risco ao infrator. Viabiliza um controle social informal.
Programas de orientação comunitária	– O crime é visto como problema da comunidade e atribui a esta o controle social. – Proposta: a comunidade deve ter uma postura de comprometimento e de responsabilidade com o problema comum.
Programas de prevenção vitimaria	– Indicam a existência de grupos especialmente propensos a serem vitimados, por diversos motivos, tais como condição social, física, idade, sexo ou origem. – Proposta: campanhas voltadas à conscientização das vítimas potenciais quanto aos riscos que assumem com suas atitudes e a sua necessária mudança de mentalidade.
Programas político-sociais de prevenção	– Voltados as origens da criminalidade. – Proposta: políticas sociais progressivas e inclusivas. Igualdade de oportunidades, de qualidade de vida e de bem estar social.
Programas de prevenção de reincidência	– Voltados aos infratores, na busca de evitar a reincidência. Atuam no tratamento do condenado, promovendo a modificação de conduta.
Prevenção e a Penalogia	– A Penalogia é a disciplina integrante da Criminologia que cuida do conhecimento geral das penas, isto é, das sanções impostas aos infratores da lei. A pena é uma espécie de retribuição, de privação de seus bens jurídicos, aplicada ao criminoso em decorrência do delito cometido

Prevenção geral	– A pena imposta ao delinquente condenado tem a finalidade de intimidação. – A prevenção geral pode ser: **a)** negativa: a pena aplicada ao condenado repercute na sociedade, conscientizando assim outros indivíduos das consequências da prática de uma ação delituosa; **b)** positiva: voltada à conscientização geral. Incutindo a necessidade de respeito aos valores e princípios mais importantes da sociedade.
Prevenção especial	– Busca a reeducação do delinquente e sua recuperação, atentando assim ao fato de que o delito é permeado por fatores endógenos (oriundos do corpo físico do indivíduo) e exógenos (aqueles de caráter social). – A prevenção especial pode ser: **a)** negativa: consiste na retirada provisória do autor do crime do convívio social e, com isso, inibindo-o da prática de novos delitos; **b)** positiva: consiste em fazer com que o autor, por meio da pena, desista de cometer outros delitos.

QUESTÕES DE PROVAS

1. (Fotógrafo Pericial. Polícia Civil/SP – 2014) **As finalidades da pena são "retribuição e prevenção", sendo assim, o objetivo da prevenção é o de:**
A) retribuir ao infrator da lei o malefício causado à sociedade na medida proporcional do crime cometido (devolutiva);
B) evitar que o infrator da lei volte a delinquir (especial) e que a punição sirva de exemplo para que outros não pratiquem o mesmo ato (geral);
C) evitar que o cidadão se torne uma vítima, instruindo-o em relação aos perigos sociais (explicativa);
D) inibir que o infrator da lei cometa o crime somente por meio de exemplos preventivos (inibitória), sem que haja necessidade da aplicação efetiva da pena;
E) substituir a pena privativa de liberdade pelas penas restritivas de direitos, evitando que o infrator da lei seja levado ao cárcere (substitutiva).

GABARITO: B
Comentários: A **prevenção especial positiva** consiste em fazer com que o autor, por meio da pena, desista de cometer novas infrações, assumindo caráter ressocializador e pedagógico. A **prevenção geral positiva** está intimamente ligada à conscientização geral, ou seja, incutindo a necessidade de respeito aos valores e princípios mais importantes da sociedade.

2. (Fotógrafo Pericial. Polícia Civil/SP – 2014) **A prevenção criminal _____ destina-se a atuar na educação, emprego, moradia e segurança, onde o Estado deve garantir o exercício dos direitos sociais a todos.**
Assinale a alternativa que preencha corretamente a lacuna:
A) secundária;
B) terciária;
C) primária;
D) quartenária;
E) especial.

GABARITO: C
Comentários: A prevenção primária está ligada a programas político-sociais que se orientem para a valorização da cidadania, dando atendimento às necessidades básicas dos indivíduos, garantindo com isso a educação, saúde, trabalho, segurança e qualidade de vida do povo, instrumentos preventivos de médio e longo prazo.

3. **(Fotógrafo Pericial. Polícia Civil/SP – 2014)** Em um Estado Democrático de Direito, o castigo do infrator não esgota as expectativas que o fato delitivo desencadeia; dessa forma, podem-se apontar, como objetivos cientificamente mais satisfatórios e adequados na criminologia moderna, a ressocialização do delinquente, a(o) _____ e a prevenção do crime.

Assinale a alternativa que preenche corretamente a lacuna:

A) reparação dos danos à vítima;
B) informação ao cidadão;
C) ressarcimento ao Estado;
D) especialização profissional do delinquente;
E) formação espiritual e religiosa do delinquente.

GABARITO: A
Comentários: A criminologia moderna aponta como objetivos cientificamente mais satisfatórios e adequados na prevenção do delito, notadamente no Estado Democrático de Direito: a reparação do dano, a ressocialização do delinquente e a prevenção do delito.

4. **(Fotógrafo Pericial. Polícia Civil/SP – 2014)** A modalidade preventiva que cuida da diminuição das oportunidades que influenciam na vontade delitiva, dificultando a prática do crime, é chamada de prevenção:

A) geral;
B) qualitativa;
C) especial;
D) quantitativa;
E) situacional.

GABARITO: E
Comentários: A **prevenção situacional** é um método de prevenção do delito que cuida da diminuição das oportunidades que influenciam decisivamente na concretização da vontade delitiva.

5. **(Delegado de Polícia/CE – 2015)** Assinale a alternativa correta em relação aos modelos teóricos de reação social ao delito.

A) São três os modelos: o dissuasório, o ressocializador e o integrador; o primeiro, também conhecido como modelo clássico, tem o foco na punição do criminoso, procurando mostrar que o crime não compensa; o segundo tem o foco no criminoso e sua ressocialização, procurando reeducá-lo para reintegrá-lo à sociedade; e o terceiro, conhecido como justiça restaurativa, que defende uma intervenção mínima estatal em que o sistema carcerário só atuará em último caso.

B) Apresentam dois modelos bem distintos: o tradicional e o moderno, por entender que um tem foco na punição e recuperação do delinquente, e o outro tem foco na reparação do delito; o primeiro olha para o delinquente e o segundo, somente para a vítima, não importando a recuperação do delinquente.

C) Estão divididos em dois modelos: o concreto e o abstrato, nos quais os objetivos são comuns, ou seja, ambos estão focados no sujeito ativo do delito em como fazer com que ele não volte a delinquir, o primeiro visa aplicar uma pena privativa de liberdade e o segundo, uma pena pecuniária.

D) São três os modelos teóricos: o moderno, o contemporâneo e o tradicional; o modelo moderno objetiva tratar a prevenção do delito como um problema social, no qual todos têm responsabilidade na ressocialização do criminoso; o modelo contemporâneo entende que há necessidade das penas serem proporcionais ao bem jurídico protegido, enquanto o modelo tradicional busca no sistema de justiça criminal (Polícia, Ministério Público, Poder Judiciário e Sistema Penitenciário) a efetividade para a prevenção do delito.

E) São caracterizados por três modelos, também conhecidos como as três velocidades do Direito Penal, um Direito Penal mais "duro" para os crimes mais violentos, um Direito Penal mais brando, como, por exemplo, para os crimes de menor potencial ofensivo e um Direito Penal intermediário, um meio-termo, para os demais crimes.

GABARITO: A
Comentários: O **modelo dissuasório clássico** fundado na implacabilidade da resposta punitiva estatal, que seria suficiente para a reprovação e prevenção de futuros delitos. Ao mal do crime, o mal da pena. O **modelo ressocializador** atribui à pena a finalidade utilitária ou relativa de ressocialização do delinquente. O **modelo integrador**, também conhecido por consensual de justiça penal, fundado no acordo, no consenso, na transação, na conciliação, na mediação ou negociação, onde encontramos a justiça restaurativa, que visa à pacificação interpessoal e social do conflito, à reparação dos danos à vítima, à satisfação das expectativas de paz social da comunidade.

6. (Investigador de Polícia/SP – 2014) **O modelo de resposta ao delito que foca na punição do criminoso, proporcional ao dano causado, mediante um Estado atuante e intimidatório, denomina-se:**

A) padrão consensual;
B) modelo ressocializador;
C) modelo segregador;
D) padrão associativo;
E) modelo dissuasório.

GABARITO: E
Comentários: A questão está ligada à prevenção do delito. Na teoria da reação social temos três modelos: modelo dissuasório – defende a repressão através da punição ao autor do fato delituoso com o fim de demonstrar a todos que o crime não compensa e gera castigo; modelo ressocializador – defende que a participação da sociedade é papel relevante na ressocialização do criminoso, prevenindo assim a ocorrência de estigma. Este modelo intervém na vida e na pessoa do infrator na busca de sua reinserção social; modelo restaurador – também conhecido por "justiça restaurativa". Este modelo procura restabelecer o *status quo ante*, visando à reeducação do infrator, à assistência à vítima e ao controle social atingido pelo crime. A questão diz respeito ao modelo dissuasório.

7. (Delegado de Polícia/SP – 2014) **Tendo o Direito Penal a missão subsidiária de proteger os bens jurídicos e, com isso, o livre desenvolvimento do indivíduo, e, ainda, sendo apenas vinculada ao Direito Penal e à Execução Penal, após a reforma do Código Penal Brasileiro, em 1984, é correto afirmar que finalidade da pena é:**

A) repreensiva e abusiva;
B) punitiva e reparativa;
C) retributiva e preventiva (geral e especial);
D) ressocializadora e reparativa;
E) punitiva e distributiva.

GABARITO: C
Comentários: A finalidade da pena é retributiva – é punir o autor da infração penal. A pena é a retribuição do mal injusto, praticado pelo criminoso, pelo mal justo previsto no ordenamento jurídico; preventiva – a pena tem um fim prático e imediato, ou seja: a) prevenção geral – representada pela intimidação dirigida à sociedade; b) prevenção especial – a pena tem o escopo de readaptação social do criminoso, com o fim de impedi-lo de reincidir na prática delituosa.

8. (Delegado de Polícia/SP – 2014) **A prevenção criminal que está voltada à segurança e à qualidade de vida, atuando na área da educação, emprego, saúde e moradia, conhecida universalmente como direitos sociais e que se manifesta a médio e longo prazos, é chamada pela criminologia de prevenção:**
A) primária;
B) individual;
C) secundária;
D) estrutural;
E) terciária.

GABARITO: A
Comentários: A prevenção primária está ligada a programas político-sociais que se orientem para a valorização da cidadania, dando atendimento às necessidades básicas dos indivíduos, garantindo com isso a educação, saúde, trabalho, segurança e qualidade de vida do povo, instrumentos preventivos de médio e longo prazo.

9. (Técnico de Laboratório. Polícia Civil/SP – 2014) **A prevenção terciária possui um destinatário perfeitamente identificável, além de um objetivo certo e determinado. São eles, respectivamente:**
A) a comunidade e a implantação dos direitos sociais;
B) a vítima e a reparação dos danos a ela causados;
C) o recluso e o desestímulo à reincidência;
D) o Estado e a garantia da incolumidade pública;
E) a sociedade e o desestimulo à delinquência.

GABARITO: C
Comentários: A prevenção terciária está voltada à população carcerária, com caráter punitivo e busca a recuperação do recluso, tendo como objetivo evitar a sua reincidência através da ressocialização.

10. (Médico Legista. Polícia Civil/SP – 2014) **Aqueles que atribuem à pena privativa de liberdade função de prevenir a infração penal unicamente através da segregação do delinquente são adeptos da teoria que defende a função _____ da pena.**
Completa corretamente a lacuna:
A) retributiva;
B) preventiva especial positiva;
C) preventiva geral negativa;
D) preventiva geral positiva;
E) preventiva especial negativa.

GABARITO: E
Comentários: A prevenção especial negativa consiste na retirada provisória do autor do crime do convívio social, com isso inibindo que cometa novos delitos. Trata-se de uma espécie de neutralização do delinquente, materializada no seu recolhimento ao cárcere.

11. (Escrivão de Polícia/SP – 2014) **Uma das formas que o Estado brasileiro adota como controle e inibição criminal é a pena prevista para cada crime, cuja teoria adotada pelo Código Penal brasileiro é a mista, de acordo com o art. 59 do Código Penal, que tem como finalidade a:**
A) prevenção e retribuição;
B) indenização e repreensão;

C) punição e a reparação;
D) inibição e a reeducação;
E) conciliação e o exemplo.

GABARITO: A
Comentários: A finalidade da pena é retributiva – é punir o autor da infração penal. A pena é a retribuição do mal injusto, praticado pelo criminoso, pelo mal justo previsto no ordenamento jurídico; preventiva – a pena tem um fim prático e imediato, ou seja: a) prevenção geral – representada pela intimidação dirigida à sociedade; b) prevenção especial – a pena tem o escopo de readaptação social do criminoso, com o fim de impedi-lo de reincidir na prática delituosa.

12. (Escrivão de Polícia/SP – 2014) **O conceito de prevenção delitiva, no Estado Democrático de Direito, e as medidas adotadas para alcançá-la são:**
A) conjunto de ações que visam a evitar a ocorrência do delito, atingindo direta e indiretamente o delito;
B) conjunto de ações que visam a estudar o delito, atingindo direta e indiretamente o criminoso;
C) conjunto de ações adotadas pela vítima que visam a evitar o delito, atingindo o delinquente direta e indiretamente;
D) conjunto de ações que visam a estudar o criminoso, atingindo o ato delitivo direta e indiretamente;
E) conjunto de ações que visam a estudar o crime, atingindo o criminoso direta e indiretamente.

GABARITO: A
Comentários: A prevenção do delito é um dos objetivos do Estado Democrático de Direito, pois, realizada com êxito, alcança-se a manutenção da paz social e da ordem pública. A prevenção delitiva é o conjunto de ações que visam a evitar a ocorrência do delito, atingindo, assim, direta e indiretamente o delito.

13. (Perito. Polícia Civil/SP – 2014) **No tocante à temática da prevenção da infração à lei penal, é correto afirmar que a prevenção:**
A) secundária consiste em, dentre outras, políticas criminais voltadas exclusivamente à reintegração do preso na sociedade;
B) terciária consiste em políticas públicas de conscientização de todos os cidadãos quanto à importância de se cumprirem as leis, mediante o fornecimento de serviços públicos de qualidade, tais como saúde, educação e segurança;
C) geral busca, por meio da pena, intimidar os indivíduos propensos a delinquir, inibindo-os de transgredir a lei penal;
D) geral negativa busca, por meio da pena, a reeducação e a ressocialização do criminoso;
E) primária consiste em, dentre outras, ações policiais de repressão às práticas delituosas.

GABARITO: C
Comentários: A prevenção geral, a pena imposta ao delinquente condenado tem a finalidade de intimidação, isto é, busca-se intimidar outros indivíduos propensos a delinquir.

14. (Perito. Polícia Civil/SP – 2013) **As melhoras da educação, do processo de socialização, da habitação, do trabalho, do bem-estar social e da qualidade de vida das pessoas de uma determinada comunidade são os elementos essenciais de um programa de prevenção:**
A) terciária;

B) quinária;
C) secundária;
D) primária;
E) quaternária.

GABARITO: D
Comentários: A prevenção primária enfrenta a origem do conflito (educação, emprego, moradia, segurança etc.) e, por isso, prima pela garantia de educação, saúde, bem-estar social, qualidade de vida das pessoas, trabalho e habitação, como instrumentos preventivos de médio e longo prazo.

15. (Investigador de Polícia/SP – 2013) **A atuação das polícias, do Ministério Público e da Justiça Criminal, quando focada em determinados grupos ou setores da sociedade, por possuírem maior risco de praticar o crime ou de ser vitimados por este, constitui programa de prevenção:**
A) secundária;
B) quaternária;
C) primária;
D) quinária;
E) terciária.

GABARITO: A
Comentários: A prevenção secundária acontece em um momento posterior ao crime ou na sua iminência. Consiste no conjunto de ações policiais e políticas legislativas dirigidas aos setores específicos da sociedade que podem vir a sofrer o problema da criminalidade e não de maneira específica ao indivíduo.

16. (Defensoria/SP – 2009) **Considere as seguintes afirmações.**
I. É com base na teoria da prevenção geral negativa que o legislador aumenta penas na crença de conter a criminalidade com a ajuda do Código Penal.
II. Além de atribuir à pena privativa de liberdade a inalcançável finalidade reeducadora, atrás das ideias utilitárias da prevenção especial sempre há uma confusão entre direito e moral, e entre crime e pecado.
III. A teoria retributiva parte da ideia da compensação da culpa, do pressuposto de que a justa retribuição ao fato cometido se dá através da individualização e diferenciação da pena.
Está correto o que se afirma SOMENTE em:
A) I;
B) II;
C) III;
D) I e II;
E) II e III.

GABARITO: D
Comentários: As assertivas corretas são: I – pois a prevenção geral negativa tem o condão de conscientizar outros indivíduos das consequências da prática de um delito, isto é, a pena aplicada ao condenado repercute na sociedade. II – A prevenção especial deseja alcançar a reeducação do delinquente e sua recuperação. Isto é, a pena imposta ao autor tem a finalidade de que este desista de cometer novas infrações, assim assumindo um caráter ressocializador e pedagógico.

17. (Investipol. Polícia Civil/SP – 2014) **Fruto da tendência atual da Política Penal brasileira, verifica-se que as tradicionais penas privativas de liberdade vêm sendo substituídas por medidas alternativas, tais como multa e obrigações de serviços à comunidade. O fenômeno mencionado é denominado:**

A) desconstitucionalização;
B) descarcerização;
C) descriminalização;
D) desjuridicização;
E) desjudicialização.

GABARITO: B
Comentários: A tendência atual da política penal brasileira está na aplicação das penas ou medidas alternativas, pois se verificou que as penas privativas de liberdade estavam muito aquém de solucionar a criminalidade. Neste sentido temos as penas alternativas, a Lei 9.099/95 e as medidas cautelares. Este fenômeno é denominado descarcerização.

18. (Investipol. Polícia Civil/SP – 2013) O legislador brasileiro, ao dispor sobre as funções da reprimenda pela prática de infração penal no art. 59 do Código Penal – *O juiz, atendendo à culpabilidade, aos antecedentes, à personalidade do agente, aos motivos, às circunstâncias e consequências do crime, bem como ao comportamento da vítima, estabelecerá, conforme seja necessário e suficiente para reprovação e prevenção do crime*[...] –, adotou a teoria da:

A) função reeducativa da pena;
B) função de prevenção especial da pena;
C) função de prevenção geral da pena;
D) função retributiva da pena;
E) função mista ou unificadora da pena.

GABARITO: E
Comentários: A teoria da função mista ou unificadora da pena sustenta que a unidimensionalidade, em um ou em outro sentido, mostra-se formalista e incapaz de abranger a complexidade dos fenômenos sociais que interessam ao Direito Penal, com consequências graves à segurança e aos direitos fundamentais do homem.

19. (Delegado de Polícia/PE – 2016) A criminologia reconhece que não basta reprimir o crime, deve-se atuar de forma imperiosa na prevenção dos fatores criminais. Considerando essa informação, assinale a opção correta acerca de prevenção de infração penal:

A) para a moderna criminologia, a alteração do cenário do crime não previne o delito: a falta das estruturas físicas sociais não obstaculiza a execução do plano criminal do delinquente;
B) a prevenção terciária do crime implica na implementação efetiva de medidas que evitam o delito, com a instalação, por exemplo, de programas de policiamento ostensivo em locais de maior concentração de criminalidade;
C) no Estado Democrático de Direito, a prevenção secundária do delito atua diretamente na sociedade, de maneira difusa, a fim de implementar a qualidade dos direitos sociais, que são considerados pela Criminologia fatores de desenvolvimento sadio da sociedade que mitiga a criminalidade;
D) trabalho, saúde, lazer, educação, saneamento básico e iluminação pública, quando oferecidos à sociedade de maneira satisfatória, são considerados forma de prevenção primária do delito, capaz de abrandar os fenômenos criminais;
E) a doutrina da Criminologia moderna reconhece a eficiência da prevenção primária do delito, uma vez que ela atua diretamente na pessoa do recluso, buscando evitar a reincidência penal e promover meios de ressocialização do apenado.

GABARITO: D
Comentários: A prevenção primária do delito está ligada a programas político-sociais que se orientem para a valorização da cidadania, dando atendimento às necessidades básicas dos indivíduos, garantindo com isso a educação, saúde, trabalho, segurança e qualidade de vida do povo, instrumentos preventivos de médio e longo prazo.

20. **(Delegado de Polícia/PE – 2016)** No que se refere aos métodos de combate à criminalidade, a criminologia analisa os controles formais e informais do fenômeno delitivo e busca descrever e apresentar os meios necessários e eficientes contra o mal causado pelo crime. A esse respeito, assinale a opção correta:

A) a criminologia distingue os paradigmas de respostas conforme a finalidade pretendida, apresentando, entre os modelos de reação ao delito, o modelo dissuasório, o ressocializador e o integrador como formas de enfrentamento à criminalidade. Em determinado nível, admitem-se como conciliáveis esses modelos de enfrentamento ao crime;

B) como modelo de enfrentamento do crime, a Justiça restaurativa é altamente repudiada pela Criminologia por ser método benevolente ao infrator, sem cunho ressocializador e pedagógico;

C) o modelo dissuasório de reação ao delito, no qual o infrator é objeto central da análise científica, busca mecanismos e instrumentos necessários à rápida e rigorosa efetivação do castigo ao criminoso, sendo desnecessário o aparelhamento estatal para esse fim;

D) o modelo ressocializador de enfrentamento do crime propõe legitimar a vítima, a comunidade e o infrator na busca de soluções pacíficas, sem que haja a necessidade de lidar com a ira e a humilhação do infrator ou de utilizar o *ius puniendi* estatal;

E) a doutrina admite pacificamente o modelo integrador na solução de conflitos havidos em razão do crime, independentemente da gravidade ou natureza, uma vez que o controle formal das instâncias não se abdica do poder punitivo estatal.

GABARITO: A
Comentários: A ação criminosa obriga o Estado a reagir visando a manter a ordem e a paz social. Nesse compasso, encontramos os três modelos de reação ao crime: o modelo dissuasório; o modelo ressoacializador e o modelo integrador, todos voltados ao enfrentamento da criminalidade.

21. **(Defensor Público/BA – 2016)** "Ao nível teórico, a ideia de uma sanção jurídica é incompatível com a criação de um mero obstáculo mecânico ou físico, porque este não motiva o comportamento, mas apenas o impede, o que fere o conceito de pessoa [...] por isso, a mera neutralização física está fora do conceito de Direito, pelo menos no nosso atual horizonte cultural. [...] A defesa social é comum a todos os discursos legitimantes, mas se expressa mais cruamente nessa perspectiva, porque tem a peculiaridade de expô-lo de modo mais grosseiro, ainda que também mais coerente [...]." (ZAFFARONI, Eugenio Raúl; BATISTA, Nilo; ALAGIA, Alejandro; SLOKAR, Alejandro. *Direito penal brasileiro I*. Rio de Janeiro: Revan, 2003). A teoria da pena criticada na passagem acima é:

A) retributiva;
B) prevenção especial ressocializadora;
C) prevenção geral intimidatória;
D) prevenção especial negativa;
E) agnóstica.

GABARITO: D
Comentários: A prevenção especial negativa consiste na retirada provisória do autor do crime do convívio social e, com isso, inibindo-o de cometer novos crimes. Trata-se de uma espécie de neutralização do delinquente, ou seja, o seu recolhimento ao cárcere.

22. **(Delegado de Polícia Civil/GO – 2017)** Considerando que, para a criminologia, o delito é um grave problema social, que deve ser enfrentado por meio de medidas preventivas, assinale a opção correta acerca da prevenção do delito sob o aspecto criminológico.

A) A transferência da administração das escolas públicas para organizações sociais sem fins lucrativos, com a finalidade de melhorar o ensino público do Estado, é uma das formas de prevenção terciária do delito.
B) O aumento do desemprego no Brasil incrementa o risco das atividades delitivas, uma vez que o trabalho, como prevenção secundária do crime, é um elemento dissuasório, que opera no processo motivacional do infrator.
C) A prevenção primária do delito é a menos eficaz no combate à criminalidade, uma vez que opera, etiologicamente, sobre pessoas determinadas por meio de medidas dissuasórias e a curto prazo, dispensando prestações sociais.
D) Em caso de a Força Nacional de Segurança Pública apoiar e supervisionar as atividades policiais de investigação de determinado estado, devido ao grande número de homicídios não solucionados na capital do referido estado, essa iniciativa consistirá diretamente na prevenção terciária do delito.
E) A prevenção terciária do crime consiste no conjunto de ações reabilitadoras e dissuasórias atuantes sobre o apenado encarcerado, na tentativa de se evitar a reincidência.

GABARITO: E
Comentários: A prevenção terciária se destina exclusivamente ao condenado encarcerado e tem como objetivo evitar a reincidência através da ressocialização.

23. **(Delegado de Polícia Civil/GO – 2017)** Em busca do melhor sistema de enfrentamento à criminalidade, a criminologia estuda os diversos modelos de reação ao delito. A respeito desses modelos, assinale a opção correta.
A) De acordo com o modelo clássico de reação ao crime, os envolvidos devem resolver o conflito entre si, ainda que haja necessidade de inobservância das regras técnicas estatais de resolução da criminalidade, flexibilizando-se leis para se chegar ao consenso.
B) Conforme o modelo ressocializador de reação ao delito, a existência de leis que recrudescem o sistema penal faz que se previna a reincidência, uma vez que o infrator racional irá sopesar o castigo com o eventual proveito obtido.
C) Para a criminologia, as medidas despenalizadoras, com o viés reparador à vítima, condizem com o modelo integrador de reação ao delito, de modo a inserir os interessados como protagonistas na solução do conflito.
D) A fim de facilitar o retorno do infrator à sociedade, por meio de instrumentos de reabilitação aptos a retirar o caráter aflitivo da pena, o modelo dissuasório de reação ao crime propõe uma inserção positiva do apenado no seio social.
E) O modelo integrador de reação ao delito visa prevenir a criminalidade, conferindo especial relevância ao *ius puniendi* estatal, ao justo, rápido e necessário castigo ao criminoso, como forma de intimidação e prevenção do crime na sociedade.

GABARITO: C
Comentários: O modelo integrador ou consensual de justiça penal se funda no consenso, na conciliação, na mediação ou negociação em que as partes participam de forma efetiva. Podemos distingui-lo em: **a)** modelo pacificador ou restaurativo – que visa à pacificação interpessoal e social do conflito, à reparação dos danos à vítima, à satisfação das expectativas de paz social da comunidade; **b)** modelo da justiça criminal negociada – que se funda na confissão do delito e o acordo se dá sobre a quantidade da pena, incluindo a prisional, a perda de bens, a reparação dos danos e a forma de execução da pena.

24. **(Delegado de Polícia Civil/MA – 2018)** Dados publicados em dezembro de 2017 pelo Ministério da Justiça mostram que o Brasil tem uma taxa de superlotação nos estabelecimentos prisionais na ordem de 197,4%. (Agência de Notícias, Empresa Brasil de Comunicação)

Sob o enfoque da prevenção da infração penal no Estado democrático de direito, a superlotação carcerária aludida no fragmento do texto anterior é um problema que prejudica a:

I – prevenção primária;

II – prevenção secundária;

III – prevenção terciária.

Assinale a opção correta.

A) Apenas o item II está certo.
B) Apenas o item III está certo.
C) Apenas os itens I e II estão certos.
D) Apenas os itens I e III estão certos.
E) Todos os itens estão certos.

GABARITO: B
Comentários: A prevenção terciária está voltada à população carcerária, pois tem um caráter punitivo e busca a recuperação do recluso, no intuito de evitar a sua reincidência através da ressocialização.

25. (Delegado de Polícia Civil/BA – 2018) **Assinale a alternativa que contém um exemplo de prevenção de infrações penais preponderantemente primária.**

A) Construção de uma praça com equipamentos de lazer em uma comunidade com altos índices de criminalidade e de vulnerabilidade social com o fim de evitar que jovens daquele local, em especial em situação de risco, envolvam-se com a criminalidade.
B) Projeto Começar de Novo, que visa devolver aos cumpridores de pena e egressos a autoestima e a cidadania suprimidas com a privação de sua liberdade, por meio de ações de caráter preventivo, educativo e ressocializador, atuando, assim, na humanização, a fim de que referido público valorize a liberdade e passe a fazer escolhas melhores em sua vida, evitando o retorno ao cárcere.
C) Implementação de sistemas de leitores óticos de placas de veículos nas ruas e avenidas da cidade de Salvador para identificação de veículos relacionados a algum tipo de crime.
D) Bloqueio que impeça a ativação e utilização de aparelhos de telefonia celular subtraídos do legítimo proprietário por meio de uma conduta criminosa.
E) Melhoria de atendimento pré e pós-natal a todas as gestantes de uma determinada cidade com a finalidade de reduzir os índices criminais no município.

GABARITO: E
Comentários: A prevenção primária se caracteriza pelo trabalho de conscientização social, por meio de prestações sociais e intervenção comunitária, capacitando e fortalecendo socialmente os cidadãos para que saibam superar eventuais tentações que possam levá-lo ao retorno à vida do crime. Como exemplo: atendimento humanitário no pré e pós-natal das gestantes infratoras ou vulneráveis à criminalidade.

26. (Investigador de Polícia/SP – 2018) **É correto afirmar que a liberdade assistida e a prestação de serviços comunitários pelos criminosos estão inseridas como medidas de prevenção:**

A) primária;
B) imediata;
C) controlada;
D) secundária;
E) terciária.

GABARITO: E
Comentários: A prevenção terciária está voltada à população carcerária, com caráter punitivo e busca a recuperação do recluso, tendo como objetivo evitar a sua reincidência através da ressocialização, adotando assim medidas alternativas, tais como: prestação de serviços à comunidade, liberdade assistida, laborterapia etc.

27. (Investigador de Polícia/SP – 2018) **É correto afirmar que os programas de apoio, de controle de meios de comunicação, de ordenação urbana estão inseridos como medidas de prevenção:**
A) secundária;
B) primária;
C) imediata;
D) terciária;
E) controlada.

GABARITO: A
Comentários: A prevenção secundária tem como característica ações policiais, pelo controle dos meios de comunicação, implementando a ordem social e se destina a atuar sobre os grupos e subgrupos que apresentam maior risco de protagonizar algum problema criminal.

28. (Agente Telecomunicações/SP – 2018) **É correto afirmar que as medidas voltadas à população carcerária, com caráter punitivo e com desiderato na recuperação do recluso para evitar, por meio da ressocialização, sua reincidência:**
A) integram a prevenção primária, atacando a raiz do conflito e visando à recuperação do criminoso, diminuindo-se os indicadores criminais;
B) são relevantes para a criminologia, impactando na diminuição dos indicadores criminais, entretanto não podem ser consideradas como medidas de prevenção;
C) são relevantes para a criminologia e integram a prevenção terciária, visando à recuperação do criminoso;
D) são relevantes para a criminologia, atacando a raiz do conflito e visando à recuperação do criminoso, entretanto não podem ser consideradas como medidas de prevenção;
E) são relevantes para a vitimologia, atacando a raiz do conflito e visando à recuperação do criminoso, entretanto não podem ser consideradas como medidas de prevenção.

GABARITO: C
Comentários: A prevenção terciária está voltada para a população carcerária, com caráter punitivo e busca a recuperação do recluso, tendo como objetivo evitar a sua reincidência através da ressocialização.

29. (Agente Policial/SP – 2018) **A instalação, na cidade de São Paulo, de câmeras de videomonitoramento que possuem a funcionalidade de leitura de placas de veículos e cruzamento com banco de dados criminais, com o objetivo de identificar veículos utilizados ou que foram objeto da prática de crimes pode ser definida, no âmbito do conceito de Estado Democrático de Direito e dos modernos conceitos de prevenção criminal do crime, como uma medida prioritariamente de prevenção:**
A) secundária;
B) básica;
C) quaternária;
D) terciária;
E) primária.

GABARITO: A
Comentários: A prevenção secundária age em um momento posterior ao crime ou na sua iminência. Trata-se de conjunto de ações policiais e de políticas legislativas dirigidas aos setores específicos da sociedade que podem vir a sofrer com o problema da criminalidade.

30. (Agente Policial/SP – 2018) **Assinale a alternativa correta sobre o atual estágio de desenvolvimento dos estudos criminológicos, em relação ao conceito de prevenção da infração penal e ao respeito ao Estado Democrático de Direito.**
A) Não há evidências ou estudos que demonstrem que investimentos tecnológicos nas polícias contribuem para a redução dos crimes.
B) Não há evidências ou estudos que demonstrem que o aumento do número de esclarecimento de crimes e prisões contribui para a redução dos crimes.
C) Campanhas de orientação às vítimas de crimes sexuais com o objetivo de que denunciem os agressores acabam por aumentar a vulnerabilidade das vítimas.
D) As mortes decorrentes de oposição à intervenção policial não devem ser equiparadas aos homicídios dolosos em geral para fins criminológicos, em virtude de relacionarem-se a condicionantes criminais diversas.
E) Medidas destinadas a priorizar atendimento policial a determinados tipos de crimes ou vítimas em decorrência da gravidade ou vulnerabilidade não devem ser adotadas sob pena de violação à igualdade de todos perante a lei.

GABARITO: D
Comentários: No Estado Democrático de Direito, o saber criminológico prima pela prevenção, ou seja, é melhor prevenir o crime do que reprimi-lo. Ressocializar o delinquente, reparar o dano e prevenir o crime são objetos de primeira magnitude. Esta é a razão da não equiparação das mortes decorrentes de intervenção policial com os homicídios dolosos em geral.

31. (Papiloscopista Policial/SP – 2018) **O saber criminológico, no Estado Democrático de Direito, tem por objetivo evitar a ocorrência do delito, portanto, são aspectos importantes de prevenção terciária:**
A) o policiamento, a assistência social e o conselho tutelar;
B) a educação, a religião e o lazer;
C) a laborterapia, a liberdade assistida e a prestação de serviços comunitários;
D) as posturas municipais, a classificação etária dos programas televisivos e o civismo;
E) a cultura, a qualidade de vida e o trabalho.

GABARITO: C
Comentários: A prevenção terciária está voltada à população carcerária, com caráter punitivo e busca a recuperação do recluso, tendo como objetivo evitar a sua reincidência através da ressocialização, adotando assim medidas alternativas, tais como: prestação de serviços à comunidade, liberdade assistida, laborterapia etc.

32. (Auxiliar de Papiloscopista Policial/SP – 2018) **Assinale a alternativa que apresenta um exemplo de política de prevenção criminal prioritariamente terciária.**
A) Previsão do direito do condenado de abreviar o tempo imposto em sua sentença penal, mediante trabalho, estudo ou leitura.
B) Instalação de câmeras de videomonitoramento em um estabelecimento que foi alvo de diversos roubos.
C) Melhoria na regulação do sistema financeiro para prevenção às práticas de lavagem de dinheiro.

D) Programas de educação aos jovens para prevenção ao uso de drogas.
E) Instalação de iluminação pública em locais com alto índice de criminalidade.

GABARITO: A
Comentários: A prevenção terciária está voltada à população carcerária, com caráter punitivo e busca a recuperação do recluso. A previsão do direito do condenado de remição da pena por meio de trabalho, estudo ou leitura está na prevenção terciária.

33. (Escrivão de Polícia/SP – 2018) **Assinale a alternativa que concilia os princípios do Estado Democrático de Direito com a necessidade de prevenção da infração penal, sob a ótica do atual pensamento criminológico.**
A) A violação aos direitos fundamentais do preso, ainda que com a intenção de prevenir crimes, acaba por provocá-los.
B) A pena indeterminada em abstrato e aplicada de acordo com a gravidade em concreto do fato, a livre critério de cada juiz, é mais eficaz em termos de prevenção criminal.
C) A superlotação carcerária demonstra um deficit de aplicação da Lei de Execução Penal, contudo pode até contribuir para a prevenção de infrações penais.
D) A conduta do policial que, em legítima defesa própria ou de terceiros, provoca a morte de alguém que se opôs a uma intervenção legal deve ser equiparada aos crimes de homicídios a fim de que seja destacada a letalidade policial.
E) Os limites impostos pelos direitos fundamentais na investigação do crime são obrigatórios nos termos constitucionais, mas reduzem a eficácia da prevenção criminal.

GABARITO: A
Comentários: A violação dos direitos fundamentais do preso diz respeito à prevenção terciária, que está voltada para a população carcerária, com caráter punitivo e a busca pela recuperação do recluso.

34. (Investigador de Polícia/SP – 2022) **Destina-se a setores da sociedade que podem vir a padecer do problema criminal e não ao indivíduo, manifestando-se a curto e médio prazo de maneira seletiva, ligando-se à ação policial, programas de apoio, controle da comunicação etc. É correto afirmar que o enunciado refere-se à prevenção**
A) primária.
B) primária e secundária.
C) terciária.
D) secundária.
E) secundária e terciária.

GABARITO: D
Comentários: A prevenção secundária destina-se a setores da sociedade que podem vir a padecer do problema criminal e não ao indivíduo, manifestando-se a curto e médio prazo de maneira seletiva, ligando-se à ação policial, programas de apoio, controle da comunicação.

35. (Investigador de Polícia/SP – 2022) **Direciona-se a atingir a consciência de todos, incutindo a necessidade de respeito aos valores mais importantes da comunidade e, por conseguinte, à ordem jurídica. É correto afirmar que o enunciado refere-se à prevenção**
A) especial negativa.
B) especial positiva.
C) geral positiva ou integradora.
D) geral negativa.

E) por intimidação.

GABARITO: C
Comentários: A Prevenção Geral Positiva ou integradora direciona-se a atingir a consciência de todos, incutindo a necessidade de respeito aos valores mais importantes da comunidade e, por conseguinte, à ordem jurídica.

Capítulo 8
DIREITO PENAL DO INIMIGO

8.1 CONSIDERAÇÕES INICIAIS

A teoria do direito penal do inimigo foi proposta por Günter Jakobs, um doutrinador alemão, em 1985. Segundo essa teoria, o direito penal tem a função primordial de proteger a norma e só indiretamente tutelaria os bens jurídicos mais fundamentais.

O autor alemão procura fazer uma distinção entre o Direito Penal do Cidadão e o Direito Penal do Inimigo, sendo o primeiro garantista, seguindo todos os princípios fundamentais de um Estado Democrático de Direito que lhe são pertinentes, isto é, a contar com todas as garantias penais e processuais, observando na integralidade o devido processo legal (é o direito penal de todos), enquanto o direito penal do inimigo é um direito penal despreocupado de seus princípios fundamentais, já que estaríamos diante de inimigos do Estado e não cidadãos. O Direito Penal do Inimigo caracteriza um verdadeiro estado de guerra, onde as regras do jogo devem ser diferentes para o cidadão do bem e o inimigo.

Jakobs apresenta a distinção entre o cidadão do bem e o inimigo:

- Inimigo: é quem se afasta de modo permanente do direito e não oferece garantias de que vai continuar fiel à norma. O inimigo não se subordina às normas de direito e sim à coação que, na ótica deste autor, é a única forma de combater a sua periculosidade. Os inimigos, então, seriam os criminosos econômicos, terroristas, delinquentes organizados, autores de delitos sexuais e outras infrações penais perigosas.

- Cidadão de bem: é aquele que aceita as normas do contrato social e se dispõe a cumprir as suas disposições. Este cidadão pode até infringir alguma norma, mas os seus direitos de cidadão-acusado serão preservados.

Para Jakobs, respeitar os direitos do inimigo significaria vulnerar direitos do cidadão de bem.

Manuel Cancio Meliá, analisando a proposta de Jakobs, esclarece:

"Para Jakobs, o Direito penal do inimigo se caracteriza por três elementos: em primeiro lugar, se constata um amplo adiantamento da punibilidade, quer dizer, que neste âmbito, a perspectiva do ordenamento jurídico-penal é prospectiva (ponto de referência: o fato futuro), em lugar de – como é habitual – retrospectiva (ponto de referência: o fato cometido). Em segundo lugar, as penas previstas são desporporcionadamente altas: especialmente, a antecipação da barreira de punição não é tida em conta para reduzir em correspondência a pena ameaçada. Em terceiro lugar, determinadas garantias processuais são relativizadas ou, inclusive, suprimidas."[1]

8.2 FUNDAMENTOS FILOSÓFICOS DO DIREITO PENAL DO INIMIGO

Günther Jakobs fundamenta sua teoria nas ideias filosóficas de Jean Jacques Rousseau, Johann Gottlieb Fichte, Hobbes e de Immanuel Kant.

Jean Jacques Rousseau diz que o inimigo, ao infringir o contrato social, deixa de ser membro do Estado, pois está em guerra contra ele. Logo, deve morrer como tal.

Johann Gottlieb Fichte afirma que o inimigo abandona a teoria do contrato cidadão e por isso perde todos os seus direitos.

Para Hobbes, em casos de alta traição contra o Estado, o criminoso não deve ser castigado como súdito, senão como inimigo.

Immanuel Kant, sustenta que um indivíduo que ameaça constantemente a sociedade e o Estado, que não aceita o "estado comunitário-legal", deve ser tratado como inimigo.

8.3 CARACTERÍSTICAS DO DIREITO PENAL DO INIMIGO

As características do direito penal do inimigo são:

a) O inimigo tem sua pena substituída por medida de segurança. De fato, a pena teria duração determinada, ao contrário da medida de segurança, possibilitando sua retirada do convívio público por todo o tempo em que persistir sua situação de perigo, compreendida como a probabilidade de tornar a cometer infrações penais.

b) O inimigo representa grande perigo à sociedade; deixa-se de lado o juízo de culpabilidade para a fixação da pena imposta a ele, privilegiando-se sua periculosidade.

---

1. JAKOBS, Güinther; CANCIO MELIÁ, Manuel. *Direito penal do inimigo: noções e críticas.*, p. 79-81.

c) As medidas impostas ao inimigo não levam em consideração seus antecedentes, isto é, o seu passado (o que ele fez), mas sim o perigo que ele representa no futuro.

d) O inimigo não é um sujeito de direito e sim objeto de coação.

e) O cidadão, mesmo depois de delinquir, continua com o *status* de pessoa, enquanto, o inimigo perde esse status.

f) O direito penal do cidadão mantém a vigência da norma, já o direito penal do inimigo combate preponderantemente perigos.

g) O direito penal do inimigo deve antecipar a esfera de proteção da norma jurídica, ou seja, antecipando a tutela penal, para então alcançar os atos preparatórios, sem redução quantitativa da punição.

h) A antecipação da tutela penal não se importa com a quantidade da sanção pena a ser aplicada, pois se justifica na garantia da sociedade. O inimigo não tem direitos e, assim, seu sacrifício se impõe à proteção do interesse público.

i) Quanto ao cidadão, espera-se que ele exteriorize um fato para que incida a reação. Em relação ao inimigo, deve ser interceptado prontamente, no estágio prévio, em razão de sua periculosidade.

8.4 BANDEIRAS DO DIREITO PENAL DO INIMIGO

O direito penal do inimigo defende:

a) Flexibilização do princípio da legalidade, isto é, com uma descrição vaga e pouco precisa dos crimes e das penas, que devem variar no caso concreto.

b) Inobservância de princípios básicos como o da ofensividade e da exteriorização do fato.

c) A majoração das penas, mesmo nos crimes minuciosamente descritos, com o escopo de intimidar o inimigo.

d) Criação artificial de novos delitos, ainda que os bens juridicamente tutelados não sejam muito claros e até mesmo não reconhecidos pela sociedade.

e) Endurecimento da execução penal, na tentativa de emendar o inimigo e evitar a proliferação de outros, que deverão sentir a força e o poder do Estado.

f) Exagerada antecipação da tutela penal, sob o argumento de que se predomina o interesse público.

g) Eliminação de direitos e garantias processuais fundamentais.

h) Concessão de prêmios e benefícios ao inimigo que se demonstra fiel ao direito, a exemplo da delação premiada e da colaboração premiada.

i) Flexibilização da prisão em flagrante, no caso da ação controlada, onde se retarda a prisão em flagrante para o momento mais adequado em que se possa ser capturado o maior número de inimigos.

j) Infiltração de agentes policiais nas organizações criminosas, para eficaz desbaratamento.

k) Medidas preventivas e cautelares tem seu campo de incidência aumentado, autorizando-se mais facilmente interceptações telefônicas e quebras de sigilos bancário e fiscal.

8.5 CRÍTICAS À TESE DO DIREITO PENAL DO INIMIGO DE JAKOBS

Trata-se de um direito penal do autor, que pune o sujeito pelo que ele "é" e faz oposição ao direito penal do fato, que pune o agente pelo que ele "fez". Aliás, o próprio Código Penal em seu art. 2º deixa clara a opção do legislador em escolher o direito penal do fato para o nosso ordenamento.

O direito penal verdadeiro só pode ser o vinculado com a Constituição Democrática de cada Estado; urge concluir que direito penal do cidadão é um pleonasmo, enquanto Direito Penal do inimigo é uma contradição.

Não se reprovaria, segundo o direito penal do inimigo, a culpabilidade do agente e sim sua periculosidade. Com isso, pena e medida de segurança deixam de ser realidades distintas. Essa postulação conflita diametralmente com nossas leis vigentes, que só destinam a medida de segurança para agentes inimputáveis loucos ou semi-imputáveis que necessitam de especial tratamento curativo.

É um direito penal prospectivo, em lugar do retrospectivo.

O direito penal do inimigo não repele a ideia de que as penas sejam desproporcionais, ao contrário, como pune a periculosidade, não enfrenta a questão da proporcionalidade em relação aos danos causados.

Não se segue o processo democrático, ou seja, o devido processo legal, e sim um verdadeiro procedimento de guerra; mas essa lógica "de guerra", de intolerância, de "vale tudo" contra o inimigo, não se coaduna com o estado de direito.

Perdem lugar as garantias penais e processuais.

É claramente inconstitucional, visto que só se podem conceber medidas excepcionais em tempos anormais, como o estado de defesa e de sítio.

8.6 O DIREITO PENAL DO INIMIGO NO BRASIL

No Brasil encontramos o direito penal do inimigo na Lei 10.792, de 31 de dezembro de 2003, que trata do regime disciplinar diferenciado, nas Leis 9.034/95 e 11.343/2006, que contemplam as hipóteses de ação controlada e da infiltração policial, bem como na lei de interceptação telefônica, Lei 9.296/96. Existia também a vedação da progressão de regime prisional para crimes hediondos, o que foi alterado para critérios diferentes em comparação ao criminoso comum.

8.7 AS VELOCIDADES DO DIREITO PENAL

Sabemos que o Direito Penal apresenta velocidades, ou seja, fases que receberam importante tratamento da doutrina. A teoria das velocidades do direito penal foi apresentada inicialmente pelo professor espanhol Jesús-Maria Silva Sánchez, revelando existir uma nítida preocupação com a consolidação de um único "direito penal moderno".

Cleber Masson esclarece que o professor espanhol partiu do pressuposto de que o direito penal, no interior de sua unidade substancial, é composto de dois grandes blocos, distintos, de ilícitos: o primeiro, das infrações penais às quais são cominadas penas de prisão, e, o segundo, daquelas que se vinculam aos gêneros diversos de sanções penais. Ainda que todos os ilícitos guardam natureza penal e devem ser processados e julgados pelo judiciário, "não sendo possível a retirada das infrações penais para serem cuidadas pelo denominado direito administrativo sancionador."[2]

Encontramos assim a primeira ideia pelo reconhecimento das velocidades do Direito Penal, abarcando apenas a primeira e a segunda. Posteriormente, formou-se a terceira velocidade do direito penal, a qual é uma fusão das velocidades supracitadas, que foi exposta com minúcias por Günther Jakobs, traçando os lineares da teoria do direito penal do inimigo. Foi o professor Silva Sánchez que definiu o direito penal do inimigo como a terceira velocidade do direito penal: privação de liberdade e suavização ou eliminação de direitos e garantias penais e processuais.

Ao analisar as velocidades do direito penal, podemos assim defini-las:

a) Direito Penal de primeira velocidade: modelo de direito penal liberal-clássico, que se utiliza preferencialmente da pena privativa de liberdade, mas se funda em garantias individuais inarredáveis. Aqui temos a pura e simples essência do direito penal que é a aplicabilidade de penas privativas

---

2. MASSON, Cleber. *Direito penal esquematizado*, p. 83.

de liberdade, como última razão, combinadas com garantias. O direito penal é representado pela prisão, mantendo rigidamente os princípios político-criminais clássicos, as regras de imputação e os princípios processuais.

b) Direito Penal de segunda velocidade: modelo que incorpora duas tendências aparentemente antagônicas, a saber, a flexibilização proporcional de determinadas garantias penais e processuais aliada à adoção das medidas alternativas à prisão, como as penas restritivas de direito. No Brasil, começou a ser introduzido com a reforma penal de 1984 e se consolidou com a edição da Lei dos Juizados Especiais – Lei 9.099/95. Encontramos em tal legislação o instituto da transação penal, ótimo exemplo da mencionada velocidade. Não há necessidade de advogado, não há processo e nem há denúncia, visto que na transação já se tem um tipo específico de pena. Outro bom exemplo é o art. 28, da Lei 11.343/2006. É o chamado direito penal da não prisão.

c) Direito Penal de terceira velocidade: mescla entre as características acima, vale dizer, utiliza-se da pena privativa de liberdade, como o faz o direito penal de primeira velocidade, mas permite a flexibilização de garantias materiais e processuais, como ocorre no âmbito do direito penal de segunda velocidade. Essa tendência pode ser vista na Lei dos Crimes Hediondos, que, por exemplo, aumentou a pena de vários delitos, estabeleceu o cumprimento da pena em regime inicialmente fechado e a Lei do Crime Organizado, entre outras. É também aqui que se expande o direito penal do inimigo ou inimigos do direito penal, consistindo num direito de emergência, de exceção. Aliás, Jakobs cita o ataque às torres gêmeas de Nova York, em 11 de setembro de 2001, como exemplo desse direito penal do inimigo. Também aponta os integrantes de organizações criminosas, terroristas, delinquentes econômicos, autores de crimes contra a liberdade sexual, além dos responsáveis pela prática de infrações graves e perigosas.

d) Direito Penal de quarta velocidade: Está ligada ao direito internacional. Para aqueles que uma vez ostentaram a posição de Chefes de Estado e, como tais violaram gravemente tratados internacionais de tutela de direitos humanos, serão aplicadas a eles as normais internacionais. O Tribunal Penal Internacional – TPI será especialmente aplicado a esses réus. Nessa velocidade, há uma nítida diminuição das garantias individuais penais e processuais penais desses, defendida inclusive pelas ONGs. Como exemplos, podemos citar Saddam Hussein e Muammar Gaddafi. Importante frisar que o Tribunal Penal Internacional foi criado em 1998 pelo Estatuto de Roma. Ele possui sede em Haia, na Holanda, mas nada impede que seja em outra sede. O citado tribunal visa julgar os crimes de "lesa humanidade", ou seja, o genocídio, os crimes contra a humanidade, os crimes de guerra e os crimes de agressão. O genocídio significa destruir, no todo ou em parte, grupo nacional, étnico, racial ou religioso. A Lei 2.889/56 define tal conduta em nosso ordenamento pátrio. O crime contra a humanidade é um ataque sistemático ou generalizado contra a população civil. Os crimes de guerra são violações graves às Convenções de Genebra de 1949. Por fim, os crimes de agressão são as violações referentes à Convenção da ONU de 1974. Há uma exceção prevista no art. 70, do Estatuto, de que os crimes contra a administração da justiça do TPI serão também julgados pelo próprio TPI.

No Brasil, o TPI passa a viger apenas em 2002, a partir do Decreto 4.388/2002. O art. 7º do ADCT estabelecia que "O Brasil propugnará pela formação de um tribunal internacional dos direitos humanos". Posteriormente, a EC 45/2004, acrescentou o § 4º no art. 5º da CF, dispondo que "O Brasil se submete à jurisdição de Tribunal Penal Internacional a cuja criação tenha manifestado adesão".

8.8 TEORIA DO CENÁRIO DA BOMBA-RELÓGIO (*THE TICKING TIME BOM SCENARIO*)

A Teoria do Cenário da Bomba-Relógio foi desenvolvida pelos Estados Unidos com a finalidade de reprimir os atos terroristas, ou seja, justifica o uso da tortura em situações excepcionais, onde não exista outra maneira eficaz de frear as atividades de grupos criminosos.

Esta teoria parte da premissa que uma ameaça iminente de grandes proporções que está prestes a acontecer exige uma ação imediata do Estado. Seria como uma bomba que iria explodir num local em que há grande aglomeração de pessoas, e somente a tortura contra um prisioneiro seria um meio idôneo para preservar a vida ou outro bem jurídico das pessoas ligadas ao bem.

A Teoria do Cenário da Bomba-Relógio tem a finalidade de relativizar a regra constitucional estabelecida no art. 5º, inc. III, que proíbe qualquer ato de tortura. Justifica que se bombas-relógio foram instaladas em determinados lugares, não havendo outros meios de se localizá-las ou desarmá-las, a tortura do terrorista responsável pelo ato será justificável.

8.9 SÍNTESE

Direito penal do inimigo	– Esta teoria foi proposta por Günter Jakobs, em 1985. O direito penal tem a função primordial de proteger a norma e só indiretamente tutelaria os bens jurídicos mais fundamentais.
Características do direito penal do inimigo	– O inimigo tem sua pena substituída por medida de segurança. – O inimigo representa grande perigo à sociedade, por isso na fixação de sua pena é levada em consideração a sua periculosidade. – As medidas impostas ao inimigo não levam em consideração seus antecedentes, mas sim o perigo que ele representa no futuro. – O inimigo não é um sujeito de direito e sim objeto de coação. – O cidadão, mesmo depois de delinquir, continua com o status de pessoa, enquanto o inimigo perde esse *status*. – O direito penal do cidadão mantém a vigência da norma, já o direito penal do inimigo combate preponderantemente perigos. – O direito penal do inimigo deve antecipar a esfera de proteção da norma jurídica. – A antecipação da tutela penal não se importa com a quantidade da sanção pena a ser aplicada, pois se justifica na garantia da sociedade. O inimigo não tem direitos. – Quanto ao cidadão, espera-se que ele exteriorize um fato para que incida a reação. Em relação ao inimigo, deve ser interceptado prontamente, no estágio prévio, em razão de sua periculosidade.
Bandeiras do direito penal do inimigo	– Flexibilização do princípio da legalidade, isto é, com uma descrição vaga e pouco precisa dos crimes e das penas, que devem variar no caso concreto. – Inobservância de princípios básicos como o da ofensividade e da exteriorização do fato. – A majoração das penas, com o escopo de intimidar o inimigo. – Criação artificial de novos delitos. – Endurecimento da execução penal, na tentativa de emendar o inimigo e evitar a proliferação de outros. – Exagerada antecipação da tutela penal, sob o argumento de que se predomina o interesse público. – Eliminação de direitos e garantias processuais fundamentais. – Concessão de prêmios e benefícios ao inimigo que se demonstra fiel ao direito. Ex.: delação premiada. – Flexibilização da prisão em flagrante, no caso da ação controlada, onde se retarda a prisão em flagrante para o momento mais adequado em que se possa ser capturado o maior número de inimigos. – Infiltração de agentes policiais nas organizações criminosas, para eficaz desbaratamento. – Medidas preventivas e cautelares têm seu campo de incidência aumentado.
Direito penal do inimigo no Brasil	– Lei 10.792/03 – que trata do regime disciplinar diferenciado. – Leis 9.034/95 e 11.343/06 – que contemplam a possibilidade da ação controlada e da infiltração policial. – Lei 9.296/96 – que trata da interceptação telefônica.

Velocidades do direito penal	– **Direito penal de primeira velocidade:** modelo de direito penal liberal-clássico, que se vale preferencialmente da pena privativa de liberdade, com observância as garantias individuais inarredáveis. – **Direito penal de segunda velocidade:** modelo que incorpora a flexibilização proporcional de determinadas garantias penais e processuais aliada à adoção das medidas alternativas à prisão. Ex.: penas restritivas de direito. – **Direito penal de terceira velocidade:** Utiliza-se da pena privativa de liberdade, como o faz o direito penal de primeira velocidade, e permite a flexibilização de garantias materiais e processuais, como ocorre no direito penal de segunda velocidade. – **Direito penal de quarta velocidade:** ligado ao Direito Internacional. Aqueles que uma vez ostentaram a posição de chefes de Estado e, como tal, violaram gravemente tratados internacionais de tutela de direitos humanos, serão aplicadas as normas internacionais.
Teoria do Cenário da Bomba-Relógio	– Foi desenvolvida pelos Estados Unidos. – Tem a finalidade de reprimir os atos terroristas e para tanto aceita a tortura, em situações excepcionais, de um prisioneiro, quando for o único meio idôneo a frear a atividade terrorista.

QUESTÕES DE PROVAS

1. (Ministério Público/MG – 2007) **Com relação às propostas dogmáticas de caráter funcional, assinale a alternativa INCORRETA.**
A) Trata-se de uma tentativa de racionalizar a intervenção penal através de uma densificação de elementos axiológicos e teleológicos.
B) Trata-se de uma proposta que descarta a busca dos fundamentos da legitimidade do Direito Penal em um *a priori* calcado na natureza das coisas.
C) Trata-se de propostas tendencialmente abertas à penetração, na construção de uma teoria do delito, das chamadas ciências sociais.
D) Na concepção de Gunther Jakobs, trata-se de uma busca de adaptação de uma "metodologia ontológica" de construção de conceitos às necessidades do Direito Penal, preservando-se, em sua essência, sua vinculação às estruturas lógico-objetivas.
E) Na perspectiva de Claus Roxin, trata-se de flexibilizar a análise de conceitos de modo a adaptá-los às mudanças valorativas ocorridas no âmbito social.

GABARITO: D
Comentários: Günther Jakobs defende o funcionalismo sistêmico, com raiz na teoria dos sistemas sociais, com conceitos de expectativa social entre os membros da sociedade; normas violadas geram decepção e a função do Direito Penal é restabelecer as expectativas violadas, reafirmando a validade da norma.

2. (Delegado de Polícia Civil/PR – 2021) **Sobre os discursos punitivos criminológicos elaborados nos últimos anos, assinale a alternativa correta.**
A) As doutrinas atuariais referem-se a práticas administrativas de funcionamento do sistema penal e têm como objetivo o gerenciamento de grupos classificados como perigosos.
B) Günther Jakobs, ao tratar do direito penal do inimigo, divide os criminosos em cidadãos e inimigos, propondo a aplicação de penas de prisão aos inimigos e de penas alternativas aos cidadãos.
C) A política de tolerância zero decorre da teoria das janelas quebradas, que foi elaborada por Milton Friedman.

D) Os discursos de tolerância zero influenciaram a adoção de práticas restaurativas como estratégia de combate à criminalidade.

E) O direito penal do inimigo surgiu após os atentados terroristas nos EUA, em 2001, e refere-se à aplicação de um direito penal baseado nos princípios iluministas de limite ao poder punitivo estatal.

GABARITO: A
Comentários: As doutrinas atuariais referem-se a práticas administrativas de funcionamento do sistema penal e têm como objetivo o gerenciamento de grupos classificados como perigosos.

Capítulo 9
TEMAS ESPECIAIS DE CRIMINOLOGIA

9.1 CONSIDERAÇÕES INICIAIS

Os estudiosos da criminologia, por diversas oportunidades, tentaram identificar um fator isolado como causador da criminalidade, e acabaram cometendo um grande erro. Nos dias atuais, o que sabemos é que a criminalidade tem inúmeras motivações e fatores internos e externos, e que de uma forma ou de outra concorrem para a prática de delitos.

A infância e a juventude são determinantes para compreendermos alguns dos inúmeros fatores que podem influenciar efetivamente a conduta delituosa praticada pelo indivíduo. É certo que os fatos que integram a nossa infância vão refletir sobremaneira em nossa vida adulta.

A criminologia tem buscado junto à psicologia entender como esses fatores influenciam o indivíduo em desenvolvimento, propiciando situações que o predisponham ao envolvimento futuro com o mundo do crime, notadamente, os praticados com violência ou grave ameaça.

9.2 BULLYING

O termo *bullying* é de origem inglesa e significa ameaçar ou intimidar.

Para Cleo Fante, a palavra *bullying* é adotada em muitos países para definir o desejo consciente e deliberado de maltratar uma outra pessoa e colocá-la sob tensão. Também é usado esse termo pela literatura psicológica anglo-saxônica ao tratar dos comportamentos agressivos e antissociais no âmbito dos estudos da violência escolar.[1]

Na língua portuguesa não há definição do termo *bullying* e por isso a Associação Brasileira Multiprofissional de Proteção à Infância e à Adolescência – ABRAPIA apresenta as situações que caracterizam *bullying*: colocar apelidos, ofender, zoar, gozar, encarnar, sacanear, humilhar, fazer sofrer, discriminar, excluir, isolar,

---

1. FANTE, Cleo. *Fenômeno bullying: como prevenir a violência nas escolas e educar para a paz*, p. 27.

ignorar, intimidar, perseguir, assediar, aterrorizar, amedrontar, tiranizar, dominar, agredir, bater, chutar, empurrar, ferir, subtrair e quebrar pertences.

Bullying é a prática reiterada de atos agressivos verbais ou físicos por um ou mais indivíduos contra um ou mais sujeitos. Isto é, concentra-se na combinação entre intimidação e humilhação de pessoas geralmente mais acomodadas, passivas ou que não possuem condições de exercer poder sobre alguém ou sobre um grupo.

O fenômeno *bullying* representa o desejo consciente e intencional de maltratar uma pessoa ou colocá-la sob tensão, apresentando-se não só no ambiente escolar, mas sim com uma abrangência mais ampla, por ser algo agressivo e negativo executado quando há um desequilíbrio de poder entre as partes envolvidas, podendo o comportamento ser gerado em vários outros ambientes além da escola, como no trabalho ou até mesmo entre vizinhos.

Oportuno destacarmos que o *bullying* não se confunde com as brincadeiras habituais entre as crianças e os adolescentes, isto é, a simples atribuição de apelidos pejorativos.

Bullying representa os casos de violência, que, em muitas situações, são ações realizadas pelos agressores de forma velada contra as vítimas. Com certa frequência esses casos ocorrem no interior de salas de aulas, corredores, pátios de colégio ou até menos nos arredores das instituições de ensino. As agressões são praticadas de maneira repetitiva e com desequilíbrio de poder. Essas agressões morais ou até mesmo físicas podem ocasionar danos psicológicos às crianças e aos adolescentes, facilitando posteriormente o ingresso deles no mundo do crime.

O fato é que o *bullying* estimula a delinquência e induz a outras maneiras de violência explícita ou até mesmo implícita, levando assim a contribuir com o aumento de cidadãos estressados, deprimidos, com déficit de autoestima, capacidade de autoaceitação e resistência à frustração, reduzida capacidade de autoafirmação e de autoexpressão, além de propiciar as doenças psicossomáticas, de transtornos mentais e de psicopatologias graves.

A Lei nº 13.431, de 04 de abril de 2017, em seu art. 4º, definiu as formas de violência praticadas contra a criança e o adolescente. A violência psicológica foi tratada no inciso II, alíneas "a" *usque* "c". A propósito descreveremos: *alínea a – qualquer conduta de discriminação, depreciação ou desrespeito em relação à criança ou ao adolescente mediante ameaça, constrangimento, humilhação, manipulação, isolamento, agressão verbal e xingamento, ridicularização, indiferença, exploração ou intimidação sistemática (**bullying**) que possa comprometer seu desenvolvimento psíquico ou emocional.*

9.2.1 Cyberbullying

Cyberbullying é a prática de *bullying* através dos meios eletrônicos e virtuais, isto é, por meio de mensagens difamatórias ou ameaçadoras circuladas por *e-mails*, sites, blogs, redes sociais e celulares.

9.3 ASSÉDIO MORAL

O assédio moral, também denominado de manipulação perversa ou terrorismo psicológico, é tema presente na criminologia e debatido por vários ramos do direito como o civil, penal, trabalho e outros.

Na língua portuguesa, o termo assediar significa perseguir com insistência, incomodar ou molestar alguém.

Assédio moral pode ser definido como comportamentos abusivos, que podem ser realizados por gestos, palavras, ações comissivas ou omissivas, que praticadas de maneira reiterada levam à debilidade física ou psíquica de uma pessoa.

O assédio moral pode ocorrer em qualquer ambiente, dentre eles: trabalho, escola, vida familiar e etc., e são de difíceis de colher elementos comprobatórios. No geral, as ações são analisadas de forma específica pelas pessoas, sendo que é o contexto que deve ser analisado.

O termo *mobbing*, de origem alemã, representa no âmbito de relações trabalhistas, os atos e comportamentos oriundos do empregador, gerente, administrador, superior hierárquico ou dos companheiros de trabalho que traduzem uma atitude de contínua e ostensiva perseguição que possa ocasionar danos relevantes às condições físicas, psíquicas e morais da vítima.

O conflito existente no local de trabalho entre companheiros ou entre superior hierárquico pode levar o importunado a uma condição de debilidade e incapacidade, sendo assim ofendido direta ou indiretamente por uma ou mais pessoas, de maneira sistemática e contínua, por um período relevante de tempo.

A Lei nº 11.340/2006 – Lei Maria da Penha, no art. 7º, inciso II, define violência psicológica "como qualquer conduta que lhe cause dano emocional e diminuição da autoestima ou que lhe prejudique e perturbe o pleno desenvolvimento, ou que vise degradar ou controlar suas ações, comportamentos, crenças e decisões, mediante ameaça, constrangimento, humilhação, manipulação, isolamento, vigilância constante, perseguição contumaz, insulto, chantagem, ridicularização, exploração e limitação do direito de ir e vir ou qualquer outro meio que lhe cause prejuízo à saúde psicológica e à autodeterminação". Exemplificando essa questão é o caso do marido, que, de forma repetida, afirma diuturnamente à sua mulher "que ela não vale nada". Essa ação vai causar a ela um dano psicológico que poderá levá-la à separação do casal. Entretanto, em alguns casos, por motivos alheios, a mulher opta em manter o casamento e acaba se tornando vítima de ofensas verbais reiteradas, causando danos psicológicos a ela e aos filhos.

9.4 STALKING

O termo *stalking*, também conhecido por perseguição persistente, tem origem nos Estados Unidos, o qual designa uma forma de violência na qual o sujeito ativo invade reiteradamente a esfera de privacidade da vítima, empregando táticas de perseguição e de diversos meios, isto é, por meio de ligações nos telefones, celular, residencial ou comercial, mensagens de texto com conteúdo amoroso, telegramas, ramalhates de flores, *e-mails* indesejáveis, espera na saída do trabalho ou de escola, publicação de fatos ou boatos em sites da internet, remessa de presentes e etc., resultando assim dano à sua integridade psicológica e emocional, restrição à sua liberdade de locomoção ou lesão à sua reputação. Os motivos dessa prática são os mais variados: amor, vingança, ódio, inveja ou até mesmo brincadeira.

O *stalker* espalha boatos sobre a conduta profissional ou moral da vítima, divulga que é portadora de um mal grave, que foi demitida do emprego, que perdeu dinheiro no jogo, que é procurada pela justiça com o fim de ganhar poder psicológico sobre sua vítima como se fosse o controlador geral dos seus atos.

Segundo Damásio Evangelista de Jesus, *stalking* possui determinadas peculiaridades: a) invasão de privacidade da vítima; b) repetição de atos; c) dano à integridade psicológica e emocional do sujeito passivo; d) lesão à sua reputação; e) alteração do seu modo de vida; f) restrição à sua liberdade de locomoção[2].

Stalking é uma espécie de assédio moral, porém mais grave, visto que se reveste de ilicitude penal, inclusive, na legislação brasileira, configura a contravenção penal de perturbação da tranquilidade.

9.5 SERIAL KILLER

Na análise da Criminologia, quando um indivíduo reincide na prática de homicídios, isto é, no mínimo em três ocasiões e num certo período de tempo entre cada ação homicida, é denominado assassino em série – *serial killer*. O

---

2. JESUS, Damásio Evangelista de. *Stalking*. São Paulo: Complexo Jurídico Damásio de Jesus, maio 2006. Disponível em: www.damasio.com.br.

exemplo mais conhecido é o do *Jack*, o estripador – *Jack the ripper* foi o pseudônimo adotado por um assassino em série não identificado que agiu no distrito de Whitechapel, em Londres, no ano de 1888.

O assassino em série é um indivíduo que escolhe criteriosamente suas vítimas, selecionando na maioria das vezes pessoas com o mesmo biotipo físico e social. Este tipo de criminoso de perfil psicopatológico comete delitos com uma certa frequência, com o mesmo *modus operandi* e na maioria das vezes deixa a sua "assinatura" na cena do crime.

O *Serial Killer*, em regra, tem um histórico de infância traumática, devido aos maus-tratos físicos ou psíquicos que lhe foram impostos, ensejando assim o seu isolamento no seio social ou então a sede de vingança da sociedade. Prefere matar com as mãos ou através de outros meios que não as armas de fogo, normalmente se valendo de métodos de tortura, sofrimento e agonia das vítimas.

Podemos distinguir dois tipos de assassino em série: **a) paranoicos:** agem em virtude de seus delírios paranoides, isto é, ouvem vozes ou têm alucinações que os levam à prática do homicídio. Não têm juízo crítico de seus atos; **b) psicopatas:** buscam incessantemente a satisfação de seu próprio prazer. Têm uma capacidade de dissimular suas emoções e apresentam-se extremamente sedutores, enganando assim suas vítimas. Quando matam, têm como objetivo principal a humilhação da vítima em detrimento da afirmação de sua autoridade. Têm o crime como secundário, visto que seu principal interesse é a satisfação do seu domínio, de se sentir superior.

Os assassinos em série se dividem em: **a) organizados** – são indivíduos mais astutos, que preparam os crimes minuciosamente, sem deixar pistas que os identifiquem; **b) desorganizados** – são indivíduos mais impulsivos e menos calculistas, atuam sem se preocupar com eventuais erros[3].

9.6 *PARAFILIA*

A etimologia da palavra quer dizer *"para"* – paralelo; *"filia"* – de amor a; apego a. O termo "parafilia" é utilizado para os transtornos da sexualidade. Trata-se de fantasia sexual ou erótica, que acaba por se tornar uma compulsão opressiva que impede alternativas sexuais.

Parafilia é a alteração do comportamento sexual do indivíduo movido por uma transformação ocorrida no seu próprio organismo, isto é, instinto genético.

---

3. PENTEADO FILHO, Nestor Sampaio. *Manual esquematizado de criminologia*, p. 149.

Parafilia ocorre quando há necessidade de substituir a atitude sexual convencional por qualquer outro tipo de expressão sexual, sendo o substitutivo a preferida ou única maneira de a pessoa conseguir excitar-se e alcançar o seu prazer sexual.[4]

A compulsão da parafilia pode vir a gerar atos criminosos, com consequências jurídicas, isto é, condutas tipificadas como crime. A exemplo, temos os pedófilos virtuais, que buscam a satisfação da sua lascívia em assistir e compartilhar vídeos pornográficos, com cenas de sexo praticado em crianças.

Os requisitos para caracterizar a parafilia, sob o ponto de vista da psiquiatria criminal, são:

a) opressão – que se caracteriza pela perda de liberdade de opções e alternativas. O indivíduo não consegue deixar de agir dessa forma;

b) rigidez – significa que a excitação sexual só é obtida em determinadas situações e em circunstâncias determinadas no padrão da conduta parafílica;

c) impulsividade – a necessidade de se reiterar a experiência.[5]

9.7 JUSTIÇA RESTAURATIVA

A justiça restaurativa é uma modalidade de resposta ao crime diferente da resposta da justiça criminal. Ela atua com abrangência objetiva, já que tenta solucionar o problema do crime considerando também as suas causas e todas as suas consequências. Atua também com abrangência subjetiva, já que inclui a solução do problema do crime não só para as pessoas diretamente afetadas, mas também para aquelas indiretamente envolvidas. Importante frisar que até mesmo a comunidade que mantém relacionamento com as pessoas afetadas pelo crime pode participar da sua solução.

Nessa modalidade de prática de justiça, as pessoas atingidas pela prática criminosa, e especialmente as vítimas, têm um papel de maior relevância e consideração. A posição e a opinião são levadas em consideração mais do que na justiça criminal convencional.

De outro lado, o infrator é estimulado a reparar os danos decorrentes do crime, sejam esses danos materiais, morais, ou emocionais. E para esse fim, também são consideradas as condições do infrator, de modo que ele efetivamente cumpra com o seu compromisso.

---

4. Op. cit., p. 150.
5. Op. cit., p. 150.

A justiça restaurativa não é uma nova modalidade de justiça. Na verdade é uma fase, dentro do processo criminal, durante a qual as pessoas envolvidas no crime são levadas a participar de uma intervenção interdisciplinar que consiste em encontros coordenados por facilitadores capacitados para esse fim. Os encontros ocorrem dentro de um ambiente de segurança e respeito, de modo que os problemas não aumentem.

A participação das pessoas envolvidas no crime é voluntária. Isso significa que não estão obrigadas a participar dos encontros da justiça restaurativa. A participação da justiça criminal convencional é diferente. É obrigatória e a pessoa não pode escolher a não participação. Então, se a pessoa não quer participar dos encontros da justiça restaurativa, os processos prosseguem normalmente pelo procedimento criminal convencional.

Tal prática já ocorre em diversos estados do Brasil, com destaque ao Rio Grande do Sul e o Distrito Federal.

Um dos modos de praticar a Justiça Restaurativa é por meio da realização de Círculos Restaurativos para resolver situações de conflito. Consiste numa técnica não violenta de resolução de conflitos em que, num espaço de poder compartilhado, as pessoas chegam por livre e espontânea vontade. Ninguém é apontado como culpado, sendo que seus participantes assumem responsabilidade pelo acontecido e chegam a um acordo que restaure a relação rompida.

Um dos modos de praticar a Justiça Restaurativa é realizando Círculos Restaurativos para resolver situações de conflito. Consiste numa técnica não violenta de resolução de conflitos onde num espaço de poder compartilhado as pessoas chegam por livre e espontânea vontade. Ninguém é apontado como culpado, sendo que seus participantes assumem responsabilidade pelo acontecido e chegam a um acordo que restaure a relação rompida.

Foi desenvolvido por Dominic Barter, como uma prática específica de restauração, criada no Rio de Janeiro em meados dos anos 90 para ajudar a reduzir o nível de violência nas favelas.

9.8 TEORIA DO MIMETISMO

A Teoria do Mimetismo está relacionada ao comportamento de uma pessoa se espelhando em outra. Logo, mimetismo é a reprodução de um comportamento delituoso por meio de imitação. Exemplo: o adolescente "vapor do tráfico", que sonha ser traficante para ostentar o poder, adquirir o respeito do grupo e usufruir dos privilégios que o *"chefe da boca" goza* entre seus membros e na própria comunidade.

Eduardo Luiz Santos Cabette faz referência a René Girard, citando que o ponto central de sua pesquisa é focado na gênese da violência presente constantemente nas sociedades humanas. Para Girard, essa violência tem como uma de suas principais raízes (embora não a única) o processo de imitação que torna todo desejo ou paixão algo que provém do "outro" de forma eminentemente social. Desejar o que o "outro" deseja, ter o que o "outro" tem, agir como o "outro" age, reagir como o "outro" reage, eis a gênese da violência segundo Girard na medida em que esse mimetismo acarreta conflitos insolúveis que descambam para o uso da força.[6]

9.9 TEORIA BEHAVIORISTA

Behaviorismo, também conhecido como comportamentalismo, é uma área da Psicologia, que tem o comportamento como objeto de estudo. Esta palavra tem origem no termo "behavior", que, em inglês, significa "comportamento" ou "conduta".

Em 1913, foi publicado um artigo com o nome "Psicologia: como os behavioristas a veem", escrito pelo psicólogo americano John Watson, reconhecido como pai do Behaviorismo Metodológico. Já no ano de 1914, na obra intitulada *Behavior*, Watson abordou mais uma vez o conceito de psicologia do comportamento.

John Watson se baseou em teorias e noções de vários pensadores e autores como Descartes, Pavlov, Loeb e Comte. O behaviorismo contempla o comportamento como uma forma funcional e reacional de organismos vivos.

Esta corrente psicológica não aceita qualquer relação humana com o transcendental, com a introspecção e aspectos filosóficos, mas pretende estudar comportamentos objetivos que podem ser observados. O estudo do meio que envolve um indivíduo possibilita a previsão e o controle do comportamento humano.

O behaviorismo se preocupa com o estudo das interações entre o sujeito, o ambiente e suas ações, isto é, o seu comportamento corresponde a uma resposta às causas que o levaram à prática do crime.

Watson, ainda, transpôs os métodos da psicologia animal aplicáveis tanto aos homens como aos animais para esta ciência revelando sua natureza objetiva e empírica. Parte da ideia de que os organismos humanos e animais se adaptam ao meio ambiente por meio de fatores hereditários e hábito, e alguns estímulos

---

6. CABETTE, Eduardo Luiz Santos; NAHUR, Marcus Tadeu Maciel. *Direito penal do inimigo e teoria do mimetismo*. p. 63/64

conduzem os organismos a apresentar respostas. Assim, conhecendo a resposta pode-se prever o estímulo e em consequência controlar o comportamento.[7]

Encontramos ainda a ideia do behaviorismo radical, conceito proposto pelo psicólogo americano Burrhus Frederic Skinner, que era oposto ao behaviorismo de Watson. Segundo Skinner, o behaviorismo radical é a filosofia da ciência do comportamento humano, onde o meio ambiente era o responsável pelo comportamento humano. Esta vertente do behaviorismo teve grande popularidade no Brasil e nos Estados Unidos.

Burrhus Frederic Skinner nasceu em Susquehanna, no Estado norte-americano da Pensilvânia, em 1904. Formou-se em língua inglesa na Universidade de Nova York antes de redirecionar a carreira para a Psicologia, que cursou em Harvard – onde tomou contato com o behaviorismo. Seguiram-se anos dedicados a experiências com ratos e pombos, paralelamente à produção de livros. Em 1948, aceitou o convite para ser professor em Harvard, onde ficou até o fim da vida. Morreu em 1990, em ativa militância a favor do behaviorismo. Skinner se baseou, principalmente, em dois teóricos do behaviorismo, Pavlov e Watson. De Watson, Skinner herdou a ideia do comportamento. Acreditava que o behaviorismo podia influenciar o mundo para uma humanidade melhor. Usou da ciência para provar que o ambiente é tudo, e que mudando o ambiente, podia-se mudar o indivíduo.

Skinner era claramente contra a utilização de elementos não observáveis para explicar a conduta humana. Assim, os aspectos cognitivos não são considerados, porque o ser humano é visto como um ser homogêneo, e não como um ser que é composto pelo corpo e mente. O behaviorismo radical contempla os estímulos dados aos indivíduos pelo meio ambiente.

9.10 MOVIMENTO DE LEI E ORDEM

O Movimento de Lei e Ordem é uma política criminal que tem como finalidade transformar conhecimentos empíricos sobre o crime, propondo alternativas e programas a partir se sua perspectiva.

O alemão Ralf Dahrendorf foi um dos criadores deste movimento. Ele considera a criminalidade uma doença infecciosa a ser combatida e o criminoso um ser daninho. Assim, a sociedade separa-se em pessoas sadias, incapazes de praticar crimes, e pessoas doentes, capazes de executá-los, tendo a justiça o dever de separar estes dois grupos para que não haja contágio dos doentes aos sadios.

---

7. LIMA JÚNIOR, José César Naves de. *Manual de criminologia*. p. 81.

Na década de 70, nos Estados Unidos, ganhou amplitude até hodiernamente, com a ideia de repressão máxima e alargamento de leis incriminadoras.

Este movimento adota uma política criminal baseada nos seguintes princípios:

a) a pena se justifica como um castigo e uma retribuição no velho sentido, não se confundindo esta expressão com o que hoje se denomina "retribuição jurídica";

b) os chamados delitos graves hão de ser castigados com penas severas e duradouras (morte e privação de liberdade de longa duração);

c) as penas privativas de liberdade impostas por crimes violentos serão cumpridas em estabelecimentos penitenciários de máxima segurança, submetendo-se o condenado a um excepcional regime de severidade distinto do dos demais condenados;

d) o âmbito da prisão provisória deve ampliar-se de forma que suponha uma imediata resposta ao delito;

e) deve haver uma diminuição dos poderes individuais do juiz e o menor controle judicial na execução que ficará a cargo, quase exclusivamente, das autoridades penitenciárias.

O Movimento de Lei e Ordem ainda defende que pequenas infrações, quando toleradas, podem levar à prática de delitos mais graves.

Os adeptos do Movimento de Lei e Ordem veem nele a única solução para diminuir crimes como os terrorismos, homicídios, torturas, tráfico de drogas, com a aplicação de pena de morte ou prisão perpétua.

Esse movimento foi a base para a criação, em 1991, da Tolerância Zero, que teve origem em Nova York, no governo do prefeito Rudolph Giuliani, e que, assim como o Movimento de Lei e Ordem, é também um ideal de política criminal.

9.11 CONTRAVIOLÊNCIA

A contraviolência é a conduta violenta dos oprimidos, ou seja, a reação ou resposta de certos grupos à violência institucionalizada em que a manifestação surge com efêmeras revoltas populares, podendo chegar aos grupos revolucionários, conhecidos por grupos de massa.

9.12 SÍNTESE

Bullying	É a prática reiterada de atos agressivos verbais ou físicos por um ou mais indivíduos contra um ou mais sujeitos. Concentra-se na combinação entre intimidação e humilhação de pessoas geralmente mais acomodadas, passivas ou que não possuem condições de exercer poder sobre alguém ou sobre um grupo.
Cyberbullying	É a prática de bullying através dos meios eletrônicos e virtuais.
Assédio moral	Consiste num comportamento abusivo, que pode ser realizado por gesto, palavra, ação comissiva ou omissiva, que, praticada de maneira reiterada, leva à debilidade física ou psíquica de uma pessoa.
Mobbing	Representa, no âmbito de relações trabalhistas, os atos e comportamentos oriundos do empregador, gerente, administrador, superior hierárquico ou dos companheiros de trabalho que traduzem uma atitude de contínua e ostensiva perseguição que possa ocasionar danos relevantes às condições físicas, psíquicas e morais da vítima.
Stalking	Representa uma forma de violência na qual o sujeito ativo invade reiteradamente a esfera de privacidade da vítima, empregando táticas de perseguição e de diversos meios. Ex.: mensagens de texto com conteúdo amoroso.
Serial Killer	É o assassino em série. Trata-se de um indivíduo que escolhe criteriosamente suas vítimas, selecionando, na maioria das vezes, pessoas com o mesmo biotipo físico e social. Este tipo de criminoso de perfil psicopatológico comete delitos com uma certa frequência, com o mesmo modus operandi e na maioria das vezes deixa a sua "assinatura" na cena do crime.
Parafilia	É a alteração do comportamento sexual do indivíduo movido por uma transformação ocorrida no seu próprio organismo, isto é, instinto genético.
Justiça restaurativa	É uma modalidade de resposta ao crime diferente da resposta da justiça criminal. Atua com abrangência objetiva, já que tenta solucionar o problema do crime considerando também as suas causas e todas as suas consequências. Atua também com abrangência subjetiva, já que inclui a solução do problema do crime não só para as pessoas diretamente afetadas, mas também para aquelas indiretamente envolvidas. É uma fase dentro do processo criminal, onde as pessoas envolvidas no crime são levadas a participar de uma intervenção interdisciplinar, que consiste em encontros coordenados por facilitadores capacitados para esse fim.
Teoria do mimetismo	Esta teoria está relacionada ao comportamento da pessoa se espelhando em outra pessoa. Logo, mimetismo é a reprodução de um comportamento delituoso, por meio de imitação.
Teoria Behaviorista	– Behaviorismo (comportamentalismo) – é uma área da psicologia que tem o comportamento como objeto de estudo. – John Watson, em 1913, publicou o artigo "Psicologia: como os behavioristas a veem". É reconhecido como pai do Behaviorismo Metodológico. – Behaviorismo contempla o comportamento como uma forma funcional e reacional de organismos vivos. – Behaviorismo Radical – proposto pelo psicólogo americano Burrhus Frederic Skinner. É a filosofia da ciência do comportamento humano, onde o meio ambiente era o responsável pelo comportamento humano.
Movimento de Lei e Ordem	Trata-se de uma política criminal que tem como finalidade transformar conhecimentos empíricos sobre o crime, propondo alternativas e programas a partir de sua perspectiva.
Contraviolência	É a conduta violenta dos oprimidos, ou seja, a reação ou resposta de certos grupos à violência institucionalizada em que a manifestação surge com efêmeras revoltas populares.

QUESTÕES DE PROVAS

1. (Investigador de Polícia/SP – 2014) Criminologicamente falando, entende-se por mimetismo:

A) a exposição dos órgãos sexuais em público, para o fim de obtenção de prazer;
B) o desvio reiterado de comportamento do indivíduo adulto diante das leis, como se ainda fosse adolescente;
C) a reprodução de um comportamento delituoso, por meio de imitação;
D) ausência ou diminuição da vontade própria, em favor de terceiros;
E) o impulso que acomete um indivíduo a participar de jogos de azar.

GABARITO: C
Comentários: Mimetismo é a reprodução de um comportamento delituoso, através de imitação. Consiste num modelo ou estilo de vida marginal no qual alguém se espelha e adota para si. Hoje em dia, é comum nas favelas este modelo consciente ou inconsciente, com o qual o indivíduo gosta de se identificar, sendo atraente o comportamento do bandido, pois é "valente, tem dinheiro e prestígio na comunidade".

2. (Ministério Público/MG – 2008) Marque a alternativa INCORRETA.

A) A prática do *bullying* configura-se em uma atividade saudável ao desenvolvimento da sociedade, pois que investe no bom relacionamento entre as pessoas.
B) As principais áreas do estudo do criminólogo são: o delito, o delinquente, a vítima e o controle social.
C) A teoria do etiquetamento diz respeito aos processos de criação dos desvios.
D) A criminologia da reação social procura expor de forma clara e precisa que o sistema penal existente nada mais é do que uma maneira de dominação social.
E) A cifra negra pode ser concebida, resumidamente, no fato de que nem todos os crimes praticados chegam ao conhecimento oficial do Estado.

GABARITO: A
Comentários: *Bullying* está longe de ser uma atividade saudável. Trata-se de um fenômeno criminológico que consiste numa prática reiterada de atos agressivos verbais ou físicos por um ou mais indivíduos contra um ou mais sujeitos. Isto é, concentra-se na combinação entre intimidação e humilhação de pessoas geralmente mais acomodadas, passivas ou que não possuem condições de exercer poder sobre alguém ou sobre um grupo.

3. (Polícia Civil/SP – 2010) Dentre as alternativas, assinale a que é apontada como a menos compatível com a dignidade da pessoa humana e o Estado Democrático de Direito.

A) O direito penal do inimigo.
B) O abolicionismo penal.
C) O direito penal mínimo.
D) A Terza Scuola.
E) A lei da saturação criminal.

GABARITO: A
Comentários: A teoria do direito penal do inimigo foi proposta pelo doutrinador alemão Günter Jakobs, em 1985. Esse doutrinador apresenta a distinção entre o Direito Penal do Cidadão e o Direito Penal do Inimigo, sendo aquele garantista, seguindo todos os princípios fundamentais de um Estado Democrático de Direito que lhe são pertinentes, isto é, a contar com todas as garantias penais e processuais, observando na integralidade o devido processo legal, enquanto o direito penal do inimigo é um direito penal despreocupado com seus princípios fundamentais, já que estaríamos diante de inimigos do Estado e não cidadãos.

4. (Polícia Civil/SP – 2009) **Segundo a teoria behaviorista, o homem comete um delito porque o seu comportamento:**
A) é uma resposta às causas ou fatores que o levam à prática do crime;
B) decorre de sua própria natureza humana, independentemente de fatores internos ou externos;
C) é dominado por uma vontade insana de praticar um crime;
D) não permite a distinção entre o bem e o mal;
E) impede-o de entender o caráter delituoso da ação praticada.

GABARITO: A
Comentários: *"Behavior"* significa comportamento. O termo behaviorismo foi utilizado pela primeira vez em 1913, no artigo Psicologia: como os Behavioristas a veem, escrito por John B. Watson. Atualmente, o termo behaviorismo não pode ser visto como um comportamento isolado do sujeito e sim como uma interação com o ambiente. O behaviorismo se preocupa com o estudo das interações entre o sujeito, o ambiente e suas ações, isto é, o seu comportamento corresponde a uma resposta às causas que o levaram à prática do crime.

5. (Delegado de Polícia Civil/MA – 2018) **A criminologia considera que o papel da vítima varia de acordo com o modelo de reação da sociedade ao crime. No modelo:**
A) clássico, a vítima é a responsável direta pela punição do criminoso, sendo figura protagonista no processo penal;
B) ressocializador, busca-se o resgate da vítima, de modo a reintegrá-la na sociedade;
C) retribucionista, o objetivo restringe-se ao ressarcimento do dano pelo criminoso à vítima;
D) da justiça integradora, a vítima é tida como julgadora do criminoso;
E) restaurativo, o foco é a participação dos envolvidos no conflito em atividades de reconciliação, nas quais a vítima tem papel central.

GABARITO: E
Comentários: As pessoas envolvidas na prática delituosa e, em especial, a vítima têm um papel de maior relevância, pois sua opinião é levada em consideração.

6. (Delegado de Polícia Civil/PR – 2021) **A teoria das subculturas criminais explica a criminalidade:**
A) pela via do conceito de anomia, indicando que o crime decorre da contradição entre a estrutura cultural e a estrutura social, que não oportuniza a todos os meios necessários para alcançar as metas culturais.
B) por meio do conceito de criminalização primária e secundária e dos processos de criminalização, que levam os jovens delinquentes inseridos em uma subcultura à prática de condutas desviantes.
C) a partir do conceito de atavismo social, que determina a prática de crimes por parte de jovens que são direcionados à delinquência.
D) pela transmissão de valores subculturais, que pressupõe um processo de interação e aprendizagem, e pela interiorização de técnicas de neutralização, por meio das quais os jovens justificam o seu comportamento desviante.
E) a partir do conceito freudiano de sentimento de culpa, identificado nos jovens inseridos em subculturas, que praticam crimes por não conseguirem reprimir instintos delituosos.

GABARITO: D
Comentários: A teoria das subculturas criminais explica a criminalidade pela transmissão de valores subculturais, que pressupõe um processo de interação e aprendizagem, e pela interiorização de técnicas de neutralização, por meio das quais os jovens justificam o seu comportamento desviante.

7. (Delegado de Polícia Civil/MG – 2021) **Sobre o pensamento de Raimundo Nina Rodrigues, na escola criminológica brasileira do final do século XIX e início do século XX, pode-se afirmar, EXCETO:**
(A) Raimundo Nina Rodrigues acaba por justificar a existência de um controle social orientado pelo criminoso e não pelo crime.
(B) Raimundo Nina Rodrigues foi influenciado pela escola criminológica italiana, em especial os estudos de Cesare Lombroso.
(C) Raimundo Nina Rodrigues reconheceu que a raça negra, no Brasil, constituiu um dos fatores da inferioridade do povo brasileiro.
(D) Inexiste nos estudos de Raimundo Nina Rodrigues qualquer orientação no sentido de reconhecer o aspecto rixoso e a violência dos negros nas suas pulsões sexuais.

GABARITO: D
Comentários: Inexiste nos estudos de Raimundo Nina Rodrigues qualquer orientação no sentido de reconhecer o aspecto rixoso e a violência dos negros nas suas pulsões sexuais.

8. (Delegado de Polícia Civil/MG – 2021) **Sobre a perspectiva crítica defendida por Thiago Fabres de Carvalho em "Criminologia, (in)visibilidade e reconhecimento: o controle penal da subcidadania no Brasil", analise as assertivas abaixo:**
I. As relações entre a criminologia e a noção moderna de dignidade humana são tão profundas quanto paradoxais. A emergência do saber sobre o crime e o criminoso na era moderna é marcada por profundas contradições atreladas às demandas de ordem inerentes à constituição do mundo social.
PORQUE
II. Se, de um lado, a noção de dignidade humana produzida pelos discursos filosóficos, políticos e jurídicos da modernidade expressa os anseios de emancipação dos laços da tradição; por outro lado, a criminologia emerge como um poderoso discurso científico de justificação do controle social requerido pelas exigências de ordem da sociedade burguesa em ascensão. Está CORRETO o que se afirma em:
(A) I e II são proposições falsas.
(B) I e II são proposições verdadeiras e II é uma justificativa correta da I.
(C) I e II são proposições verdadeiras, mas II não é uma justificativa correta da I.
(D) I é uma proposição falsa e II é uma proposição verdadeira.

GABARITO: B
Comentários: As relações entre a criminologia e a noção moderna de dignidade humana são tão profundas quanto paradoxais. A emergência do saber sobre o crime e o criminoso na era moderna é marcada por profundas contradições atreladas às demandas de ordem inerentes à constituição do mundo social. Se, de um lado, a noção de dignidade humana produzida pelos discursos filosóficos, políticos e jurídicos da modernidade expressa os anseios de emancipação dos laços da tradição; por outro lado, a criminologia emerge como um poderoso discurso científico de justificação do controle social requerido pelas exigências de ordem da sociedade burguesa em ascensão.

Capítulo 10
FATORES SOCIAIS DE CRIMINALIDADE

10.1 CONSIDERAÇÕES INICIAIS

Os fatores sociais influenciam diretamente a criminalidade numa sociedade, ou seja, uma infância abandonada redundará num número elevado de crianças perambulando pelas ruas das cidades, levando-as "ao profissionalismo do pedinte de esmola", viciados em drogas e à promiscuidade.

A multiplicidade de fatores externos, sem sombra de dúvidas, desencadeará um fator criminógeno, muitas vezes ausente no ser humano. Elencamos, de forma exemplificativa, alguns desses fatores sociais, os quais passaremos a analisar.

10.2 SISTEMA ECONÔMICO

As condições econômicas exercem influência na vida em sociedade.

A criminalidade é um dos fenômenos mais comuns da influência da má situação econômica, oriunda de uma arbitrária política salarial, fechamento de grandes indústrias ou empresas, do baixo poder aquisitivo popular que é arrastado pela inflação e pela especulação do mercado.

10.3 POBREZA, MISÉRIA E DESEMPREGO

A pobreza foi relacionada com a criminalidade por Adolphe Quetelet, através de estudos convertidos em estatísticas criminais que demonstravam haver relação de proximidade entre elas.

A criminalidade tende a aumentar na medida em que se acentuam as incertezas decorrentes do desemprego, notadamente no momento em que a sociedade cresce de modo acelerado, causando assim num mesmo contexto grupos com latente disparidade social.

Nos crimes contra o patrimônio, a grande maioria dos criminosos é sem estudos, pobre e com formação moral e ética inadequadas. Esses indivíduos nutrem ódio ou aversão àqueles que detêm posses e valores, o que contribui para o crescimento da tendência criminal violenta.

As causas da pobreza notadamente conhecidas, tais como: má distribuição de renda, desordem social, grandes latifundiários improdutivos etc., funcionam como fermento dos sentimentos de exclusão, revolta social e consequente criminalidade.[1]

Já a miséria é a pobreza levada ao máximo da intensidade. É a condição daqueles que têm ainda menos ou nada. A estes falecem, mais ainda que aos pobres, todas aquelas condições mínimas de sobrevivência ou dignidade. Sendo alvos fáceis para a trilha do crime, ou seja, esta situação de miséria representa um forte ingrediente no poder de decisão do indivíduo que tende ao comportamento delituoso.

A miséria, ao gerar um mal-estar físico, gera também um mal-estar moral, que conduz o indivíduo ao crime.

Certamente, a luta contra a miséria tem consequências benéficas sob o ponto de vista de redução dos índices de criminalidade.

O desemprego, também, interfere de forma indireta da criminalidade, que ocorre em períodos de grandes crises econômicas, quando ocorre dispensas em massas das empresas e indústrias.

10.3.1 Formas de Desemprego

O desemprego como fator criminógeno social pode variar desde a inabilitação pessoal por falta de qualificação a fenômenos cíclicos, de estação e até tecnológicos. Senão, vejamos:

10.3.1.1 Desemprego Cíclico

Desemprego cíclico é aquele vinculado às flutuações da atividade econômica, ou seja, ao Produto Interno Bruto – PIB, diminuindo sua taxa durante o período de expansão e elevando-a durante a recessão.

10.3.1.2 Desemprego Tecnológico

Desemprego tecnológico é aquele produzido pela automação decorrente da substituição da mão de obra humana por máquinas, tecnologia ou mecanismos

---

1. PENTEADO FILHO, Nestor Sampaio. *Manual Esquemático de Criminologia*. p. 102.

eletrônicos com a mínima interferência do homem, com a finalidade de reduzir os custos e aumento da velocidade na produção do serviço.

10.3.1.3 Desemprego de Estação

Desemprego de estação ocorre em virtude da entressafra, havendo assim uma vinculação direta entre a relação empregatícia e os períodos naturais de produção agrícola e pastoril.

10.4 MAL-VIVÊNCIA

Mal-vivência é a constatação do potencial criminógeno da adoção deliberada ou desafortunada de um modo de vida marginal. É o caso dos andantes, vagabundos, mendigos, prostitutas etc.

Hilário Veiga de Carvalho, em 1973, define mal vivência como um grupo polimorfo de indivíduos que vivem à margem da sociedade, em situação de parasitismo, sem aptidão para o trabalho, em razão de causas endógenas e exógenas que representam um perigo social.[2]

Geralmente, fruto de condições biopsíquicas defeituosas ou doentes, mas também por motivos mesológicos.[3] Longe da vida social sadia, esses indivíduos que estão longe da família, sem emprego, sem moradia, desempenham um direcionamento à delinquência, ao cometimento de pequenos delitos, bagatelas delituosas e furtos de ocasião.

Em muitos países, os mal-viventes são conhecidos pela vadiagem ou vagabundagem, os quais não passam de um subproduto das sociedades desumanas em que vivem. Ou ainda, não passam, na maioria, de indivíduos mentalmente anormais, perturbados ou fisiologicamente doentes.

Para o estado de mal-vivência encontramos os fatores biológicos e mesológicos.

10.4.1 Fatores biológicos da mal-vivência

Dentre os fatores biológicos, encontramos:

a) **mal-vivência étnica** – destacando-se o povo cigano, que não se adapta às regras mínimas sociais de convivência em sociedade;

---

2. Idem. p. 107.
3. FERNANDES, Newton; FERNANDES, Valter. *Criminologia integrada*. p. 342.

b) **mal-vivência constitucional ou orgânica** – destacando-se os andarilhos, tropeiros etc., os quais não fixam moradia em lugar algum, ou seja, pautados numa instabilidade socioeconômica;

c) **mal-vivência de neuróticos** – destacando-se os indivíduos de debilidades mentais, que se lançam numa vida de nômades, saindo a esmo mundo afora.[4]

10.4.2 Fatores mesológicos da mal-vivência

Os fatores mesológicos da mal-vivência destacam-se:

a) **Infância abandonada** – crianças que vivem em lares desestruturados ou desfeitos, órfãos;

b) **Nomadismo** – ocasionado pela crise econômica, o fluxo migratório de desempregados;

c) **Desemprego** – fruto da instabilidade econômica do mercado, da globalização e do industrialismo tecnológico.

10.5 FOME E DESNUTRIÇÃO

J. Maxwell, em sua obra "*O crime e a sociedade*", afirma que a fome é causa determinante de muitos delitos. Opinião também de W. Bonger, que vê na fome um dos fatores da criminalidade.[5]

A fome aqui tratada é aquela que diz respeito à falta de ter o que comer, no cotidiano, ou seja, no dia a dia da vida do indivíduo, impulsionando-o à prática de delitos, como meio de sobrevivência.

A desnutrição é caracterizada pela falta ou inadequada alimentação durante a vida do indivíduo, gerando danos na sua formação.

A desnutrição pode ser um fator predisponente ou até determinante de criminalidade, em razão de todos os estragos psicossomáticos que ela costuma gerar no indivíduo.

10.6 EDUCAÇÃO E ALFABETISMO

A educação e o ensino são fatores inibitórios de criminalidade. Entretanto, sua carência ou defeitos podem contribuir sobremaneira na criação de um senso

---
4. PENTEADO FILHO, Nestor Sampaio. *Manual Esquemático de Criminologia*. p. 108.
5. FERNANDES, Newton; FERNANDES, Valter. *Criminologia integrada*. p. 344.

moral distorcido da primeira infância. Com certeza, a educação familiar e escolar assumem papel relevante na formação da personalidade humana.

A alfabetização de um indivíduo promove sua socialização, na medida em que estabelece novos tipos de trocas simbólicas com outros indivíduos, acesso à diversidade de cultura e a sua colocação no mercado de trabalho. Trata-se de um fator propulsor do exercício de cidadania e do desenvolvimento da sociedade como um todo. A carência ou ausência de conhecimento do indivíduo restringirão sobremaneira suas possibilidades de vida digna e lícita, tornando-o vulnerável a práticas ilícitas para sua sobrevivência na sociedade.

10.7 MEIOS DE COMUNICAÇÃO

Os meios de comunicação em massa, sobretudo a televisão, se destacam dentre os fatores sociais de criminalidade.

Na década de 70, a televisão desbancou o rádio e passou a ser o meio de comunicação de maior alcance da população brasileira. Respaldada na liberdade de imprensa, assiste-se nas TVs à banalização do sexo e da violência em todos os horários.

10.8 POLÍTICA

A organização política de uma sociedade exerce extraordinária influência na vida dos integrantes dos diversos grupos sociais em que estão inseridos e com isso gera reflexos no fenômeno criminal.

A forma de governo determina tipos de comportamento diferentes no povo e a criminalidade, igualmente, terá tipos diferentes, na proporção exata em que os cidadãos gozem de maior ou menor liberdade. Isto porque o povo, independente do regime político, por meio de um mimetismo quase generalizado, passa a imitar as elites governantes.[6]

10.9 RELIGIÃO

A religião, atualmente, funciona como principal freio para coibir o comportamento delitivo, ou seja, violento, ilícito e imoral dentro de uma sociedade. Com certeza é um caminho que pode conduzir a humanidade ao retorno aos valores morais.

---

6. FERNANDES, Newton; FERNANDES, Valter. *Criminologia integrada*, p. 363.

10.10 CORRUPÇÃO

O suborno é o instrumento mais antigo e, por que não dizer, mais moderno e recorrente na sociedade. A corrupção existiu em todos os tempos e em todos os lugares.

O Código de Hamurabi (Babilônia 1711-1669 a.C.) já estabelecia a separação entre valores morais como a justiça e bens materiais, condenando o juiz que *"mudava suas decisões"* e por isso era multado, exposto à execração pública e impedido de exercer novamente suas funções.[7]

No Brasil, as campanhas políticas são marcadas pela promessa de pôr um ponto final na corrupção nos setores públicos. E, no início de governo, apresenta-se políticas estatais voltadas ao combate efetivo à corrupção no serviço público.

A criminalidade e o desrespeito à autoridade pública ensejadas pela ausência de valores morais, educacionais e ideológicos são estimulados por outros fatores, tais como a liberdade dos envolvidos nos escândalos de corrupção e a certeza da impunidade.

Também na corrupção encontramos *"a corrupção boa"*, ou seja, para movimentar a economia justifica-se ações imorais em benefício da sociedade.

Nessa esteira, encontramos a **Teoria da graxa** – que defende a corrupção boa no seu aspecto positivo, ou seja, com a possibilidade real de implementar o crescimento econômico. A corrupção permite a movimentação econômica do Estado.

A teoria da graxa, com diversas nomenclaturas, há tempos é objeto de observação por diversos povos, a saber: *o baksheesh*, para os egípcios; *o trink geld*, dos alemães; a *mordida*, para os mexicanos; a *bustarela*, dos italianos; *o speed money*, dos indianos, os *vzyatha*, dos russos, o *payoff*, dos americanos, a *caixinha* ou *jeitinho*, dos brasileiros, tudo significa a imoral *engraxada*, o acerto por fora ou a vulgar *molhada de mão*, ingredientes presentes nos setores públicos.

Em contraponto à teoria da graxa, temos a **Teoria da bola de neve** – que sustenta que corrupção é corrupção e ponto final, afirmando que um ato de corrupção só gera outro ato de corrupção.

---

7. Idem, p. 513.

10.11 SÍNTESE

Sistema econômico	As condições econômicas exercem influências na vida em sociedade. A criminalidade é um dos fenômenos mais comuns da influência da má situação econômica, fruto de uma arbitrária política salarial, encerramento das atividades econômicas de grandes indústrias e empresas, inflação e especulação do mercado.
Pobreza, miséria e desemprego	A pobreza foi relacionada com a criminalidade por Adolphe Quetelet – através de estudos convertidos em estatísticas criminais, que indicavam relação de proximidade entre elas. A criminalidade tende a aumentar na medida em que se acentuam as incertezas decorrentes do desemprego, notadamente no momento em que a sociedade cresce de modo acelerado, dando origem assim num mesmo contexto grupos com latente disparidade social. As causas da pobreza notadamente conhecidas, tais como: má distribuição de renda, desordem social, grandes latifundiários improdutivos etc., funcionam como fermento dos sentimentos de exclusão, revolta social e consequente criminalidade. A miséria é a pobreza levada ao máximo da intensidade. É a condição daqueles que têm ainda menos ou nada. A estes falecem, mais ainda que aos pobres, todas aquelas condições mínimas de sobrevivência ou dignidade, sendo alvos fáceis para a trilha do crime, ou seja, esta situação de miséria representa um forte ingrediente no poder de decisão do indivíduo que tende ao comportamento delituoso. O desemprego interfere de forma indireta na criminalidade, que acontece em períodos de grandes crises econômicas, quando ocorrem dispensas em massa das empresas e indústrias.
Mal-vivência	Trata-se de um grupo polimorfo de indivíduos que vivem à margem da sociedade, em situação de parasitismo, sem aptidão para o trabalho, em razão de causas endógenas e exógenas que representam um perigo social. Temos os fatores biológicos (mal-vivência étnica, constitucional e de neuróticos) e os mesológicos (infância abandonada, nomadismo e desemprego).
Fome e desnutrição	A fome é causa determinante de muitos delitos. Trata-se de um dos fatores sociais de criminalidade. A desnutrição pode ser um fator predisponente ou até determinante de criminalidade, em razão de todos os estragos psicossomáticos que ela costuma gerar no indivíduo.
Educação e alfabetismo	A educação e o ensino são fatores inibitórios de criminalidade. A alfabetização de um indivíduo promove sua socialização, na medida em que estabelece novos tipos de trocas simbólicas com outros indivíduos, acesso à diversidade cultura e sua colocação no mercado de trabalho.
Meios de comunicação	Os meios de comunicação, notadamente a televisão, a qual tem grande alcance para a população brasileira, respaldada na liberdade de imprensa, banaliza as cenas de sexo e de violência em todos os horários.
Política	A organização política de uma sociedade exerce extraordinária influência na vida dos integrantes dos diversos grupos sociais em que estão inseridos e com isso gera reflexos no fenômeno criminal.
Religião	Atualmente, exerce o papel de freio na sociedade, ou seja, busca impedir o comportamento delituoso no seio social.
Corrupção	A corrupção é o mal de que padece a atual sociedade. A certeza da impunidade estimula a prática corrupta nos setores públicos. **Teoria da graxa** – é a "corrupção boa" para implementar o crescimento econômico de uma sociedade. **Teoria da bola de neve** – corrupção só gera corrupção.

QUESTÕES DE PROVAS

1. (Fotógrafo Pericial. Polícia Civil/SP – 2014) **Pode-se citar como um dos fatores sociais desencadeantes da criminalidade:**

A) as condições favoráveis de habitação ou moradia;
B) o desemprego, no caso dos crimes do colarinho branco;
C) a migração, pela facilidade de adaptação em hábitos e culturas locais;
D) o crescimento populacional ordenado e planejado;
E) a pobreza, no caso dos crimes contra o patrimônio.

GABARITO: E
Comentários: Podemos destacar dentre os fatores sociais desencadeantes da criminalidade a pobreza nos crimes patrimoniais, visto que esses criminosos nutrem ódio ou aversão por aqueles que detêm posses e valores.

2. (Fotógrafo Pericial. Polícia Civil/SP – 2014) **Os meios de comunicação em massa, sobretudo a televisão:**

A) apenas divulgam notícias, não criando qualquer estereótipo de comportamento;
B) em hipótese alguma são fatores que influenciam na criminalidade;
C) cumprem a Constituição Federal, apresentando programação que respeita valores éticos da pessoa humana;
D) influenciam na criminalidade, acobertados por um discurso de "liberdade de imprensa", exibindo sexo e violência;
E) influenciam na criminalidade ao ajudar na formação social e cultural do indivíduo.

GABARITO: D
Comentários: Os meios de comunicação, sobretudo a televisão, respaldada na liberdade de imprensa, exibe cenas de sexo e violência em todos os horários, influenciando, assim, na criminalidade.

3. (Fotógrafo Pericial. Polícia Civil/SP – 2014) **Os fatores que contribuem para a criminalidade de cunho social são:**

A) biológicos e mesológicos;
B) ambientais e locais;
C) oportunistas e costumeiros;
D) ocasionais e cotidianos;
E) relevantes e irrelevantes.

GABARITO: A
Comentários: Os fatores sociais que contribuem para a criminalidade são os biológicos e mesológicos.

4. (Fotógrafo Pericial. Polícia Civil/SP – 2014) **Entende-se por mal vivência:**

A) o jovem que sai de casa antes de completar dezoito anos;
B) o grupo polimorfo de indivíduos que vivem à margem da sociedade;
C) a família que discute constantemente;
D) o homem que bate na mulher;
E) o filho que agride os pais.

GABARITO: B
Comentários: Mal-vivência é o grupo polimorfo de indivíduos que vivem à margem da sociedade, ou seja, como parasitas, sem aptidão para o trabalho em decorrência de causas endógenas e exógenas, representando, assim, um perigo social.

5. (Delegado de Polícia Civil/AM - 2022) **O informe do Conselho Nacional de Justiça publicado em junho de 2021, intitulado "O sistema prisional brasileiro fora da Constituição – 5 anos depois", produzido para fomentar o debate da questão carcerária no julgamento da ADPF 347, traz dados alarmantes sobre violência no sistema prisional:**
- **Uma pessoa presa tem 2,5 vezes mais chances de ser vítima de um homicídio do que alguém fora do cárcere.**
- **Os episódios de descontrole e insegurança interna no cárcere resultaram em pelo menos 278 mortes desde 2016.**
- **Os registros do Disque 100 sobre torturas e maus-tratos em estabelecimentos prisionais aumentaram 213% de 2013 a 2020.**

Considerando tais dados, assinale a análise criminológica correta.

A) As violações de Direitos Humanos ocorridas dentro do cárcere não impedem que a pena de prisão cumpra sua função de ressocialização do apenado.
B) Parte do processo de prisionalização do apenado passa pela construção de modelos de comportamentos violentos, consolidando o afastamento dos valores e normas do mundo externo.
C) A inserção do apenado em subculturas carcerárias violentas não contribui para o processo de estigmatização do egresso.
D) A realidade de violência e ilegalidades experimentada no cárcere está limitada ao estabelecimento, não ultrapassa a figura do apenado e nem o acompanha após a saída.
E) A manutenção de uma cultura de violência no cárcere contribui para frear o processo de construção de carreiras criminosas.

GABARITO: B
Comentários: Parte do processo de prisionalização do apenado passa pela construção de modelos de comportamentos violentos, consolidando o afastamento dos valores e normas do mundo externo.

Capítulo 11
CRIMINOLOGIA E O ESTUDO DAS PENAS

11.1 CONSIDERAÇÕES INICIAIS

Na criminologia, temos um ramo que estuda as penas num aspecto geral. Trata-se da penalogia que analisa a pena com caráter retributivo, ou seja, a sanção aplicada ao delinquente em virtude de sua prática do fato delituoso.

A pena atinge os bens jurídicos do criminoso, ou seja, sua liberdade, seu patrimônio, seus direitos. Esta limitação deve seguir o devido processo legal e observar os direitos e garantias fundamentais do autor do crime.

11.2 EVOLUÇÃO HISTÓRICA DA PENA

A origem da pena está na vingança, que percorreu várias fases históricas, a saber:

a) **Fase da vingança privada** – não havia proporção entre o castigo e o mal causado. Vigorava a Lei de Talião, onde a vítima revidava a agressão sofrida – "*olho por olho, dente por dente*";

b) **Fase da vingança divina** – era marcada pela crueldade, pois o castigo tinha que estar à altura do Deus ofendido e tinha como propósito a purificação da alma do criminoso. A análise da culpabilidade do indivíduo suspeito de um crime se dava por meio de ordálias[1] (Juízo de Deus). Este período foi marcado por um intenso fanatismo religioso e os sacerdotes eram considerados representantes de Deus, sendo o fogo o elemento purificador da alma;

c) **Fase da vingança pública** – a pena visava a garantir a segurança do soberano, ou seja, tinha um caráter intimidativo e de crueldade. Prevalecia

---

1. ORDÁLIAS – são meios de prova utilizados na Idade Média para analisar a culpabilidade ou a inocência do suspeito de crime através de testes de resistência, a exemplo de travessia descalço sobre fogueira em brasa; confinamento em caixões com serpentes etc. A conclusão da culpabilidade era com base nos ferimentos e lesões suportadas pelo suspeito.

o arbítrio do julgador. Imperava a desigualdade social das classes diante da decisão punitiva (Monarca).

No Brasil, o período da vingança vigorou durante os séculos XV e XVI, marcado por um sistema penal caótico, arbitrário e cruel. Neste tempo não se falava em direitos e garantias fundamentais do indivíduo.

11.3 PENAS NA ESCOLA CLÁSSICA

A Escola Clássica, sob a influência dos pensamentos de Kant e Hegel, elegeu, ao cuidar das penas, o caráter retribucionista no Direito Penal, razão pela qual é conhecida também por "escola retribucionista".

A finalidade da pena consistia na aplicação de um mal ao infrator da lei penal. A sanção, na sua essência, era o castigo necessário para o restabelecimento do Direito e da Justiça.[2] A pena deveria ser proporcional ao dano causado, sem possuir um caráter reeducativo, pois cada indivíduo possui seu livre-arbítrio e por isso não é necessário buscar sua reeducação.

Moniz Sodré analisa a pena sob o enfoque do condenado:

> Não lhe é imposta somente como um meio eficaz de defesa social, senão também, e muito principalmente, como um castigo devido a todo culpado; não é considerada um remédio contra o crime, mas uma punição merecida, em vista do mal que voluntariamente fez. Ela é aplicada, não em nome da conservação da sociedade, mas para a satisfação da justiça.[3]

A Escola Clássica buscava a aplicação da justiça em detrimento das arbitrariedades típicas do período de vingança.

Cesare Bonesana, "Marquês de Beccaria", foi o principal expoente da Escola Clássica, pois defendia a ideia da humanização da pena e da limitação da atuação estatal. Sua obra *Dos Delitos e das Penas*, publicada em 1764, é marco revolucionário na sistemática penal.

11.4 PENAS NA ESCOLA POSITIVA

A Escola Positiva, que teve como principal expoente Cesare Lombroso, defendia a ideia de que a pena era um meio de defesa social, agindo além do caráter repressivo, ou seja, de modo curativo e reeducativo.

---

2. MASSON, Cleber. *Direito Penal – Parte Geral*. 11. ed. Rio de Janeiro: Forense; São Paulo: Método, 2017, p. 90.
3. SODRÉ, Moniz. *As três escolas penais*. 5. ed. Rio de Janeiro: Freitas Bastos, 1952, p. 262.

Para esta Escola, a pena funda-se na defesa social e deve ser indeterminada, ou seja, a sanção deverá se adequar ao criminoso para efetivamente corrigi-lo. Tem como principal objetivo a prevenção de crimes.

Enrico Ferri também defendia a pena como mecanismo de defesa social, pois "a sociedade pode ser ameaçada e prejudicada no exterior e, internamente, o Estado tem duas funções de defesa social: a) defesa militar; b) justiça penal".[4]

11.5 TEORIAS DA PENA

No estudo da pena encontramos três teorias, a saber:

a) **Teoria absoluta** – defendida por Kant e Hegel. A pena é um imperativo de justiça e não tem fins utilitários. A pena é um mal justo como contraposição do mal injusto. Pune-se porque cometeu um delito;

b) **Teoria relativa** – sustenta a ideia do caráter utilitário da pena. O crime não é causa da pena, mas sim um momento para a sua aplicação. Finalidades: prevenção geral (intimidação de todos) e prevenção especial (intimidação ao criminoso; inibir a reincidência). Pune-se para que não cometa novos delitos;

c) **Teoria mista ou eclética** – mescla os fundamentos das teorias absoluta e relativa. Sustenta o caráter retributivo da pena e a finalidade de reeducação do criminoso e intimidatório aos demais indivíduos.

11.6 POLÍTICA CRIMINAL E POLÍTICA PENAL

A política penal consiste na resposta à questão criminal circunscrita ao âmbito do exercício da função punitiva do Estado, ou seja, é a aplicação da lei penal na execução da pena e das medidas de segurança.

A política criminal, num sentido mais amplo, é uma política voltada à transformação social e institucional.

11.7 POLÍTICA CRIMINAL E PENITENCIÁRIA

John Howard, em 1777, foi o criador do sistema penitenciário e autor da obra "*O Estado das Prisões*" (*The State of Prisons*), na qual defendeu a melhoria das prisões e se demonstrou contrário ao critério de manter encarcerados aqueles que já haviam cumprido pena. Fixou as bases para o cumprimento de pena que não agredisse os demais direitos do homem, a saber:

---

4. FERRI, Enrico. *Princípios de direito criminal*. Trad. Paolo Capitanio. 2. ed. Campinas: Bookseller, 1999, p. 123.

a) higiene e alimentação;

b) disciplina distinta para presos provisórios e condenados;

c) educação moral e religiosa;

d) trabalho;

e) sistema celular mais brando.[5]

O médico, sociólogo e psiquiatra italiano José Ingenieros foi o fundador do Instituto de Criminologia da Penitenciária Nacional de Buenos Aires, que era dividido em três departamentos: **a)** Etimologia criminal; **b)** Clínica Criminológica; **c)** Terapêutica Criminal.

A criminologia se correlaciona com o direito penitenciário quando este disciplina o programa de ressocialização do criminoso.

A política criminal e penitenciária no Brasil precisa ser reconhecida como política pública e se adequar aos mais modernos instrumentos de governança na área para alcançarmos a efetividade do enfrentamento do aumento da criminalidade brasileira.

11.8 SISTEMA PENITENCIÁRIO

No período antecedente ao século XVIII, as leis penais eram aplicadas com crueldade e sem qualquer preocupação com a dignidade do acusado, notadamente quanto às condições de higiene a que eram expostos, ou seja, verdadeiras masmorras.

No final do século XVIII, o Estado modificou o modo de pensar com relação às penas de privação de liberdade e passou a instituir um caráter mais humanitário quanto aos ambientes de cumprimento de penas.

Jeremy Bentham, filósofo e jurista inglês, foi o criador do *utilitarismo do Direito*, que contribuiu sobremaneira na reforma do sistema prisional, ou seja, por um modelo que garantisse a dignidade da pessoa humana, criando-se o modelo denominado *panóptico*.

Panóptico, de origem grego, cujo prefixo *pan* significa totalidade e *óptico* se refere à visão. Trata-se de um projeto arquitetônico, onde o edifício destinado ao cumprimento de penas privativas de liberdade seja construído de forma que toda sua parte interior possa ser visualizada de um único ponto.

---

5. HOWARD, John. *The state of the prisons in England and Wales: with preliminar observations, and an account of some foreign prisons*, apud JIMÉNEZ DE ASÚA, Luis. *Tratado de derecho penal*, t. 1, p. 259.

O *panóptico* apresenta dois princípios fundamentais: a posição central da vigilância e sua invisibilidade. Cada andar poderia ser vigiado tranquilamente por um único agente estatal, isto é, só ele teria acesso às celas e os presos não teriam condições de avistá-lo.

11.9 SISTEMA PENAL

O sistema penal é um produto da dialética entre a guerra e a paz. Salo de Carvalho resume este sistema como "o bom (valor penal), o belo (valor criminológico), o verdadeiro (valor processual) e o justo (valor jurídico), que são os valores morais que sustentam as ciências criminais. Qualquer ser humano inadequado à moral punitiva ou à estética criminológica passa a ser percebido como objeto a ser eliminado, como inimigo".[6]

O sistema penal, sob a ótica de Eugenio Raúl Zaffaroni, "é o controle social institucionalizado", que na prática significa a identificação ou a viabilidade de uma suspeita de delito até que se imponha e execute uma pena. Trata-se de uma atividade normativa na qual se cria a lei que estabelece o procedimento, a atuação dos funcionários e define os casos e condições para esta atuação.[7]

Os segmentos integrantes do sistema penal atual são a polícia, o judicial e o executivo. A polícia exerce as transferências de presos condenados, o judicial exerce o controle da execução das penas e o executivo tem sob sua responsabilidade a custódia do preso durante o processo.

A Criminologia e a Sociologia do Direito Penal moderno identificam variáveis nas funções do sistema penal, isto é, para uns, este sistema tem a missão seletiva, chegando até a ser arbitrária, ao identificar pessoas dos setores das classes sociais menos favorecidas, criminalizando-as, para indicar aos demais os limites do território social.

O sistema penal cumpre uma função substancialmente simbólica perante os marginalizados, ou seja, exerce a sustentação da estrutura do poder social por meio da via punitiva e é fundamentalmente simbólica.[8]

O sistema penal deveria ser visto como um instrumento da justiça, mas na verdade nos deparamos com uma *pseudo*justiça, ou seja, valendo-se do mito que "*a justiça é cega*", faz com que dê espadadas onde bem entender.

---

6. DE CARVALHO, Salo. *Antimanual de Criminologia*, p. 123.
7. ZAFFARONI, Eugenio Raúl; PIERANGELI, José Henrique. *Manual de direito penal brasileiro*. 6. ed. São Paulo: Revista dos Tribunais, 2006.
8. *Idem*.

11.9.1 Sistema penal e a realidade social

O sistema penal se desenvolve sempre em comunhão com a realidade social, inclusive, nos dias atuais com o sistema econômico em vigor, pois todo desenvolvimento e atualização do direito está em consonância com a sociedade e os princípios adotados no moderno modelo econômico.

O meio social, o ambiente escolar e o ambiente jurídico se convergem neste ponto desde a justificativa, objetivo, criação e aplicação das leis.

Além de termos o sistema penal para controlar o convívio social, temos ainda o sistema escolar, que desenvolve o trabalho visando à adequação do indivíduo nos parâmetros que a sociedade almeja.

A primeira seleção na sociedade é feita no âmbito escolar, quando se constata as primeiras dificuldades de aprendizagem dos indivíduos e assim os conduzem as escolas especiais.

Estudos demonstram que a maioria dos alunos que frequentam as escolas especiais é de classe menos favorecida e com isso acaba sofrendo com maior intensidade as represálias do Estado, número que acaba por desembocar no sistema penal.

O sistema penal com ressonância no sistema de ensino vem a formar a reprodução das relações sociais. A não integração das classes marginalizadas garante a manutenção do sistema de estrutura vertical da sociedade – a criminalização primária.

Para Alessandro Baratta, o homem está fadado a ser estigmatizado na sociedade, dependendo muito do berço em que nasce e do lugar de onde vem.[9]

11.9.2 Direito penal e a realidade social

O direito penal tende a privilegiar interesses de classes dominantes no sistema e a imunizar o processo tendente à criminalização de indivíduos que integram as classes altas. Estes indivíduos estão diretamente ligados ao sistema capitalista e tendem a dirigir o processo de criminalização para as formas de desvio típicas das classes econômicas subalternas.

O direito penal possui seu processo de separação e proteção de uma classe mais elevada e arraigada nos moldes capitalistas em detrimento dos demais.[10]

---

9. BARATTA, Alessandro. *Criminologia crítica e crítica do direito penal.*
10. Ibidem.

11.10 SEGURANÇA PÚBLICA E AS PENAS

A pena persegue as leis penais e o Direito Penal em geral no objetivo de oferecer a segurança pública à sociedade. A pena deve almejar a promoção da segurança pública, pois tem como principal objetivo a prevenção de futuras condutas delitivas, por meio de prevenção geral ou da prevenção especial.

A polícia judiciária é de atribuição da Polícia Civil dos Estados e integra a Segurança Pública, atuando de forma repressiva, isto é, após a prática de uma infração penal. Desta feita, necessita de medidas de cunho criminológico e caráter prevencionista para inibir e controlar o aumento da criminalidade na sociedade brasileira.

O policiamento ostensivo e preventivo da preservação da ordem pública é de atribuição da Polícia Militar dos Estados, nos termos do art. 144, § 5º, da Constituição Federal.

11.10.1 Segurança Pública e Política Pública de Segurança

A política de segurança pública diz respeito às atividades policiais e judiciais exercidas pelo Estado com a finalidade de promover e proteger os direitos humanos.

A política pública de segurança abrange todas as políticas públicas e não policiais, capazes de prevenir efetivamente a violência e a criminalidade no seio da sociedade, pois tem condições de realizar ações que atingem diretamente as práticas delituosas que deseja combater.

A Segurança Pública, ao elaborar suas políticas públicas, deve buscar o aprimoramento da prevenção criminal integralizada com todos os entes federativos, eis que vivemos num Estado Democrático de Direito.

A criminologia tradicional tem ensejado políticas públicas ambíguas, em especial pelo seu distanciamento da prática policial atual.

11.10.2 Policiamento Comunitário

Policiamento comunitário consiste na aproximação entre os cidadãos e os órgãos do Estado responsáveis pela segurança pública. Realizam políticas preventivas para evitar a criminalidade daquela sociedade. Trabalham com estratégia organizacional que viabiliza uma nova parceria entre a população e a polícia. Exemplos: os CONSEGS – contatos com lideranças locais através de reuniões dos conselhos de segurança do bairro, onde são discutidos os problemas e apresentadas propostas para minimizar as questões visando ao combate da criminalidade; aos Projetos, como o Programa Educacional de Resistência às Drogas, implementado pela Polícia Militar dos Estados com condutas diretas, ou seja, visitas às escolas e aos estabelecimentos comerciais da região.

Atualmente, a tendência é descentralizar a função policial de maneira a desburocratizar os mecanismos de prevenção e com a participação direta da comunidade. Isso sem, contudo, ofender os direitos fundamentais do cidadão, notadamente, o da privacidade e o da dignidade humana.

Para Lola Aniyar de Castro e Rodrigo Codino "a Polícia Comunitária não deve contribuir para que a comunidade se converta em polícia, mas, pelo contrário, a polícia em comunidade."[11]

11.11 SÍNTESE

Evolução histórica da pena	– **Fase da vingança privada** – não havia proporção entre o castigo e o mal causado. – **Fase da vingança divina** – era marcada pela crueldade, pois o castigo tinha que estar à altura do Deus ofendido e tinha como propósito a purificação da alma do criminoso. – **Fase da vingança pública** – a pena visava a garantir a segurança do soberano, ou seja, tinha um caráter intimidativo e de crueldade.
Penas na Escola Clássica	– Caráter retribucionista no Direito Penal. – A finalidade da pena consistia na aplicação de um mal ao infrator da lei penal. – Busca da aplicação da justiça em detrimento das arbitrariedades típicas no período de vingança. – Principal expoente: Cesare Bonesana, "Marquês de Beccaria"
Penas na Escola Positiva	– O principal expoente, Cesare Lombroso, defendia a ideia de que a pena era um meio de defesa social. Caráter repressivo, ou seja, de modo curativo e reeducativo. – Tem como principal objetivo a prevenção de crimes.
Teorias da pena	– **Teoria absoluta** – defendida por Kant e Hegel. A pena é um imperativo de justiça e não tem fins utilitários. A pena é um mal justo como contraposição ao mal injusto. Pune-se porque se cometeu um delito. – **Teoria relativa** – sustenta a ideia do caráter utilitário da pena. Finalidades: prevenção geral (intimidação de todos) e prevenção especial (intimidação ao criminoso; inibir a reincidência). Pune-se para que não se cometa novos delitos. – **Teoria mista ou eclética** – Sustenta o caráter retributivo da pena e as finalidades de reeducação do criminoso e intimidatório aos demais indivíduos.
Política criminal e penitenciária	– John Howard, em 1777, foi o criador do sistema penitenciário e autor da obra "O Estado das Prisões" (The State of Prisons), no qual defendeu a melhoria das prisões e se demonstrou contrário ao critério de manter encarcerados aqueles que já haviam cumprido pena. Fixou as bases para o cumprimento de pena que não agredisse os demais direitos do homem.
Sistema penal	– Trata-se de controle social institucionalizado. – Segmentos integrantes do sistema penal: a polícia, o judicial e o executivo.

---

11. CASTRO, Lola Aniyar de; CODINO, Rodrigo. *Manual de criminologia sociopolítica*. p. 368.

Sistema penitenciário	– No final do século XVIII, o Estado modificou o modo de pensar com relação às penas de privação de liberdade e passou a instituir um caráter mais humanitário quanto aos ambientes de cumprimento de penas. – Jeremy Bentham, filósofo e jurista inglês, foi o criador do *utilitarismo do Direito*, e do modelo *panóptico*. – *Panóptico* – trata-se de um projeto arquitetônico, onde o edifício destinado ao cumprimento de penas privativas de liberdade seja construído de forma que toda sua parte interior possa ser visualizada de um único ponto.
Política de segurança pública	Diz respeito às atividades policiais e judiciais exercidas pelo Estado com a finalidade de promover e proteger os direitos humanos.
Política pública de segurança	São todas as políticas públicas e não policiais, capazes de prevenir efetivamente a violência e a criminalidade no seio da sociedade.
Policiamento comunitário	Consiste na aproximação entre os cidadãos e os órgãos do Estado responsáveis pela segurança pública. Realizam políticas preventivas para evitar a criminalidade daquela sociedade.

QUESTÕES DE PROVAS

1. **(Investigador de Polícia/SP – 2018)** Com relação à criminologia no Estado Democrático de Direito, é correto afirmar que as políticas públicas de Segurança Pública devem:
A) primar pela repressão ao crime e pelo combate à corrupção;
B) priorizar a prevenção criminal integralizada com todos os entes federativos;
C) priorizar a prevenção criminal terciária e a repressão ao crime organizado;
D) primar pela repressão criminal integralizada com todos os entes federativos;
E) primar pela repressão ao crime e pelo controle social.

GABARITO: B
Comentários: A Segurança Pública, ao elaborar suas políticas públicas, deve buscar o aprimoramento da prevenção criminal integralizada com todos os entes federativos, eis que vivemos num Estado Democrático de Direito.

2. **(Delegado de Polícia Civil/MG – 2018)** Sobre o sistema penal e a reprodução da realidade social, segundo Alessandro Baratta, é CORRETO afirmar.
A) A cada sucessiva recomendação do menor às instâncias oficiais de assistência e de controle social corresponde uma diminuição das chances desse menor ser selecionado para uma "carreira criminosa".
B) A homogeneidade do sistema escolar e do sistema penal corresponde ao fato de que realizam, essencialmente, a mesma função de reprodução das relações sociais e de manutenção da estrutura vertical da sociedade.
C) A teoria das carreiras desviantes, segundo a qual o recrutamento dos "criminosos" se dá nas zonas sociais mais débeis, não é confirmada quando se analisa a população carcerária.
D) O suficiente conhecimento e a capacidade de penetração no mundo do acusado por parte do juiz e das partes no processo criminal são favoráveis aos indivíduos provenientes dos estratos econômicos inferiores da população.

GABARITO: B
Comentários: O sistema penal com ressonância no sistema de ensino vem a formar a reprodução das relações sociais. A não integração das classes marginalizadas garante a manutenção do sistema de estrutura vertical da sociedade – a criminalização primária.

3. **(Delegado de Polícia Civil/MG – 2018)** Sobre a relação entre o preso e a sociedade, segundo Alessandro Baratta, é CORRETO afirmar.

A) A reinserção do preso na sociedade, após o cumprimento da pena, é assegurada a partir do momento em que, no cárcere, o preso absorve um conjunto de valores e modelos de comportamento desejados socialmente.

B) É necessário primeiro modificar os excluídos, para que eles possam voltar ao convívio social na sociedade que está apta a acolhê-los.

C) O cárcere não reflete as características negativas da sociedade, em razão do isolamento a que são submetidos os presos.

D) São relações sociais baseadas no egoísmo e na violência ilegal, no interior das quais os indivíduos socialmente mais débeis são constrangidos a papéis de submissão e de exploração.

GABARITO: D
Comentários: Com a primeira seleção feita no meio social, isto é, no meio escolar, alunos com dificuldade de aprendizagem são rotulados pelos professores como "*maus alunos*" estigmatizando-os ao ensino especial, enquanto nas relações sociais baseadas em egoísmo e violência os indivíduos socialmente mais débeis serão constrangidos a papéis de submissão e de exploração.

4. **(Delegado de Polícia Civil/MG – 2021)** Ao conduzir sua argumentação tendo como ponto de referência a criminologia crítica e a genealogia do poder desenvolvida por Michel Foucault, Thiago Fabres de Carvalho assume a dignidade humana como "condição antropológica existencial da comunidade política", eixo central das reflexões criminológicas sobre o controle penal da subcidadania no Brasil. Nesse sentido, avalie as assertivas abaixo:

I. A visão da condição humana apresentada por Hannah Arendt, formada pelo conjunto da vita activa, é absolutamente apropriada para se apreender o inicial significado da dignidade humana como elemento existencial instituinte da comunidade política, pois a condição humana não se confunde com a busca de uma natureza humana universal, intrínseca, o que remeteria a uma espécie de deidade.

II. A partir das reflexões de Axel Honneth, a dignidade humana determina a condição de pluralidade da comunidade política, de modo que a construção da realidade social, costurada, sobretudo, na esfera pública, é engendrada a partir da necessidade da manifestação da diversidade e, por conseguinte, da luta por reconhecimento.

III. A construção do sentido subjetivo e social da dignidade, possibilitada pelas experiências de reconhecimento, assume uma importância decisiva na reflexão criminológica, uma vez que a valorização negativa de determinados indivíduos ou grupos, isto é, a produção social da invisibilidade, converte-se em gravíssimos problemas de integração social.

São CORRETAS as assertivas:

A) I e II, apenas.
B) I e III, apenas.
C) I, II e III.
D) II e III, apenas.

GABARITO: C
Comentários: A visão da condição humana apresentada por Hannah Arendt, formada pelo conjunto da vita activa, é absolutamente apropriada para se apreender o inicial significado da dignidade humana como elemento existencial instituinte da comunidade política, pois a condição humana não se confunde com a busca de uma natureza humana universal, intrínseca, o que remeteria a uma espécie de deidade. A partir das reflexões de Axel Honneth, a dignidade humana determina a condição de pluralidade da comunidade política, de modo que a construção da realidade social, costurada, sobretudo, na esfera pública, é engendrada a partir da necessidade da manifestação da diversidade e, por conseguinte, da luta por reconhecimento. A construção do sentido subjetivo e social da dignidade, possibilitada pelas experiências de reconhecimento, assume uma importância decisiva na reflexão criminológica, uma vez que a valorização negativa de determinados indivíduos ou grupos, isto é, a produção social da invisibilidade, converte-se em gravíssimos problemas de integração social.

BIBLIOGRAFIA

AGNEW, Robert. *Pressured into crime*. Los Angeles: Roxbury, 2006.

ARISTÓTELES. *Ética a Nicômaco*. Tradução de Pietro Nassetti. São Paulo: Martin Claret, 2002.

ARROJO, Manuel López Rey y. *Criminologia*. Madrid: Editorial Aguilar, 1973.

BARATTA, Alessandro. *Criminologia crítica e crítica do direito penal*. Coleção Pensamento Criminológico. 6. ed. Rio de Janeiro: Renavan, 2011.

CABETTE, Eduardo Luiz Santos. *A criminologia no século XXI*. Disponível em: <www.atualidadesdodireito.com.br/eduardocabette/2012/08/01>.

CABETTE, Eduardo Luiz Santos; NAHUR, Marcus Tadeu Maciel. *Direito penal do inimigo e teoria do mimetismo*. Porto Alegre: Nubria Fabris, 2014.

CALHAU, Lélio Braga. *Resumo de criminologia*. 8. ed. Niterói: Impetus, 2013.

CARRARA, Francesco. *Programma del corso di diritto criminale* – parte generale. 10. ed. Firenze: Fratelli Camelli, 1907. v. 1.

CASTRO, Lola Aniyar de; CODINO, Rodrigo. *Manual de criminologia sociopolítica*. Rio de Janeiro: Revan, 2017.

CERVINI, Raúl. *Dos processos de descriminalização*. 2. ed. São Paulo: Revista dos Tribunais, 2002.

COHEN, Albert K. *Delinquent boys:* the culture of the gang. Londres: Collier Macmillan Publishers, 1955.

CONDE, Muñoz. *Introducción a la criminologia y al derecho penal*. Valencia: Tirant lo blanch, 1989.

CRENSHAW, Kimberlé. *Documento para o encontro de especialistas em aspectos da discriminação racial relativos ao gênero*. Florianópolis: Revista Estudos Feministas. 2002. v. 10, n. 1.

DAHRENDORF, Ralf. *As classes e seus conflitos na sociedade industrial*. Tradução de José Viegas. Brasília: Universidade de Brasília, 1982.

DE CARVALHO, Salo. *Antimanual de criminologia*. Rio de Janeiro: Lumen Juris, 2008.

DIAS, Jorge de Figueiredo; ANDRADE, Manuel da Costa. *Criminologia – O homem delinquente e a sociedade criminógena*. Coimbra, 1997.

DOTTI, René Ariel. *Curso de direito penal:* parte geral. 4. ed. São Paulo: Revista dos Tribunais, 2012.

FANTE, Cleo. *Fenômeno bullying:* como prevenir a violência nas escolas e educar para a paz. Campinas: Verus, 2005.

FERNANDES, Newton; FERNANDES, Valter. *Criminologia integrada*. 2. ed. São Paulo: Revista dos Tribunais, 2002.

FERRI, Enrico. *Princípios de direito criminal*. Trad. Paolo Capitanio. 2. ed. Campinas: Bookseller, 1999.

FISCHER, Douglas. *Delinquência econômica e estado social e democrático de direito*. Porto Alegre: Verbo Jurídico, 2006.

GAMBOA, Mônica Resende. *Criminologia* – questões comentadas. São Paulo: Método, 2011.

GAROFALO, Rafael. *Criminologia*. Tradução de Danielle Maria Gonzaga e Coordenação de Vair Gonzaga. Campinas: Péritas, 1997.

GOMES, Luiz Flávio; MOLINA, Antonio García-Pablos de; BIANCHINI, Alice. *Direito Penal*. São Paulo: Revista dos Tribunais, 2007. v. I.

GOMES, Luiz Flávio; MOLINA, Antonio García-Pablos de. *Criminologia*. 6. ed. São Paulo: Revista dos Tribunais, 2008.

_____; BIANCHINI, Alice. *Curso de direito penal* – parte geral. Salvador: JusPodivm, 2015.

_____. *A impunidade no Brasil*: de quem é a culpa? Disponível em: <www.direitocriminal.com.br>. Acesso em 10.02.2013.

GONZAGA, Christiano. *Manual de Criminologia*. 2. ed. São Paulo: Saraivajur, 2020.

GRECO, Rogério. *Direito Penal do Equilíbrio* – uma visão minimalista do direito penal. 2. ed. Niterói: Impetus, 2006.

_____. *Curso de direito penal: parte especial*. 13. ed. Niterói: Impetus, 2016.

HASSEMER, Winfried; CONDE, Francisco Muñoz. *Introdução à criminologia*. Rio de Janeiro: Lumen Juris, 2008.

JAKOBS, Güinther; Cancio Meliá. *Direito penal do inimigo:* noções e críticas. Tradução e organização de André Luíz Callegari e Nereu José Giacomolli. 2. ed. Porto Alegre: Livraria do Advogado, 2007.

JESUS, Damásio Evangelista de. *Stalking*. São Paulo: Complexo Jurídico Damásio de Jesus, maio 2006. Disponível em: <www.damasio.com.br>.

JIMÉNEZ DE ASUÁ, Luis. *Tratado de derecho penal*. Buenos Aires: Losada, 1964. t. 1.

LIMA JÚNIOR, José César Naves de. *Manual de Criminologia*. Editora Juspodium, 2014.

LOMBROSO, Cesare. *L´uomo delinquente*. 5. ed. Torino: Fratelli Bocca, 1896.

LYRA, Roberto; ARAÚJO JUNIOR, João Marcello. *Criminologia*. 2. ed. Rio de Janeiro: Forense, 1990.

MAÍLLO, Alfonso Serrano; PRADO, Luiz Regis. *Curso de criminologia*. 2. ed. São Paulo: Revista dos Tribunais, 2013.

MANNHEIM, Hermann. *Criminologia comparada*. Tradução de J. F. Faria Costa e M. Costa Andrade. Lisboa: Fundação Calouste Gulbenkian, 1984. v. I.

MARANHÃO, Odon Ramos. *Psicologia do crime*. 2. ed. São Paulo: Malheiros, 2008.

MASSON, Cléber. *Direito penal* – Parte Geral. São Paulo: Método, 2010. v. 1.

MEZGER, Edmundo. *Criminologia*. 2. ed. Madrid: Revista de Derecho Privado, 1950.

MIRABETE, Julio Fabbrini; FABBRINI, Renato. *Manual de direito penal*. 24. ed. São Paulo: Atlas, 2007. v.1.

MORE, Thomas. *Utopia*. Tradução de Anah de Melo Franco. Brasília: Universidade de Brasília: Instituto de Pesquisa de Relações Internacionais, 2004.

NUCCI, Guilherme de Souza. *Manual de Processo Penal e Execução Penal*. 5. ed. São Paulo: Revista dos Tribunais, 2008.

OLIVEIRA, Edmundo. *Vitimologia e direito penal: o crime precipitado pela vítima*. 2. ed. Rio de Janeiro: Forense, 2001.

PENTEADO FILHO, Nestor Sampaio. *Manual Esquemático de Criminologia*. São Paulo: Saraiva, 2010.

PLATÃO. *A república:* Livro VII. Apresentação e comentários de Bernard Piettre. Tradução de Elza Moreira Marcelina. Brasília: Universidade de Brasília, 1989.

POTTER, Hilary. *Intersectional criminology*: interrogating identity and power in criminological research ant theory. Dordrecht: Critical Criminology. 2013. v. 21. n. 3.

RASSAM, Joseph. *Tomás de Aquino*. Tradução de Isabel Braga. Lisboa: Edições 70, 1969.

SAAD-DINIZ, Eduardo. *Vitimologia corporativa*. São Paulo: Tirant lo Blanch, 2019.

SENDEREY, Israel Drapkin. *Manual de criminologia*. São Paulo: José Bushatsky, 1978.

SCHECAIRA, Sérgio Salomão. *Criminologia*. 4. ed. São Paulo: Revista dos Tribunais, 2012.

SOCIOLOGIA: *Textos e contextos*. Coordenação de Ottmar Teske. 2. ed. Canoas. Ed. Ulbra, 2005.

SODRÉ, Moniz. *As três escolas penais*. 5. ed. Rio de Janeiro: Freitas Bastos, 1952.

VIANA, Eduardo. *Criminologia*. 4. ed. Salvador: JusPodivm, 2016.

ZAFFARONI, Eugenio Raúl. *Saberes do direito* – A palavra dos mortos. São Paulo: Saraiva, 2012.

_____. *Em busca das penas perdidas:* a perda da legitimidade do sistema penal. Tradução de Vânia Romano Pedrosa e Amir Lopes da Conceição. Rio de Janeiro: Revan, 1991.

_____; PIERANGELI, José Henrique. *Manual de direito penal brasileiro* – parte geral. 11. ed. São Paulo: Revista dos Tribunais, 2015.

Anotações